edition suhrkamp

Redaktion: Günther Busch

Gunnar Heinsohn, geboren am 21. 11. 1943, und Rolf Knieper, geboren am 15. 5. 1941, arbeiten als Hochschullehrer für Sozialpädagogik bzw. Rechtswissenschaft an der Universität Bremen. Ihre Veröffentlichungen liegen im Bereich der Erziehungssoziologie, des Bürgerlichen Rechts, der Kleinkinderziehung sowie des Wirtschafts- und Umweltrechts.

Entgegen herrschender Meinung, die Sexualität, Schwangerschaft, Geburt und Kindheit in einen Schleier von Moral und Sentimentalität hüllt, wird in dieser Untersuchung gezeigt, daß die »Produktion von Nachwuchs« in der bürgerlichen Gesellschaft keineswegs eine »natürliche« Angelegenheit darstellt; daß vielmehr der bürgerliche Staat über ein vielfältiges rechtliches Instrumentarium verfügt, mit dem Liebe, Ehe, Zeugen, Gebären, Kindschaft usw. minuziös geregelt werden. In einer Analyse dieser Rechtsmaterien, mit denen der Staat die Aufzucht von Kindern gewährleistet, anreizt oder selbst betreibt, soll belegt werden, daß die zur überwiegenden Erwerbsform werdende Lohnabhängigkeit zur Verallgemeinerung des Desinteresses an eigenen Kindern bei den Lohnabhängigen führen muß. Diese sind – im Unterschied zu den immer rarer werdenden Eigentümern vererbbarer Produktionsmittel, die eigene Kinder für ihre Existenzsicherung bei Krankheit und Alter unbedingt benötigen und sie mit der Enterbungsdrohung zu dieser Sicherung auch zwingen können – durch eigene Kinder in ihrer Existenzsicherung individuell gerade beeinträchtigt. Sie schwächen ihre Konkurrenzfähigkeit gegenüber kinderlosen Lohnabhängigen, die ihre gesamte Arbeitszeit verkaufen können. Eine fundamentale Bedrohung der gesamtgesellschaftlichen Reproduktion ist die Folge. Die Analyse insgesamt ermöglicht – mit der systematischen Ableitung der Kindesvernachlässigung und dem Nachweis der Hilflosigkeit bei ihrer Überwindung – die Erklärung der Verschiebung von neurotischen zu psychotischen Charakterstrukturen bei der nachwachsenden Generation, für die es in der bürgerlichen Gesellschaft keinen Ausweg zu geben scheint.

Gunnar Heinsohn / Rolf Knieper

Theorie des Familienrechts: Geschlechtsrollenaufhebung, Kindesvernachlässigung, Geburtenrückgang

Suhrkamp Verlag

edition suhrkamp 747
Erste Auflage 1974
 Satz, in Linotype Garamond, Druck und Bindung bei Georg Wagner, Nördlingen. Gesamtausstattung Willy Fleckhaus.

Inhalt

Vorbemerkung

Den vorliegenden Versuch einer Erklärung des Familienrechts sowie von Geschlechtsrollenaufhebung, Kindesvernachlässigung und Geburtenrückgang haben die Verfasser durchweg gemeinsam konzipiert, erörtert und formuliert. Eine interdisziplinäre Veranstaltung mit Jura- und Sozialpädagogik-Studenten, wie sie die junge Bremer Universität zur Wiederannäherung von Forschung und Lehre erleichtert, ist diesem Buch vorausgegangen. Der Lehrveranstaltung wiederum lag ein gemeinsamer Aufsatz über *Erziehungsrechtsreform in der Bundesrepublik* (*Kritische Justiz* 1/1974, S. 1–27) zugrunde, mit dem einige zentrale Argumente der Problematik erstmals zur Diskussion gestellt wurden.

Verzeichnis der Abkürzungen

AcP	Archiv für die civilistische Praxis
a.F.	alte Fassung
PrALR	Allgemeines Landrecht für die preußischen Staaten vom 5. 2. 1794
BAG	Bundesarbeitsgericht
BGB	Bürgerliches Gesetzbuch
BGBl.	Bundesgesetzblatt
BGHSt.	Entscheidungen des Bundesgerichtshofes in Strafsachen
BGHZ	Entscheidungen des Bundesgerichtshofes in Zivilsachen
BKGG	Bundeskindergeldgesetz
BR-DS	Bundesratsdrucksache
BT-DS	Bundestagsdrucksache
BVerfGE	Entscheidungen des Bundesverfassungsgerichtes
CC	Code Civil
EheG	Ehegesetz
FamRZ	Zeitschrift für das gesamte Familienrecht
FAZ	Frankfurter Allgemeine Zeitung
FR	Frankfurter Rundschau
GG	Grundgesetz für die Bundesrepublik Deutschland vom 23. 5. 1949
JHG-E	Jugendhilfegesetzentwurf
JWG	Gesetz für Jugendwohlfahrt in der Fassung vom 6. 8. 1970
JZ	Juristenzeitung
KGG	Kindergeldgesetz
KJ	Kritische Justiz
LG	Landgericht
MDR	Monatsschrift für Deutsches Recht
MEW	Marx-Engels-Werke
NJW	Neue Juristische Wochenschrift
RG	Reichsgericht
RGBl.	Reichsgesetzblatt
RGSt.	Entscheidungen des Reichsgerichts in Strafsachen
RGZ	Entscheidungen des Reichsgerichts in Zivilsachen
RRG	Rentenreformgesetz
RVO	Reichsversicherungsordnung vom 19. 7. 1911
U.S.C.	United States Code
WiSta	Wirtschaft und Statistik
ZRP	Zeitschrift für Rechtspolitik

Vorrede

In der Geschichte der menschlichen Gattung sind die Geschlechts- und Generationsbeziehungen stets durch den Beteiligten äußerliche Normen gesichert worden – handele es sich dabei nun um Stammesregeln, monotheistische Religionen oder um staatlich-positive Gesetze. Diese Normen unterliegen außerordentlich starken historischen Veränderungen, die in den hochentwickelten bürgerlichen Gesellschaften inzwischen einen Punkt erreicht haben, der triumphierend oder voller Schrecken als Bankrott, Untergang oder Tod der Familie wahrgenommen wird. Eine Theorie der Familie muß solche Veränderungen erklären und darf sich nicht mit dem hilflosen Aufrichten einer Wortfassade begnügen, hinter der die Unterschiede zwischen der Beziehung des römischen Grundbesitzers zu seinen Sklaven und der jederzeit lösbaren Bindung zweier sich selbst unterhaltender Lohnarbeiter verschwinden. Während das Erschrecken vor der Auflösung der Familie aus der Angst vor dem Untergang des gesellschaftlichen Ganzen entspringt, da bewußt oder unbewußt allein ihr die Erzeugung von Kindern sowie von deren Moral, Motivation und Intelligenz zugetraut wird, lebt der Triumph von der Erwartung, daß diese weiterhin unverzichtbaren menschlichen Eigenschaften erst in gesellschaftlicher Erziehung voll entwickelt werden.

In der bürgerlichen Gesellschaft werden zum ersten Mal in der Geschichte der Hochkulturen alle Gesellschaftsmitglieder formell für die Familiengründung frei. Der Staat schafft die Lohnarbeiterfamilie, indem nicht nur der Eigentümer materieller Produktionsmittel, sondern – durch die allmähliche Aufhebung persönlicher Abhängigkeiten – auch der produktionsmittellose Arbeiter die Ehe eingehen kann. So wie die bürgerliche Gesellschaft die Produktionsmittellosen für die Verwertung des Kapitals befreien und damit auch ehefähig machen muß, so macht sie durch die Massierung des Kapitals in immer weniger Händen immer mehr bisher schon Ehefähige produktionsmittellos. Damit zerstört sie insgesamt die Grundlage der Familie als einer Fortpflanzungs-, Produktions- und Alterssicherungsgemeinschaft, weil die private Interessiertheit des Eigentümers vererbbarer Produktionsmittel an Nachwuchs mit dem Verlust dieser Produktionsmittel wegfällt. Die nun zur überwiegenden Bevölkerungsmehrheit werdenden Lohnarbeiter – seien sie Beamte, Arbeiter oder Angestellte, die in der Bundesrepublik Deutschland fast 90% der Erwerbstätigen ausmachen – können wegen ihres wirtschaftlichen Desinteresses an eigenen Kindern den Bestand der Gesellschaft gefährden, da sie ihrem Begriffe nach ledig sind, das heißt nach ursprünglichem Sprachgebrauch sowohl ohne Produktionsmittel als auch unverheiratet.

Die Produktivkraftentwicklung setzt den Lohnarbeiter jedoch erst allmählich instand, ohne Ehefrau seinen Unterhalt zu organisieren: die Arbeitszeitverkürzung macht ihn frei, lebensnotwendige Dienste und hauswirtschaftliche Produktionsvorgänge selbst zu verrichten; die billige Massenproduktion von leicht handhabbaren Geräten erlaubt, die Hausarbeit zeitlich radikal zu verkürzen und sie ohne besondere Kenntnisse auszuüben; und endlich werden lebenswichtige Dienste und Güter so billig als Waren angeboten, daß Hausarbeit zum Teil vollständig wegfallen kann. Wenn auf diese Weise das Aushalten einer Ehefrau keinen Einsparungseffekt mehr hat, und wenn die Geschlechtsliebe wegen perfekter Verhütungsmittel nicht mehr zu Kindern führen muß, beginnt sich die Empirie des Lohnarbeiters seinem Begriff doppelter Ledigkeit zu nähern: nämlich kinder- sowie familienlos zu sein und aus dem Verkauf seiner Arbeitskraft nur Lohn zur Erhaltung seiner selbst zu beziehen. Da der Lohnarbeiter jedoch lange Zeit seinen eigenen Unterhalt am günstigsten bestreiten konnte, indem er eine Frau für Dienstleistungen und zur Lebensmittelherstellung nahm und sie nur mit Kost und Logis entlohnte, und da er unter Umständen mit dieser Frau aus Privatvergnügen oder Verhütungsunfähigkeit auch Nachwuchs hatte, entstand der Schein, als enthalte sein Lohn Existenzmittel für eine Familie. Tatsächlich ermöglichte er nur den Erwerb bestimmter Dienste und Gegenstände, die der Lohnarbeiter natürlich besonders billig zu bekommen und sich dafür traditionelle weibliche Verhaltensweisen zunutze zu machen suchte. In dem Maße, in dem die Frauen selbst Lohnarbeiter werden müssen, weil ihr Unterhalt für potentielle Ehemänner ökonomisch nicht mehr von Vorteil ist, verschwinden ihre traditionellen Verhaltensmuster und nehmen einen Teil des Scheins mit sich fort.

Der Schein der Familienangemessenheit des Individuallohns wird gänzlich aufgelöst, wenn auch Nachwuchs ausbleibt. Weil der Lohnarbeiter ohne persönlichen materiellen Vorteil seine Kinder gratis für die Gesellschaft aufziehen muß, gehen mit der Verallgemeinerung der Lohnarbeit die Geburtenraten zurück. Dieser Prozeß verläuft um so schneller, je perfekter die angebotenen Schwangerschaftsverhütungsmittel werden. Die Entwicklung der Produktivkräfte sorgt in doppelter Weise für das Aufkommen von Verhütungsmitteln: Sie verringert den Bedarf an lebendiger Arbeit und schafft so das Problem struktureller Arbeitslosigkeit, die als Überbevölkerung erscheint. Zugleich stellt sie – etwa durch die Vulkanisierung des Kautschuks und die Hormonforschung – die technischen Voraussetzungen massenhafter und profitabler Herstellung von Verhütungsmitteln bereit. Der »Wunschkind-Gedanke«, in dem die Statistiker den Verursacher des Geburtenrückgangs gefunden zu haben glauben, reicht nicht aus, um den gesellschaftlich notwendigen Nachwuchs zu erzeugen. Während bislang ungewollte Kinder durch staatliche Abtreibungs-, Tötungs- und Aussetzungsverbote bei Unterhaltspflichtigkeit der Eltern für die Gesellschaft erhalten werden konnten, laufen diese nur Polizei- und Justizkosten verursachenden Gesetze leer, wenn der Lohnarbeiter sich bereits durch Empfängnisverhütung vor solcher Gratisarbeit schützen und sich ganz aufs »Wunschkinddenken« zurückziehen kann.

Der daraus entspringenden Gefährdung des Reproduktionsprozesses durch einen zu starken Bevölkerungsrückgang sucht der bürgerliche Staat auf verschiedene Weise zu begegnen. Die naheliegende, weil billigste Variante ist der Import bereits arbeitsfähiger Menschen aus dem Ausland, deren Erscheinen auf dem Arbeitsmarkt lediglich Einwanderungskosten verursacht, die ansonsten aber eine Gratisproduktivkraft fürs Kapital darstellen. Voraussetzung solchen Imports ist ein Menschenüberschuß auf dem Weltarbeitsmarkt. Er wird vorrangig von agrarischen Gesellschaften gespeist, deren Kleineigentümer auf persönlichen Nachwuchs noch angewiesen sind. Wegen des importierten medizinischen Fortschritts werden nun auch die Kinder am Leben erhalten, die bisher zugrunde gingen. Mußte z. B. ein indischer Bauer früher sechs Kinder zeugen, um den Erben seiner Wirtschaft und damit seine Alterssicherung zu gewinnen, so sorgt die zunehmende Beherrschung der Infektionskrankheiten inzwischen fürs Überleben von so vielen Kindern, daß Überschußbevölkerung auf den Weltarbeitsmarkt drängt. Dieser Überschuß wird erst eingedämmt werden können, wenn die Alterssicherung nicht mehr von leiblichen Kindern abhängt, das heißt, wenn die ökonomische Grundlage der Familie aufgehoben und somit das Interesse für die Anwendung von Verhütungsmitteln geweckt ist. Während also vorrangig agrarische Gesellschaften Überbevölkerung und damit Elend produzieren, haben die reichen Industrieländer Mangel an allem, was nicht in Tauschbeziehungen eingebunden ist, also gerade auch an Kindern, deren Produktion bisher kein gutes Geschäft ist. Das Paradoxon sinkender Geburtenraten inmitten eines weltweiten Kinderüberflusses löst sich so auf. Die hochentwickelten Länder können den Ersatzleuteimport allerdings nur so weit ausdehnen, wie das inländisch erforderliche Qualifikationsniveau es zuläßt, es sei denn, ein massenhafter Import von Säuglingen käme in Gang, die in hiesigen Erziehungsbetrieben aufzuziehen wären.

Als wichtigste inländische Maßnahme der langfristigen Arbeitskräftegewinnung macht der Staat die Menschenaufzucht tendenziell selbst zu einer Erwerbstätigkeit, indem er Gebären und Aufzucht entlohnt. Sie kann wie eine Heimarbeit organisiert sein, wenn die leiblichen Eltern den Erziehungslohn selbst ausgehändigt bekommen; sie kann aber auch industriemäßig betrieben werden, wenn der Staat die Kinder durch Lohnerzieher in eigenen Anstalten, wie Krippen und Kindergärten, »bearbeiten« läßt. Die industriemäßig organisierte Erziehung kann rationeller sein und beansprucht, aufgrund der staatlichen Kontrollierbarkeit den gesellschaftlichen Bedarf an Fähigkeiten besser bedienen zu können. Die wie eine Heimarbeit entlohnte Erziehung entzieht sich eher staatlicher Kontrolle, drückt aber die Hoffnung aus, zivilisatorische Potenzen der Familie festhalten zu können. Diese Position glaubt, hinter die soziale Errungenschaft der Familie nicht zurückgehen zu können, ohne gleichzeitig auf die Entwicklungsstufe zurückzufallen, auf der es sie noch nicht gab: »Respekt vor Gesetz und Ordnung im Staat scheint untrennbar mit dem Respekt der Kinder vor ihren Eltern verbunden zu sein. Gefühle, Einstellungen und Überzeugungen, die in der Familie wurzeln, machen den Zusammenhalt unseres kulturellen Systems aus. Sie sind ein Element des sozialen Kitts. Es erscheint unerbittlich notwendig, daß die Gesellschaft sie am Leben erhält, denn es handelt sich hier für die Zivilisation in ihrer jetzigen Form um eine Frage auf Leben oder Tod.«[1] Die Entwicklung von Moral, Leistungsmotivation und logischen Fähigkeiten, die historisch mit dem Inzesttabu und dem auf Privateigentum – sei es durch weibliche oder männliche Erbfolge bestimmt[2] – gegründeten Lebenszusammenhang aufkam, meint sie nur durch Aufrechterhaltung der gegenwärtigen Familie auch für die Zukunft garantieren zu können. Eine Familienstruktur, in der die Frau für die frühkindliche Erziehung und der Mann für den Lebensunterhalt zuständig sind, erhält in dieser Betrachtung den Stellenwert einer für jede denkbare Fortentwicklung der Zivilisation unverzichtbaren »Naturkonstante«.

Daraus erklären sich weltweit und von gesellschaftlichen Gegensätzen kaum berührte politische Rettungsversuche der Familie ohne Rücksicht auf den Verlust ihrer historischen Entstehungsursachen. Reduzieren sich diese Rettungsversuche in den hochentwickelten bürgerlichen Nationen immer deutlicher auf moralische Appelle, hinter denen kaum noch gesetzliche Sanktionsgewalt steht, so versuchen sozialistische Staaten, die in der bürgerlichen Gesellschaft angelegte Auflösung der Familie – nach ersten Versuchen, diese noch weiterzutreiben – wieder rückgängig zu machen: Die Präambel des *Familiengesetzbuches* der Deutschen Demokratischen Republik von 1965[3] z. B. dekretiert die zivilisatorische Potenz der Familie, ohne sie wirklich ausweisen zu können. Die Familie wird zur »kleinste[n] Zelle der Gesellschaft« (Präambel des FGB) erhoben, Gesellschaft ohne Familie also für undenkbar

1 M. Horkheimer, a.a.O., S. 272. (Literaturverzeichnis am Schluß des Bandes)
2 Zu matriarchalischen Gesellschaften insgesamt J. J. Bachofen, a.a.O., insb. die Vorrede S. 9 ff.; G. Thomson, a.a.O., S. 113 ff.
3 GBl I, S. 1.

gehalten. Die Eheführung und Ehescheidung sind nicht dem Belieben des Einzelnen überlassen, sondern die »staatlichen Organe« und »gesellschaftlichen Organisationen« sind verpflichtet, »in geeigneter Weise die Ehegatten bei der Entwicklung ihrer Familienbeziehungen zu unterstützen« (§ 4 FGB), und die Gerichte dürfen dem Scheidungsbegehren der Eheleute nur nachkommen, wenn sie nach »sorgfältige[r] Prüfung« festgestellt haben, daß die »Ehe ihren Sinn für die Ehegatten, für die Kinder und damit auch für die Gesellschaft verloren hat« (§ 24 FGB). Durch das gesamte *Familiengesetzbuch* ziehen sich moralische Vorschriften für das Zusammenleben der Ehegatten und für die Erziehung der Kinder.

Wiewohl diese Erwartungen als Rechte formuliert werden, ist ihr Pflichtcharakter unverkennbar. Die Zeugung und Erziehung von Kindern, die seit dem deutschen *Bürgerlichen Gesetzbuch* (BGB) von 1900 nicht mehr ausdrücklich als der Ehe wesentlich zugehörig normiert waren, erkennt § 9 Abs. 2 FGB erst als »volle Entfaltung und [...] Erfüllung« der ehelichen Gemeinschaft an. So perfekt die Familie in diesem Gesetz als rein politisch konzipierte Keimzelle der Gesellschaft kreiert scheint, so sehr ist sie von der wirklichen gesellschaftlichen Bewegung übergangen worden: Eine der höchsten Scheidungsquoten und niedrigsten Geburtenraten der Welt dokumentieren das eindrucksvoll. So verläßt sich die DDR denn auch keineswegs auf die zivilisatorische Potenz der Familie allein, sondern versucht längst, mit einem der höchsten Krippen- und Kindergartenversorgungsniveaus der Welt eine Auffangstellung für die eigentlich nur der Familie zugetrauten »Charakterbildung der heranwachsenden Generation« zu schaffen. Allerdings scheint es trotz der intensiven politischen Orientierung der staatlichen Erzieher auf ihre Tätigkeit bisher nicht gelungen zu sein, die alte Bedingung gelingender Sozialisation, nämlich die existentielle Interessiertheit an den Kindern, auf höherer Stufe neu zu konstituieren. Es scheint überhaupt dies bei der Reproduktion der Gattung die zentrale Schwierigkeit zu sein, von deren Lösung Entwicklung oder Rückfall, Zivilisation oder Barbarei abhängen.

Nachdem die Sowjetunion bereits wenige Jahre nach der Revolution die sofortige individuelle Auflösbarkeit der Ehe zurückgenommen hatte, die eine konsequente Anwendung der Engelsschen Theorie zur Bildung einer Familie neuen Typs ermöglichen sollte, hatte die ungarische Volksrepublik das Ideal staatlicher Nichteinmischung in die privaten Geschlechtsbeziehungen der Bürger am längsten beibehalten. In der Novellierung des Ehegesetzes von 1974, mit der Ehe und Familie durch Erschwerung der Scheidung staatlich gestützt werden soll, kommt zum Ausdruck, daß nun auch die ungarische Regierung zur Vermeidung von Kinderlosigkeit und Kindesvernachlässigung wieder auf die Zwangsfamilie setzt.[4] Dazu hält sie sich berechtigt, nachdem es auch mit einem hochentwickelten System der Entlohnung privater Erziehung nicht gelungen war, eine auf freie Entscheidung gegründete Familie höheren Typs zu entwickeln, in der Nachwuchs nicht nur geboren, sondern in den entscheidenden ersten Lebensjahren auch optimal erzogen wird.

Die bürgerliche Gesellschaft, in der die übergroße Mehrheit der Gesellschaftsmitglieder enteignet und zu Lohnabhängigen gemacht worden ist, hat zwar niemals aufgehört, die hervorragende Bedeutung und Schutzwürdigkeit der Ehe und Familie zu beschwören, sie hat aber andererseits in ihren staatlichen Gesetzen die gesellschaftliche Bewegung nachvollziehen müssen und ist auf dem Wege, die Ehe nur noch als jederzeit lösbare Bindung zweier sich selbst unterhaltender Lohnarbeiter zu konzipieren, die in ersten Fällen bereits gleichen Geschlechts sind. Seit der Industriellen Revolution, in der durch die schnelle Verallgemeinerung der Lohnarbeit die »Verhaustierung« der Frau zunehmend aufgehoben werden mußte, hat sich die bürgerliche Gesellschaft Einrichtungen nichtfamilialer Kinderaufzucht geschaffen, um den Lohnarbeiternachwuchs am Leben zu erhalten. Durch Imitation familialer Verhältnisse wurde versucht, deren zivilisatorische Potenz in diese Einrichtungen zu übertragen. Unabhängig von den stets miserablen Bedingungen der gesellschaftlichen Kleinkindinstitutionen, die mit entsprechendem Aufwand verbessert werden können, verhindert indes die Gleichgültigkeit der Lohnerzieher optimale Sozialisationsbedingungen,

4 Vgl. §§ 18-22 des ungarischen Gesetzes Nr. I/1974 über die Änderung des Gesetzes Nr. IV/1952, *Magyar Közlöny* 14. 5. 1974 Nr. 31 S. 1 – übersetzt von C. Jessel, Seminarabteilung für Ostrechtforschung der Universität Hamburg.

da sie sich gerade nicht wie professionelle Väter oder Mütter zu den Kindern verhalten können, sondern sich vorrangig für ihre eigene Reproduktion interessieren müssen.

Eine Analyse von Fortpflanzungsverhalten und Kinderaufzucht in der bürgerlichen Gesellschaft muß demgemäß über die Betrachtung der Rechtsformen für Ehe und Familie hinausgehen, da diese nicht der ausschließliche Ort dieser Funktionen sind; sie muß die öffentlich-rechtlichen Maßnahmen einbeziehen und daraufhin überprüfen, ob und wie schnell sie wegen der gewaltigen Kosten, die eine Schmälerung des privat aneigenbaren gesellschaftlichen Mehrwerts bedeuten, unter kapitalistischen Produktionsverhältnissen überhaupt verwirklicht werden können. Die Analyse ist um die Frage zu ergänzen, ob es dem bürgerlichen Staat gelingen kann, die Gleichgültigkeit der Lohnerzieher in seinen Einrichtungen zu überwinden und sie dazu zu bewegen, Motivation, Denk- und Anpassungsfähigkeit – als wesentliche mentale Bestimmungen des total mobilen Lohnarbeiters – bei den Kindern herzustellen.

Eine Prognose, ob Kindesvernachlässigung ausschließende Erziehungsformen noch rechtzeitig und richtig geschaffen werden, können wir hier nicht geben. Dafür ist nämlich ein Ausmaß an bewußtem gesellschaftlichen Handeln und an individueller Einsichtsfähigkeit und Einsatzbereitschaft – unabhängig von privater Interessiertheit – bei Eltern und Berufserziehern erforderlich, das auf kapitalistischen Gesellschaften eigentümliche Hindernisse stößt: Ein System, das seine Bürger auf Einkommensgewinnung über Äquivalententausch verweist, gesellschaftliche Verantwortlichkeit beim Staat monopolisiert, der seinen knappen Handlungsspielraum wiederum nur durch Einkommensinteressierte wahrnehmen läßt, und das die Entstehung einer gesellschaftlichen Emanzipationsbewegung bisher stets erdrücken konnte, hat Schranken, an denen eine den Kindern bekömmliche Zuwendung immer wieder zu scheitern droht.

I. Warum der Staat die Ehefähigkeit vom Eigentum an Produktionsmitteln löst

In Deutschland bestehen bis weit ins 19. Jahrhundert hinein Schranken für die Eheschließung, die erst im Zuge der Auflösung der Gemeinschaft des »Ganzen Hauses«[1] und des Abbaus persönlicher Abhängigkeiten zugunsten freier Lohnarbeitsverhältnisse eingerissen werden. Die bürgerliche Familie emanzipiert sich aus dem Ganzen Haus und wird zu einem rein verwandtschaftlichen Beziehungssystem. Noch erhaltene Mitarbeitspflichten etwa der Ehefrau und der Kinder bekommen zunehmend bloß erzieherischen Charakter, stiften aber nicht mehr den existentiellen Familienzusammenhalt. Dieser Entwicklung folgt die Trennung von Öffentlichem und Privatem, das heißt auch die Trennung von öffentlichem und privatem Recht, wobei das öffentliche die unmittelbare Gesellschaftlichkeit abstreift zugunsten einer Staatlichkeit, die jene der bürgerlichen Gesellschaft eigentümliche Verdoppelung in Gesellschaft und Staat ist. Die Familie wird zum Ort privater Rechte und Pflichten, Familienrecht Teil des Privatrechts. Zwar bleibt die öffentliche Funktion der Familie als Herstellungsort des gesellschaftlichen Nachwuchses gewahrt; sie wird aber aus der wissenschaftlichen Analyse weitgehend ausgeschlossen.[2] Das geht so weit, daß die umfangreichen Eheschließungsschranken des öffentlichen Rechts in der Betrachtung des Familienrechts kaum mehr erscheinen.

Die allgemeine Geltung des Bürgerlichen Rechts für das abstrakte Rechtssubjekt (§ 1 BGB) war ohne Ansehung persönlicher Lebenssituationen als generelle rechtstheoretische Grundannahme unterstellt. Von dieser Grundannahme aus wurde Familienrecht betrachtet und analysiert mit der Folge, daß der Ausschluß weiter Bevölkerungskreise von seiner Geltung nicht ins Blickfeld geriet, weder also die Ehelosigkeit noch die armenpolizeilichen Ehebeschränkungen Gegenstand wissenschaftlicher Bemühung wurden. Die daraus resultie-

1 Vgl. O. Brunner, a.a.O.
2 Vgl. H. Rosenbaum, a.a.O., S. 106 ff.

rende Verengung des Blickfeldes konnte den Wirkungszusammenhang zwischen den Reproduktionsbedingungen der »Besitzklassen« und dem Ehe- und Familienrecht nicht unterscheiden vom Zusammenhang zwischen den Reproduktionsbedingungen Produktionsmittelloser und der bürgerlichen Verkehrsform.

Bereits die das Familienrecht behandelnden Lehrbücher und Kommentare des 19. Jahrhunderts erwähnen nur die allgemeinen bürgerlich-rechtlichen Ehehindernisse wie Bigamie, Inzest, Ehebruch etc. und teilweise noch die für Berufsmilitärs und Beamte geltenden Konsensnotwendigkeiten.[3] Dasselbe gilt für historische Darstellungen, die von der Annahme ausgehen, der Kapitalismus habe die proletarische Familie zerstört, auseinandergerissen.[4] Es wird dabei übersehen, daß die Familie als Form der Geschlechtsbeziehung und als eine Fortpflanzungsgemeinschaft zunächst den Eigentumsklassen vorbehalten, daß den Produktionsmittellosen die Familiengründung verwehrt ist: diese sind ledig nicht deshalb, weil der Kapitalismus die Familienbande zerreißt, sondern weil Zwangsgesetze in den meisten deutschen Ländern die Eheschließung vom Nachweis einer die Familienernährung garantierenden Wirtschaft abhängig machen. Solche bis weit ins 19. Jahrhundert hinein bestehenden Ehebeschränkungen – Bayern löst die polizeiliche Genehmigungspflicht erst nach 1870 auf – treffen einen großen Teil der heiratsfähigen Bevölkerung und verhindern deren Verehelichung. So betrug um 1820 allein der Gesindeanteil der im heiratsfähigen Alter stehenden preußischen Bevölkerung rund 15%.[5] Bedenkt man, daß zur Bevölkerung, die Eheschließungsbeschränkungen unterlag, zusätzlich die Nichtinhaber von bäuerlichen Vollstellen, die Handwerksgesellen, Militärpersonen zu rechnen sind, und daß 1819 bereits das Gesinde abzunehmen beginnt, so wird die enorme Anzahl von Personen deutlich, denen die Eheform versperrt war.

Die der bäuerlichen und handwerklichen Produktion angemessene Organisationsform des Ganzen Hauses umfaßt nicht

3 S. Eichhorn, a.a.O., Dernburg, a.a.O., Gerber, a.a.O. etc.

4 Vgl. etwa Menger, a.a.O., S. 40 ff., Bebel, a.a.O., S. 147 ff., Engels/Marx, a.a.O., S. 478.

5 Zu dieser Schätzung vgl. W. Kähler, a.a.O., S. 9 ff.

nur die Verwandten, sondern alle der adäquaten Betriebsgröße entsprechenden Gehilfen, wie Knechte, Mägde, Hauspersonal, Handwerksgesellen. Das Haus ist Produktions- und Konsumtionsgemeinschaft, wiewohl bereits für einen Markt und nicht nur für Eigenbedarf produziert wird. Dieser enge Zusammenhang schlägt sich lange in persönlicher Abhängigkeit der Produktionsmittellosen und in einer festen sozialen Einheit nieder, die als einzigen Haushalt nur den der Herrenfamilie zuläßt. Die Tatsache fehlender »eigener vorteilhafter Wirtschaft« (§ 147 *Preußische Gesindeordnung* von 1794) als solche bildet die entscheidende Schranke für eine Eheschließung. Für den Leibeigenen des frühen und hohen Mittelalters gilt zwar nicht mehr – wie noch für den römischen Sklaven[6] – ein vollständiges Eheverbot mangels Rechts- und Willensfähigkeit, jedoch hat der Herr die alleinige Disposition über die Familiengründung und -entwicklung: Die Heiratsmöglichkeit hängt von der in sein Belieben gestellten Genehmigung ab. Er kann den Leibeigenen zur Ehe zwingen oder sie ihm verwehren.[7] Dabei kann ein Heiratsgebot allein den Zweck haben, die Fortpflanzung anzuregen, da die normalen Ehefolgen – wie Unterhaltspflicht und Erbfolge – beim Leibeigenen wegen seiner beinahe vollständigen Verdinglichung nicht eintreten. Diese geburtenpolitische Absicht äußert sich ebenfalls in dem Recht des Herrn, Kinder des Leibeigenen nach seinem Belieben auszusetzen und damit dem Tode anheimzugeben.[8]

Mit der Entwicklung der Warenproduktion und Geldwirtschaft verwandeln sich noch unter der fortbestehenden Form der Leibeigenschaft und Hörigkeit die persönlichen Abhängigkeiten allmählich zu Geldbeziehungen. Dies wird an den Veränderungen deutlich, denen die Ehehindernisse der Produktionsmittellosen unterliegen.

Unverändert ist die Heirat der Gehilfen, die vollständig dem Haus eingegliedert sind und dementsprechend ohne klar gegliederten Arbeitstag für Dienstleistungen und Produktion zur Verfügung stehen, während der Dauer der Dienstverhältnisse praktisch ausgeschlossen. Das Gesinde ist insoweit – eine Ausnahme gilt quasi naturgemäß für Ammen – in der Tat

6 Vgl. Savigny, a.a.O., S. 30 ff.
7 Vgl. von Maurer, a.a.O., Band II, S. 80 ff.
8 Vgl. Wilda, a.a.O., S. 724 ff.

seinem Begriffe nach unverheiratet, ohne daß noch die Heirat ausdrücklich zu verbieten wäre oder verboten ist. Die im Dienstverhältnis angelegte Heiratsbeschränkung verschärft sich dadurch, daß das Interesse des Herrn an der Erhaltung der Arbeitskraft anerkannt wird. Ihren rechtstechnischen Ausdruck findet die Heiratsbeschränkung zunächst in der territorialen Beschränkung der Rechtsfähigkeit des Hörigen auf den Hofverband. Innerhalb seiner Grenzen darf er heiraten, obwohl eine formelle Zustimmung des Herrn und die Zahlung eines Ehegeldes erforderlich bleiben.[9] Eheschließungen Höriger über die Grenzen des Hofverbandes hinaus sind bis ins 11. Jahrhundert verboten; später entwickelt sich die Möglichkeit der von beiden betroffenen Herren gebilligten Eheschließung, die allerdings in der Regel von der Zahlung kaum aufzubringender hoher Geldbeträge an denjenigen abhängig ist, aus dessen Hörigkeitsverband einer der Ehepartner ausscheidet. Als Grund für diese ins Belieben der Herren gestellten Erlaubnis gilt nicht die Unfreiheit, sondern ihr darin enthaltenes Recht auf die Arbeitskraft. Nachdem fehlender Konsens zunächst zur Unwirksamkeit der Ehe führt und die Herren ihren Anspruch auf Herausgabe des Hörigen behalten, wird im Laufe der Entwicklung die Gültigkeit der vollzogenen Ehe nicht mehr angetastet; an ihre Stelle treten harte Strafen.[10]

In der *Preußischen Gesindeordnung* von 1794 (s. PrALR II 5 § 147 für Gesinde; ebenso II 7 § 166 für Untertanen), die insoweit bis 1918 praktisch unverändert bestand, ist die Heiratsbewilligung des Herrn ebenfalls noch vorgesehen, wenn auch bereits in der abgeschwächten Form der Kündigungsvoraussetzung, die dem Gesindevertrag als einem partiell freien Mietvertrag entspricht. Gemäß § 147 der Gesindeordnung können Dienstboten »den Dienst verlassen«, wenn sie »durch Heirath, oder auf eine andere Art, zur Anstellung einer anderen Wirthschaft vortheilhafte Gelegenheit« erhalten. Mit dieser Gesetzesbestimmung wird bereits der geänderte Charakter des Hauses offenbar, der nicht mehr ein von der ökonomischen Anlage her unauflöslicher Verband ist, sondern trotz der sonst in der Gesindeordnung fortgeführten Befehlshierar-

9 Vgl. Maurer, a.a.O., Band 3, S. 163 ff.

10 Insges.: Maurer, a.a.O., S. 150 ff.; L. v. Stein, a.a.O., S. 135 f.; K. S. Bader, a.a.O., S. 8 f.

chie Elemente eines freien Arbeitsverhältnisses enthält, das jedoch die Tatsache des Freiseins von Produktionsmitteln offen zur Voraussetzung hat.

Die Entwicklung für die Verhältnisse der handwerklichen Gehilfen – Gesellen und Lehrlinge – verläuft ähnlich. Mit Ausnahme von wenigen Gewerben (und auch hier nicht von Anfang an) ist der Geselle und Lehrling unverheiratet. Die Gesellenordnung der Dachdecker von 1715 setzt z. B. den verheirateten Lehrling in der Behandlung dem Verbrecher gleich.[11] Erst der Meister heiratet, wobei nicht selten die Eheschließung gleichzeitig die Basis der Meisterschaft bildet, indem die Tochter oder Witwe eines etablierten Betriebes gefreit wird.[12] Die Grundlage dieser Heiratsbeschränkungen ist die vollständige Aufnahme des Gehilfen in das handwerkliche Haus; festgelegt als Regel sind sie in Zunftordnungen und Stadtrecht.[13] Das Eheverbot der Gehilfen kommt dadurch zustande, daß verheiratete Personen nicht angestellt werden und ihnen der Weg zum Meisterbrief verbaut ist. Bereits im 17. Jahrhundert kommt es gegen diese Ordnung zu Protesten und Kämpfen, die im Reichsabschied von 1731 enden, der verheiratete Gesellen ausdrücklich unverheirateten gleichstellt[14]; allerdings sträuben sich die örtlichen Zünfte lange gegen seine Durchführung.[15]

Die Eheschließungsschranken der unfrei Arbeitenden sollten den Herren die ungehinderte Verfügung über wohlfeile Arbeitskräfte erhalten. In diesem Rahmen betriebene Geburtenpolitik beschränkt sich auf das Interesse am stetigen Zufluß neuer Arbeitskräfte, der vorwiegend durch nicht erbende Kinder von Freien[16] und durch nie völlig vermeidbaren unehelichen Nachwuchs des Gesindes gespeist wird. Wenn etwa § 147 der *Preußischen Gesindeordnung* die Heiratsbewilligung des Herrn an das Vorhandensein einer »vortheilhaften Wirtschaft« knüpft, dann vermischen sich in dieser Vorschrift

11 Nachweis bei: Wissel, a.a.O., S. 399.

12 Vgl. H. Rosenbaum, a.a.O.

13 S. Überblick bei Wissel, a.a.O., zur späteren Entwicklung s. Schwartz, a.a.O.

14 Art. x III 6 to, abgedruckt bei Wissel, a.a.O., S. 554 ff.

15 Schwartz, a.a.O.

16 Vgl.Kähler, a.a.O., S. 3.

bereits private mit armenpolizeilichen Interessen, wobei der Begriff der Polizei hier noch in seiner weiten, die gesamte Staatswohlfahrt umgreifenden Bedeutung gefaßt ist. Der Herr hat bei Armut seines Personals unbegrenzten Zugriff auf dessen Arbeitskraft, wobei sein Privatinteresse mit dem obrigkeitlichen Interesse zusammengeht, von der Armenunterstützung entlastet zu sein.

In der nur allmählich feste Organisationskonturen gewinnenden Territorialstaatlichkeit bestehen freilich staatliche Gesetzgebungsakte neben gemeindlichen oder gutsherrlichen, die dennoch der polizeilichen Zielsetzung mitverpflichtet sind, Eheschließungen Produktionsmittelloser zu verhindern. Landes- und Polizeiordnungen wie in Bayern, Senatsproklame wie in Bremen, Kündigungsbestimmungen wie die erwähnten des Preußischen Landrechts enthalten die entsprechenden, inhaltlich wesentlich gleichlautenden Bestimmungen: »Verehelichung von Dienstboten, Taglöhnern und sonstigen unvermöglichen Leuten«[17] war verboten. Die polizeiliche Zustimmung zur Eheschließung wurde nur gewährt, wenn eine vorteilhafte Wirtschaft die Erhaltung der Familie sicherte. Die Gesetzgebung in Deutschland war außerordentlich zersplittert, formal häufig von feudalen Formen überlagert und gleichzeitig bereits durchbrochen von den Erfordernissen der bürgerlichen Gesellschaft. Die früheste polizeiliche Ehebeschränkung scheint die bayerische von 1616 gewesen zu sein[18]; Bremen machte die Untertanen-Heirat zuerst 1682 von dem Konsens der Landeigentümer, der »Gohgrafen«, bzw. der zuständigen Gerichte abhängig, um eine Verarmung der Bauern zu verhindern[19]; es bestätigte diese Bestimmung mehrere Male ausdrücklich, zuletzt 1833[20], und hob sie erst ausdrücklich 1899 mit dem Ausführungsgesetz zum BGB auf.[21]

17 Vgl. *Bayerische Landes- und Polizeiordnung von 1616*, zitiert nach Rehm, a.a.O., S. 605.

18 Nachweis, auch der Entwicklung, Rehm, a.a.O.

19 S. Proclam von 1682, in: *Sammlung verschiedener Verordnungen der kaiserlichen freyen Reichsstadt Bremen von 1660-1750*, S. 370.

20 1833, § 12 Proclam Nr. 19 von 1833 – *Sammlung der Verordnungen und Proclame 1833*.

21 § 67 des Ausführungsgesetzes zum BGB vom 18. 7. 1899 – GBl 1899, Nr. 14.

Für den Norddeutschen Bund vereinheitlichte das Gesetz über die Aufhebung der polizeilichen Beschränkungen der Eheschließung vom 16. 4. 1868[22] den Rechtszustand für das gesamte Bundesgebiet in der Weise, daß es alle Gemeinden-, Gutsherrschafts-, Armenverbandserlaubnisse zur Eingehung der Ehe aufhob (§ 1) und Geistliche oder Standesbeamte anwies, ohne obrigkeitliche Bescheinigung zu trauen (§ 3). Die Motive zu diesem Gesetz[23] sowie der vorhergehende Kommissionsbericht[24] fassen noch einmal sehr deutlich die Gründe für die bis dahin geltenden Beschränkungen zusammen. Sie betrafen durchweg nicht die Ehe als solche, sondern ihre Fortpflanzungsfunktion. Das hatte zur Folge, daß die Verbote außerehelicher Geschlechtsbeziehungen, welche die Eigentumsklassen in die exogame, heterosexuelle Ehe zwingen sollten, für die Produktionsmittellosen theoretisch den Effekt vollständiger Sexualabstinenz eines Zwangszölibats hatten und haben sollten. Es sollte vor allem die Belastung der Armenfürsorgeeinrichtungen gering halten, also wiederum zum Elend verurteilten Nachwuchs der Armen verhindern. Zusätzlich zur Angst vor Überbevölkerung bestand die Besorgnis vor »der unorganischen Zunahme der nichtbesitzenden Classe gegenüber der besitzenden«[25]; das »Bewußtsein des Classengegensatzes«[26] ließ die »Zunahme des Proletariats«[27] fürchten.

Der junge Kapitalismus zerstörte jedoch unerbittlich die Voraussetzungen einer statischen Bevölkerung, die in der armenpolizeilichen Ehe- und Fortpflanzungsbeschränkung unterstellt ist, und entzog gleichzeitig der Fürsorgeverpflichtung für Arme den Boden. Sowohl die sich entwickelnde Industrie wie auch die sich intensivierende und expandierende Landwirtschaft bedürfen einer wachsenden Bevölkerung. Das Beispiel des enormen Sprungs von 10 auf 16 Millionen Menschen in der Zeit von 1815 bis 1848 in Preußen belegt dies. Er hat seinen Schwerpunkt in den ostelbischen Provin-

22 *Stenographische Berichte über die Verhandlungen des Reichstags des Norddeutschen Bundes 1868*, II. Band, Actenstück Nr. 50.

23 *Stenogr. Berichte*, a.a.O., Actenstück Nr. 15.

24 *Stenogr. Berichte*, a.a.O., Actenstück Nr. 37.

25 Vgl. v. Stein, a.a.O., S. 160.

26 Vgl. v. Stein, a.a.O.

27 *Stenogr. Berichte*, a.a.O., Actenstück Nr. 15, S. 69.

zen, ist »zugleich ermöglichte und heraus[-ge-]forderte«[28] Konsequenz der Agrarreform.

Der Bevölkerungszuwachs war begleitet von wachsender Verelendung, da er in eine Zeit fiel, in der die Grundbesitzer ihrer feudalen Fürsorgepflicht bereits enthoben waren und eine staatliche Sozialpolitik noch nicht entwickelt war. Erst ab 1842 wurde z. B. in Preußen die Armenpflege staatlich geregelt[29], indem Gutsherren und Gemeinden erneut belastet wurden. Nur allmählich wurde mit der staatlichen Wahrnehmung und Kostenübernahme durch Provinzial-Landesarmenverbände die Armenfürsorge von feudalen Relikten gereinigt und damit das kapitalistische Prinzip verwirklicht, Einzelne vor speziellen Konkurrenznachteilen zu schützen.[30]

Um die Mitte des 18. Jahrhunderts kommt mit der Bevölkerungslehre eine erste wissenschaftliche Thematisierung der gesamtgesellschaftlichen Fortpflanzungsplanung auf.[31] In diesen Zeitraum fällt ein entscheidender Aufschwung der Bevölkerungsentwicklung.[32] Der wachsende Bedarf an Land- und Industriearbeitern bei gleichzeitiger wiederholter Entvölkerung durch Kriege und Seuchen führt zu ersten bevölkerungspolitischen Maßnahmen, die wesentlich durch das Mittel der Heiratsbeförderung die Kinderproduktion steigern[33] und durch Einwanderungserleichterung sowie die Auswanderungsverhinderung Bevölkerungsverluste gering halten sollen.[34]

Doch nur langsam lösen sich diese Maßnahmen vom Erfordernis der Familienunterhaltsfähigkeit des Ehemannes: Während z. B. in einem repräsentativen Lehrbuch der Staats-Policey-Wissenschaft von 1788 bereits gegen armenpolizeiliche Ehebeschränkungen argumentiert wird[35], geht ein ebenfalls eine aktive Bevölkerungspolitik favorisierendes staatstheoretisches Standardwerk dieser Zeit wie selbstverständlich

28 Siehe für das weitere: Koselleck, a.a.O., S. 55 ff./71.

29 *Preußisches Gesetz über die Verpflichtung zur Armenpflege*, GS von 1843, S. 8 ff.

30 Vgl. etwa die Gesetzes-Novellierung von 1855, GS S. 311.

31 Nachweise bei v. Stein, a.a.O., S. 110 ff.

32 Vgl. Mackenroth, a.a.O.

33 S. dazu etwa T. Dolliner, S. 25; vgl. auch F. Lütge, a.a.O., S. 298 ff.

34 Vgl. v. Stein, a.a.O., S. 110 ff.

35 J. H. Jung, a.a.O., § 182.

davon aus, daß die durchaus mit verschiedenen staatlichen Mitteln in die Ehe zu Zwingenden »von ihrem Vermögen Frau und Kinder ernähren«[36] können. So hält sich bis in die zweite Hälfte des 19. Jahrhunderts in manchen Teilen Deutschlands ein zweigleisiges System von polizeilicher Eheförderung und gleichzeitiger Ehebeschränkung.

Die staatliche Überwindung dieses Systems – in Preußen und dem Norddeutschen Bund herbeigeführt durch das oben genannte Gesetz von 1868 – ist wohl auf zwei Gründe zurückzuführen. Zum einen erweist sich, daß der auf Produktionsmitteleigentümer beschränkte Druck, Kinder zu erzeugen, den wachsenden Mengenanforderungen nicht genügt: von 1860 bis 1890 steigt die Zahl der in die Provinzen Rheinland und Westfalen eingewanderten Polen von sechzehn Personen auf 30000 und bis 1910 noch einmal auf 300000.[37] Die Gefahr von »Entvölkerung und Mangel an Arbeitskräften«[38] verlangt nach der »Entfesselung aller wirtschaftlich produktiven Kräfte«, d. h. wesentlich der Ausschöpfung des gesamten potentiellen Nachwuchsreservoirs durch Beseitigung der Maßnahmen, die »die Bevölkerung durch künstliche Mittel herab[...]drücken«.[39] Die Aufhebung der Ehehindernisse für die »Mitglieder seiner niederen Classe« erfolgt nun »zum Frommen des gesamten gesellschaftlichen Zustandes«[40], das heißt zum Zwecke der Geburtenstimulierung. Die Entwicklung der Maschinerie ermöglicht, Kinder früh auszubeuten und sie für ihren Unterhalt von den dazu prinzipiell unfähigen Eltern bereits im zarten Alter unabhängig zu machen. Zusätzlich erweist sich die unterschiedliche Ausgestaltung des Heimatrechts und der damit verbundenen Ehehindernisse in den einzelnen Landesteilen als schwere Beeinträchtigung der zuvor eingeführten Freizügigkeit der Wohnungsnahme[41] und droht ihren Zweck, die territoriale Mobilität des Lohnarbeiters herzustellen, zu vereiteln. Tatsächlich konnte der Nord-

36 Vgl. G. F. Lamprecht, a.a.O., § 573.
37 Nachweis bei Wehler, a.a.O., S. 436.
38 *Motive zum Gesetz von 1868*, Actenstück Nr. 15.
39 *Commissionsbericht*, Actenstück Nr. 37, S. 106.
40 Vgl. v. Stein, a.a.O., S. 141.
41 *Motive und Commissionsbericht zum Gesetz von 1868*, Actenstücke Nr. 15 und 37.

deutsche Bund die zentrale Gesetzgebungskompetenz nur deshalb ausüben, weil die Aufhebung der Ehehindernisse in den Sachkomplex der Freizügigkeitsgesetzgebung fiel.

In allen diesen Maßnahmen, sowohl bei der Erhaltung des Zwangszölibats wie auch bei der Ehefreigabe, wird an keiner Stelle ein natürlicher Kindswunsch bemüht, dessen Verwirklichung auch den Produktionsmittellosen endlich zu einem reifen und sinnvollen Leben befähigen soll, sondern schlicht auf den Nachwuchs als Produkt der Geschlechtslust spekuliert. Die Nachwuchsproduktion soll in Ehe und Familie erfolgen, die von ihrer Konzeption her Reproduktionsformen der ›besitzenden Klassen‹ sind. Entsprechend wird die Verfolgung des Konkubinats als dem Lohnarbeiter naheliegende Geschlechtsgemeinschaft verschärft. Zu Zeiten der armenpolizeilichen Ehebeschränkungen hatten die Behörden häufig von seiner Verfolgung abgesehen, da offensichtlich der Sexualtrieb nicht vollständig unterdrückt, sondern durch Strafandrohung lediglich eingeschränkt werden konnte und die Auflösung bestehender Konkubinate durch Bestrafung um so eher Armenunterstützung der Kinder nach sich gezogen hätte.[42] Auf dem Lande begann eine Kampagne für die nach Geschlechtern getrennte Unterbringung des Gesindes.[43]

Nachdem mit der Auflösung persönlicher Abhängigkeiten die Voraussetzungen für die Familiengründung Lohnabhängiger geschaffen waren, setzte ein starker staatlicher Druck zur Familiengründung ein. Damit sollte erreicht werden, daß mehr Kinder geboren wurden, daß Unterhaltsverpflichtungen für ihr Überleben eindeutig festgelegt waren und daß der erhoffte Verwahrlosungsschutz der Familie für die Kinder zur Geltung kam.

Die Ausdehnung der Eheform über die Eigentumsklassen hinaus hatte schwerwiegende Konsequenzen für die nun Subsumierten, aber auch für die Form selbst. Solange Gesetzgeber und gesellschaftliche Moral Ehe und Familie als verbindliche Reproduktionsform der Eigentumsklassen garantierten, handelte es sich lediglich um die Gewährleistung der diesen angemessenen Gesamtrationalität. Daran ändert auch die Tatsa-

42 Vgl. Rehm, a.a.O., S. 606; Gutachten des Preußischen Staatsministeriums zu: *Vergehen in Beziehung auf die öffentliche Sittlichkeit*, 1846.

43 S. etwa H. Grashoff, a.a.O.

che nichts, daß diese Rationalität auf Zwang nicht zu verzichten vermag und Druck zu ihrer Erhaltung ausgeübt wird. Prinzipiell fallen Privatinteressiertheit am Kind mit dem gesellschaftlichen Interesse an Nachwuchs weitgehend zusammen. Mit der Fortpflanzung in Familien ist nicht nur die Existenz ihrer Mitglieder in Kindheit, Alter und Krankheit gesichert, sondern auch die bürgerliche Klasse und Gesellschaft selbst. Bei solcher prinzipiellen Übereinstimmung ist die mögliche individuelle Abweichung durch den Staat als Verkörperung der Volonté générale zu verhindern.

Erst die Einbeziehung der Produktionsmittellosen ist als rein bevölkerungspolitische Instrumentalisierung der Ehe zu kennzeichnen, da sie unter eine Fortpflanzungsform gezwungen werden, die ihrer Lebenssituation widerspricht. Die private Aufzucht von Kindern zu Lohnabhängigen garantiert den lohnabhängigen Eltern keine Versorgungssicherheit bei Ausfall der Selbstunterhaltsfähigkeit, da die privaten Reproduktionsinteressen der Kinder und Eltern auseinanderlaufen. Die möglicherweise bestehende Unterhaltshoffnung, die in die Kinder gesetzt wird, mußte denn auch stets enttäuscht werden: »Aufgewachsen fragen die Kinder [deshalb] natürlich keinen Deut nach den Eltern und verlassen sie.«[44]

Der Staat, der sich zunächst auf die bloße Öffnung des Ehe- und Familienprivatrechts beschränkt, muß bald einsehen, daß ergänzende öffentliche Maßnahmen notwendig sind, um die qualitätsgerechte Kinderaufzucht zu gewährleisten. Bereits die Öffnung der Ehe bedeutet eine radikale Umwälzung des Zwecks des Familienrechts. Von der Gewährleistung des bürgerlichen Subjekts entwickelt es sich zum bevölkerungspolitischen Zwangsgesetz, ohne seine Form zunächst wesentlich zu ändern. Die entscheidenden Veränderungen sind öffentliche Maßnahmen zur Aufzuchtsgewährleistung, die sich scheinbar ohne Berührungspunkt zum Familienrecht entwickeln. Die Fortpflanzung der Lohnarbeiter muß nicht unmittelbar erzwungen werden; vielmehr genügt es, die Ausübung des Sexualtriebes ausschließlich an die Eheform zu binden. Selbst diese Möglichkeit der Triebbefriedigung war ja dem Produktionsmittellosen lange vorenthalten, seine geschlechtlichen

44 Marx, a.a.O., *MEW* 23, S. 493.

Äußerungen durch ein lückenloses Netz von Strafbestimmungen verboten, jede geschlechtliche Befriedigung immer ein Verstoß gegen teilweise strenge Strafgesetze. Vor diesem historischen Hindergrund ist der Kampf der lassalleanischen Arbeiterorganisationen um die Aufhebung der Ehehindernisse zu verstehen. So enthält die Forderung der Internationalen Arbeiterassoziation von 1863 durchaus emanzipatorische Momente, wenn sie sich für die Freiheit zur Familiengründung ausspricht, und ist nicht nur als unverständlich reaktionär zu charakterisieren[45], wohl aber als hilflos am Bestehenden orientiert in der bloßen Übernahme bürgerlicher Verkehrsformen. Der Kampf der Lohnabhängigen hätte nicht um das Recht auf Eheschließung, sondern um die Befreiung vom Zwangszölibat geführt werden müssen, da sie wohl an Geschlechtsbeziehungen, nicht jedoch vorab am Unterhalt einer Familie interessiert waren.

Die Befreiung vom Zwangszölibat gelang historisch nur um den Preis der Subsumtion unter die bürgerliche Eheform. Sie beendete eine teilweise noch fortbestehende Beschränkung der Rechtsfähigkeit Produktionsmittelloser. Der Gewinn der Ehefähigkeit führte nun dazu, daß alle Gesellschaftsmitglieder zu bürgerlichen Rechtssubjekten wurden, deren konkrete Lebenssituation definitionsgemäß außer Betracht bleibt. Gerade deshalb werden aber der Charakter der (Ehe-)Gesetze als Ausfluß des allgemeinen Willens ideologisch und die Pflichten aus der bürgerlichen Familienform zu reinen, Gratisarbeit abpressenden Zwangsgesetzen.

Festzuhalten bleibt jedoch, daß der Kapitalismus die Lohnarbeiterfamilie nicht zerstört, sondern erst erfunden hat. Die Freisetzung der Lohnabhängigen zur Ehefähigkeit wird allerdings gleichzeitig zur Quelle neuer Unfreiheiten. Das Niederreißen der Eheschließungsschranken heißt Nachwuchssicherung und private Aufzucht als Gratisarbeit für die Gesellschaft; Familiengesetzgebung heißt nicht Verallgemeinerung der individuellen Willen und Interessen zum Allgemeininteresse, sondern – als Geburtenpolitik des Staates – Zwang in eine dem Lohnarbeiter äußerliche Form. Bis zur Entwicklung sicherer und fabrikmäßig herstellbarer Verhütungsmittel

45 J. Menschik, a.a.O., S. 63.

konnte geburtenpolitische Steuerung nur sehr grobschlächtig realisiert werden entweder durch »Zwangs-Cölibate«[46] zur Verhinderung von Nachwuchs oder durch Freigabe des Geschlechtsverkehrs mit der »natürlichen« Konsequenz von Geburten. In dem erkannten Dilemma, zwischen Überbevölkerung und Entvölkerung ohne Feinsteuerungsmöglichkeiten lavieren zu müssen, wählte die bürgerliche Gesellschaft die Alternative der potentiellen Überbevölkerung. Der bedeutende Bedarf an lebendiger Arbeit bei noch relativ unentwikkelter Maschinenproduktion in Perioden stürmischer Expansion legte solche Politik nahe. In diesem Prozeß wurden überflüssige Bevölkerungsteile, die während der heftigen rezessiven Phasen enorm anwuchsen, bis auf einen auswanderungsfähigen Rest dem Untergang überantwortet. Obschon die aktive Kindestötung ein Verbrechen blieb, trieben das passive Verhungernlassen und der rasche Verschleiß von Kindern im Arbeitsprozeß zum Kindesmord auf nie gekannter Stufe. Während bis ins 19. Jahrhundert hinein eine Kombination von Zwangs-Zölibat und Armenhilfe die Bevölkerung konstant gehalten hatte, »befreite« der Kapitalismus die Geschlechtslust, um Arbeiter in ausreichender Quantität zu gewinnen, und überließ die überzähligen Menschen sich selbst, das heißt – entblößt von Produktionsmitteln – häufig dem Tod.

Noch im 19. Jahrhundert begann eine gesellschaftliche Entwicklung, die diese grobschlächtige Form der Bevölkerungspolitik zunehmend überholte. Der Einsatz der großen Maschinerie ersetzte mehr und mehr lebendige Arbeit; als Folge organisierter Klassenauseinandersetzungen kam die Sozialgesetzgebung zustande, die die materielle Lage der Lohnabhängigen verbesserte und dabei dem Staat Aufgaben zuwies, die jedoch – bei fortgesetzter privater Aneignung des Mehrwerts – prinzipiell an Finanzierungsgrenzen stießen.

Beide Prozesse machten das Problem der Überbevölkerung so brisant, daß dem Massensterben und der Auswanderung politisch begegnet werden mußte. Da der Emanzipationsstand der Gesellschaft die Wiedereinführung eines Zwangs-Zölibats nicht zuließ, die ohnehin nur ins andere Extrem hätte führen

46 *Commissionsbericht zum Gesetz von 1868*, Actenstück 37, S. 106.

müssen, wurden – vorerst noch widerstrebend – Verhütungsmittel zugelassen. Die damit möglich gewordene Lösung des Überbevölkerungsproblems rief jedoch unmittelbar wieder das Problem der Entvölkerung hervor.

II. Wie der Staat mit Ehe und Familie Lebensinteressen der Produktionsmitteleigentümer gewährleistet

Um die Mitte des 18. Jahrhunderts beginnt nicht nur der Begriff der Familie sich in Deutschland zu verbreiten, sondern mit ihm die bürgerliche Familie selbst. Sie hat eine spezifische Struktur und spezifische Funktionen, die sie vom »Ganzen Haus« ebenso unterscheiden wie von der Familie Lohnabhängiger, die sich parallel unter denselben Rechtsformen zu entwickeln beginnt. Sie ist in der Tendenz auf zwei bis höchstens drei Generationen beschränkt und umfaßt allein Verwandte, die in einem interdependenten Rechts- und Pflichtenzusammenhang zueinander stehen. Die Produktion ist vom Haushalt getrennt, die Produktionsgemeinschaft des Ganzen Hauses, in der Verwandte wie nicht verwandte Gehilfen ihren Platz hatten, aufgelöst: Systematisch betrachtet verschwindet die Mitarbeitsverpflichtung der Familienmitglieder als den ökonomischen Familienzusammenhang stiftende Kraft. Dieser wird nicht von einer familiengebundenen Produktion hergestellt, allerdings – wiederum systematisch betrachtet – auch nicht über gemeinsame Konsumtion. – Theoretische Annahmen wie die einer Familienentwicklung von der Produktions- zur Konsumtionsgemeinschaft legen stets ein Modell zugrunde, das durch Kontinuität und auf dieser Basis durch Funktionsverlust ausgezeichnet ist. Die Annahme verkennt, daß verschiedene Produktionsweisen spezifische Reproduktionsbedingungen verlangen, die zueinander nicht ins Verhältnis von Funktionsverlust oder Funktionsgewinn gesetzt werden können. Der folgenreichste Irrtum dieser Annahme ist, daß im Laufe der Entwicklung zwar die Produktions- und später die Konsumtionsgemeinschaft »Familie« aufgehoben worden sei, daß sie aber ihre Rolle als Sozialisationsinstanz beibehalten habe. In dieser Betrachtung geht verloren, daß die bürgerliche Familie nach sehr viel abstrakteren, über reine Geldbeziehungen vermittelbaren Zusammenhängen funktioniert. Die lange beibehaltene z. T. gemeinsame Konsumtion ändert daran nichts.

Die fortgesetzte Normierung von Mitarbeitsverpflichtungen der Kinder (vgl. etwa noch § 1619 BGB) und der Ehefrau (vgl. noch § 1356 II BGB) scheint dieser Aussage zu widersprechen. Allein der Charakter der Mitarbeitspflichten entspricht nicht mehr der Produktions- und Konsumtionseinheit des sich wesentlich selbst versorgenden Ganzen Hauses. Die Arbeitsverpflichtung des Kindes steht nun ganz in der Erwartung des Erbes und stellt eine Qualifikation für seine sachgerechte Verwendung dar, die sich nicht auf instrumentelle, sondern auf universelle Fähigkeiten erstreckt. Entsprechend ist die Bildung des Erben weitaus umfassender als etwa ein Lehrverhältnis.

Die Arbeitsverpflichtung der Ehefrau sichert ebenfalls nicht unmittelbar ihren Lebensunterhalt, für den nach der Familienkonstruktion der Mann allein zuständig ist, sondern enthält als wesentliches Moment ihre Zähmung »in die für das Zusammenleben der Ehegatten wesentlichen menschlichen Beziehungen«.[1] Wenn die Unentgeltlichkeit der Mitarbeitspflicht der Ehefrau mit dem Verweis auf die Abwehr »kommerzielle[n] Äquivalenzdenken[s]«[2] begründet worden ist, dann wohl nicht, weil »erst die Gegenwart [...] die Regelungslücke entdeckt«[3] und erkannt hat, daß sie »einen Ehegatten einseitig bereichert«[4], sondern weil sie die Dominanz des Mannes auch als ökonomische unterstreicht und die Unterwerfung der Frau gewährleistet. Die aus einer vergangenen Produktionsweise herüberragende Gesetzesformulierung kann allerdings dazu verleiten, die »Schicksalsgemeinschaft« und »Blutsverbundenheit«[5] oder die unverändert fortexistierende, dem Äquivalenzprinzip verschlossene Produktionsgemeinschaft Familie als Begründung fortzuschleppen.

Die Familienkonstruktion läßt definitionsgemäß Arbeitsverträge der Familienmitglieder untereinander nicht zu. Ihre allmähliche Anerkennung im Arbeits- und Steuerrecht belegt nicht den Verfall der Produktionsgemeinschaft Familie, son-

1 BGHZ 46, 385/391 (1966).
2 H. Fenn, a.a.O., S. 125.
3 Gernhuber, a.a.O., § 20 II.
4 Gernhuber, a.a.O., § 20 II.
5 Vgl. Fenn, a.a.O., S. 131 f.

dern die Auflösung der Unterhaltsgemeinschaft Familie und ihrer besonderen Sozialisationsbedingungen. Die bürgerliche Familie wird konstituiert um das Eigentum des Mannes an Produktionsmitteln. Sie setzt sich zusammen aus den Ehegatten, den Kindern und, unter Umständen, (nicht mehr arbeitsfähigen) Großeltern. Der Mann ist verpflichtet, den Familienunterhalt zu bestreiten, den er aus dem ihm zufließenden Mehrwert zieht: Er unterhält seine Frau und die Kinder bis zum Abschluß einer Erziehung, die den Knaben befähigt, das ererbte Kapital weiter zu verwerten, und das Mädchen, einem anderen bürgerlichen Mann den Haushalt zu führen und den Erben zu erziehen.

Der Vater übt die elterliche Gewalt aus, insbesondere bestimmt er den Ausbildungsgang und die Berufswahl der Kinder. Er hat ferner das Recht, das Eigentum an den Produktionsmitteln zu vererben. Die Testierfreiheit befähigt ihn, bis zu seinem Tode unter mehreren Erbanwärtern auszuwählen, vor allem die Erbeinsetzung von der ihm gegenüber zu erfüllenden Unterhaltspflicht abhängig zu machen. Grobe Verstöße gegen die Unterhalts- und Sorgfaltspflicht gegenüber dem Vater führen möglicherweise zu vollständiger Enterbung, das heißt zum Verlust der bürgerlichen Existenz. Ins Belieben des Erblassers ist die Beschränkung auf den Pflichtteil gestellt, der nie das werbende Unternehmen, sondern nur ein Geldanspruch ist und die Trennung von den Produktionsmitteln zur Folge hat. – Die Frau ist verpflichtet, Kinder zu gebären und diese in einer Weise aufzuziehen, die deren Funktionieren als bürgerliches Subjekt garantiert. Sie ist zur sexuellen Enthaltsamkeit außerhalb der Ehe – das heißt in der Regel nach der Geburt einer ausreichenden Anzahl Kinder, nach der es zum ehelichen Verkehr kaum mehr kommt, zur Enthaltsamkeit überhaupt – verpflichtet. Sie ist über den häuslichen Wirkungskreis hinaus nicht geschäftsfähig, das heißt, sie ist nicht berechtigt oder auch nur in der Lage, selbständig Verträge zu schließen, was in einer Gesellschaft, die sich prinzipiell über Verträge konstituiert, nichts anderes bedeutet als weitgehende Beschneidung der sozialen Existenz. Sie ist berechtigt, über die Zeitdauer ihrer engeren (Gebär- und Erziehungs-)Funktion hinaus Kost, Logis und andere zum Leben notwendige Versorgung zu fordern. Die Kinder stehen unter der »patria potestas«; sie sind für die Dauer eigener Unterhaltsunfähigkeit von den Eltern zu unterhalten. Sie sind verpflichtet, den Erziehungszielen des Vaters nachzukommen und die Eltern im Alter zu unterhalten.

Dieser Zusammenhang muß in der Regel nicht durch Rechtsnormen und in ihnen ausgewiesene Sanktionen erzwungen werden. Ein breites Netz sozialer Verhaltensmuster und daran verinnerlichter psychischer Dispositionen gewährleistet die Konstellation. Insofern zeichnet das bürgerliche Zivil- und Strafrecht die Konturen sozialer Beziehungen nur nach, mit der Folge, daß diese aus den Rechtsformen erkennbar werden und daß Auswüchse abgeschnitten werden können. Das bürgerliche Recht bezeichnet die Regel der bürgerlichen Familie, nach der diese überwiegend »ungezwungen« lebt; nur für den »pathologischen« Fall seiner Verletzung greifen Sanktionen.

Dem Sozialisationsprozeß in der Familie und der ihm entsprechenden religiösen Indoktrination entwachsen Personen, die die bürgerlichen Familienrollen so internalisiert haben, daß sie ihnen naturgegeben erscheinen. Die Analyse erweist diesen Herstellungsprozeß bürgerlicher Individuen immer auch als terroristisch; er ist aber für die Eigentümer-Kapitalisten funktional. Bereits der Knabe wird in die Rolle des Unternehmenden gedrängt, der in der Auseinandersetzung mit dem Vater um die Mutter Beschützer- und Unterhaltswünsche entwickelt, die er als späterer Vater in seiner Familie realisiert. Die Übernahme der väterlichen Rolle gilt als weitgehend selbstverständlich, das Verlassen des Familienzusammenhanges läßt den Sohn »verloren« gehen und ist ganz außergewöhnlich. Das Mädchen übt frühzeitig, liebevoll dienend dem Haus vorzustehen, jedoch in gesellschaftlichen Dingen sich zurückzuhalten und männlicher Führung zu überlassen. Der erwachsenen bürgerlichen Frau und Mutter ist nicht nur rechtlich verboten, Geschäfte abzuschließen, sie ist auch tatsächlich nicht befähigt worden, abstrakte geschäftliche Vorgänge auszuführen. Nicht nur darf sie rechtlich keinen Wohnsitz begründen, sie kennt auch den bürokratischen Vorgang nicht; nicht nur darf sie kein Handelsgeschäft betreiben, sie hat auch keine Kenntnis vom Ausfüllen einer Steuererklärung, der Erstellung einer Handelsbilanz, von Ein- und Verkaufspraktiken; nicht nur ist ihr der Ehebruch verboten, sie kennt auch nicht ihre überlegene sexuelle Potenz und gewährt »in ehelicher Zuneigung und Opferbereitschaft den Verkehr«[6] aus Gründen der Fortpflanzung. Der Ausbruch aus der sozialen Ordnung ist das als unerhört zu Beschreibende; er endet – im bürgerlichen Roman und Trauerspiel immer wieder thematisiert – mit sozialer Ächtung oder Tod, da die schwach ausgebildeten eigenen Kräfte das Leben allein nicht zu meistern erlauben.

Die am Reproduktionszusammenhang der bürgerlichen Familie orientierten psychischen Verhaltensweisen werden über die Existenz der bürgerlichen Familie hinaus tradiert und langsamer aufgelöst als das die Familie sichernde und spiegelnde Recht. Beispiele dieses Sozialisationsprozesses geben fortschrittliche politische Organisationen der Studentenbewegung, in denen Männer dominierten, während die als gleich geltend postulierten Frauen auf den häuslichen Bereich gedrängt wurden und sich drängten; ebenso entwickeln Frauenemanzipationsgruppen beinahe regelmäßig zunächst eine antimaskuline Tendenz[7]; nach wie vor (und nur allmählich abnehmend) bestehen typische Frauenberufe und werden von Frauen gewählt, auch wenn sie durch eigene Kinder nicht gehindert sind.

Das Korsett des Ehe-, Familien und Sexualstrafrechts hat die sozialen Beziehungen innerhalb der bürgerlichen Familie gestützt und Durchbrechungen zu verhindern gesucht. Das sanktionsbewehrte Gesetz ist Ausdruck der prinzipiellen Interessenübereinstimmung des Bürgertums bezüglich der verbindlichen obligatorischen Familienform. Der allgemeine Wille der Bürger bedarf rechtlicher Normierung, da er – trotz der angegebenen Sozialisationsleistungen – nicht mit dem Willen aller einzelnen Bürger identisch ist, die sich lediglich in rücksichtsloser Verfolgung ihrer privaten Interessen aufeinander beziehen. Die exogame, heterosexuelle, auf Nachwuchsproduktion ausgerichtete Ehe als (noch) »unvollständige Familie« (René König) ist die Folge von Sozialisation und privater Interessiertheit an Unterhalt und Erbschaft; sie ist keineswegs eine anthropologisch-natürliche Konstante des

6 Hoffmann-Stephan, a.a.O., § 43, Anm. 102.
7 Nachweise bei Menschik, a.a.O., Anna u. a., a.a.O.

Menschen, sondern hergestellte Disposition und gegen Vergnügen, Fantasien, Wünsche sowie ökonomische Interessen zu erzwingende und nur durch eine allgemeine gesellschaftliche Instanz durchsetzbare soziale Institution.

Zwei Dinge hat das die bürgerliche Ehe normierende Recht zu leisten. Es stellt die verbindliche, als durchschnittlich-optimal herausgearbeitete Form der Reproduktion zur Verfügung, und es sichert die Unterordnung, die Zähmung der Frau zur Kinderpflegebereitschaft.

Die im Familienrecht zum Ausdruck kommende Volonté générale vereinheitlicht die partikularen Willen der Betroffenen nicht, um den »wahren eigenen Willen [...] als Sittlichkeit und Freiheit«[8] insgesamt durchzusetzen, sondern um den ökonomischen Interessen von Produktionsmitteleigentümern Verbindlichkeit zu verschaffen. Daher ist dieser Wille nur ihnen gemeinsam.

Freilich beansprucht diese Konstruktion nur systematische Gültigkeit; sie umfaßt niemals alle Gesellschaftsmitglieder. Allerdings entsprach lange Zeit die systematische Familienkonstruktion weitgehend der Realität, weil Produktionsmittellose von der Familiengründung ausgeschlossen waren und der Grundadel besonderen Gesetzen (Fideikommisse, Ehen zur linken Hand) unterlag. Andererseits war der Anteil von Produktionsmitteleigentümern, die von bloßer Rente leben konnten und deshalb auf für sie arbeitende Erben nicht angewiesen waren, bevölkerungsstatistisch stets eine Größe, die nicht ins Gewicht fiel.

Im folgenden ist die Angemessenheit sozialer und rechtlicher Institutionen für die Reproduktion von Produktionsmitteleigentümern zu konkretisieren. Wenn das Gesetz Ausdruck des durch die gemeinschaftlichen Interessen bedingten Willens der nicht bewußt gesellschaftlich planenden und lebenden Individuen ist, das der erst im Austausch sich herstellenden

8 O. Vossler, a.a.O., S. 246. Unseres Erachtens trägt die Rousseausche Theorie eine Gesetzgebung hinreichend, solange ihre Geltung für nicht-parasitäre Produktionsmitteleigentümer exklusiv gehalten wird, wie es bei der frühen bürgerlichen Familiengesetzgebung der Fall war. Allerdings gilt sie nicht auf der Basis der Sittlichkeit, heißt Nutzen auch im Bereich der Familie nicht zweckfreie und unentgoltene Vaterliebe (vgl. J. J. Rousseau, a.a.O.), sondern sie faßt kollektive Interessen, die individuell stets durchbrochen zu werden drohen.

Gesellschaftlichkeit einen sicheren Rahmen gibt[9], dann muß fürs Familienrecht angebbar sein, in welcher Weise die Verfolgung von kollidierenden Sonderinteressen durch die Formulierung des Allgemeininteresses austariert werden kann, wie dieses Allgemeininteresse zu bestimmen ist, damit es den Sonderinteressen Zügel anlegen kann.

1. Zähmung der Sexualität in die Ehe

Der liberale Alternativentwurf von 1968 zum Strafgesetzbuch schlägt eine drastische Reduzierung der Strafbarkeit von Sexualdelikten vor, um den »Intimbereich Erwachsener« zu schützen und »eine moralisierende Bevormundung des Bürgers« zu vermeiden.[10] Bevor wir die Frage beantworten können, weshalb der Staat dieser liberalen Forderung bereits teilweise gefolgt ist, wollen wir exemplarisch klären, wieso die »Bevormundung« in fast allen Hochkulturen galt und auch bürgerliche Freiheitsforderungen lange überdauert hat, die solche Bevormundung doch als Verletzung ihres Grundprinzips – der Privatautonomie – hätten beseitigen müssen.

a) Unzucht/Konkubinat/Kuppelei

Der Große Senat des Bundesgerichtshofes hat noch 1954 für die nichteheliche Sexualbetätigung die – 1962 ausdrücklich bestätigte[11] – Ansicht vertreten, »daß es nicht zweifelhaft sein [kann], daß die Gebote, die das Zusammenleben der Geschlechter und ihre geschlechtlichen Beziehungen grundlegend ordnen und die dadurch zugleich die gesollte Ordnung der Ehe und der Familie (in einem entfernteren Sinne auch die des Volkes) festlegen und verbürgen, Normen des Sittengesetzes sind und nicht bloße dem wechselnden Belieben wechselnder gesellschaftlicher Gruppen ausgelieferte Konventionalregeln. Die sittliche Ordnung will, daß sich der Verkehr der Geschlechter grundsätzlich in der Einehe vollziehe, weil der Sinn und die Folge des Verkehrs das Kind ist, um seinetwillen und um der personenhaften Würde und der Verantwortung

9 Vgl. Projekt Klassenanalyse, a.a.O., S. 80 ff.
10 *Alternativentwurf*, a.a.O., S. 9.
11 So BGHSt 17, 230; s. auch schon RGSt 8, 172 (1882).

der Geschlechtspartner willen ist dem Menschen die Einehe als Lebensform gesetzt. [...] Indem das Sittengesetz dem Menschen die Einehe und die Familie als verbindliche Lebensform gesetzt und indem es diese Ordnung auch zur Grundlage des Lebens der Völker und Staaten gemacht hat, spricht es zugleich aus, daß sich der Verkehr der Geschlechter grundsätzlich nur in der Ehe vollziehen soll und daß der Verstoß dagegen ein elementares Gebot geschlechtlicher Zucht verletzt.«[12] Die in dem Urteil zum Ausdruck kommende scharfe und uneingeschränkte Ächtung jeden sexuellen Kontaktes zwischen nicht miteinander verheirateten Menschen hat sich zu verschiedenen Zeiten zu krimineller oder polizeilicher Strafverfolgung verdichtet, wobei das Konkubinat, das nichteheliche Zusammenleben, als verlängerte Unzucht geahndet wurde.[13] Konsequent wurde denn auch gemäß § 169 StGB das Ausgeben einer Geliebten als Ehefrau strafrechtlich verfolgt.[14] Der späte Verzicht, außerehelichen sexuellen Kontakt als ein Delikt zu bestrafen, enthält nicht dessen Billigung, sondern folgt lediglich praktischen Erwägungen.[15] Erst der Straftatbestand der Kuppelei, der jedermann ins Bewußtsein hob, daß in seinem Lebensbereich praktizierter außerehelicher Sexualkontakt unzulässig sei, verschafft dem Unzuchtsverbot den erforderlichen sozialen Nachdruck.[16] Dieser Zweck kommt noch klarer in den Motiven von 1829 zum Preußischen Criminal-Gesetzbuch – dem Vorläufer des geltenden Deutschen Strafgesetzbuches – zum Ausdruck: »M. E. aber hat der Staat, dessen Wohl und Gedeihen von der möglichsten Erhaltung der Sittlichkeit seiner Untertanen so wesentlich abhängt, wenn er auch aus vielfachen Gründen nicht soweit gehen kann, den außerehelichen Beischlaf selbst für ein Verbrechen zu erklären, dennoch wenigstens das voll-

12 BGHSt 6, 46/54 f.; s. auch BGH JZ 1959, 633; s. kritisch dazu etwa Müller-Freienfels, a.a.O., S. 65 ff.

13 Vgl. Wilda, a.a.O., S. 809; s. Nachweis bei Gutachten des Preuß. Staatsministeriums von 1846; Rehm, a.a.O., S. 606.

14 RGSt 56, 134 (1921); zur Änderung des § 169 StGB, vgl. BT-DS VI/3521, S. 11.

15 S. Gesetzrevision-Pensum I Motive zu dem von dem Revisor vorgelegten Ersten Entwurfe des Criminal-Gesetzbuches für die Preuß. Staaten, Band 3, Abt. 2, 1829, IV, S. 240/270 ff.

16 S. II 20 § 996 PrALR und die bis 1973 gültigen §§ 180 f. StGB.

kommenste Recht und die dringendste Veranlassung, die Kuppelei, diese Verführung und Unterstützung anderer zum Laster, bei welcher der Täter sich nicht, wie der Liederliche selbst, mit dem Drange des Geschlechtstriebes entschuldigen kann, allgemein und zwar in eben dem Umfange für strafbar zu erklären, wie es das richtige moralische Gefühl des Volkes tut, das auf jeden Kuppler, und zwar auch auf den, der seine Dienste unverheirateten erwachsenen Leuten leistet, mit gleichem Abscheu hinblickt.«[17] Obschon aus diesen Gründen die strafrechtliche Verfolgung außerehelichen Sexualkontaktes unterblieb, war er doch staatlichem Zugriff nicht vollständig entzogen, da im Falle öffentlichen Bekanntwerdens die Polizei gegen außereheliche Geschlechtsbeziehungen einzuschreiten berechtigt war, um die »öffentliche Sicherheit und Ordnung«[18] wiederherzustellen.

Die christliche Moral, zumal in ihrer katholischen Variante, ächtete jede nichteheliche und nicht auf Fortpflanzung gerichtete Sexualität als Unzucht und errichtete damit über die staatliche Sanktion hinaus Schranken sexueller Betätigung, die ein wesentliches Erziehungsmittel zur Ehebereitschaft darstellten. Der so aufgebaute »höhere Richterstuhl der Moral«[19], der durch §§ 166 f. StGB wie eine staatliche Einrichtung geschützt und in ständigen Appellen als Komplement staatlicher Gesetzgebung in die Pflicht genommen wird, hatte jene Praktikabilitätslücken des Strafrechts gewissermaßen vorbeugend zu schließen.

Die grundsätzlich verbotene Sexualäußerung außerhalb einer ehelichen Bindung hatte den Zweck, den individuellen Sexualtrieb, der nicht automatisch den herrschenden Reproduktionserfordernissen entspricht, auf diese erst hinzubiegen. Solange sich nämlich Gesellschaftlichkeit erst durch die Interessenwahrnehmung von Privateigentümern – sei es an Vieh, Boden oder anderen Produktionsmitteln – konstituiert, kann gesellschaftliche Kontinuität nur über deren private Fortpflanzung gesichert werden. Diese bedarf einer Form, der Ehe, die vom interessierten Zugriff aller anderen ausgeschlos-

17 Revisor, a.a.O., S. 245.
18 Vgl. etwa § 14 *Preuß. Polizeiverwaltungsgesetz* von 1931; vgl. auch Polizeistrafgesetzbücher von Hannover, Braunschweig, Bayern, 1853.
19 *Motive*, a.a.O., S. 271.

sen sein muß. Die Unzuchtsächtung ist somit eine der Maßnahmen, welche die sexuellen Individualwillen zu angemessenen Verkehrsformen verallgemeinern helfen sollten.

In der westdeutschen Diskussion um die Reform des Sexualstrafrechts wird die so durchgesetzte Zähmung des Sexualtriebes in die Ehe gegen liberale Vorwürfe »wie Anachronismus, Pharisäertum, Heuchelei, Unehrlichkeit, Prüderie, doppelte Moral« in einer rückwärtsgewandten Betrachtung gewürdigt, wenn es heißt, »daß diese bürgerliche Sexualmoral – mindestens historisch – ein Entwurf gewesen ist, mit dem versucht wurde, die Sexualität in das kulturelle Niveau der Epoche zu integrieren«; die »kulturelle Überformung der Sexualität mit dem Ziel der Integration in den allgemeinen Kulturstand des Individuums und der Gesellschaft« wurde gegen »das völlig ungebändigte Ausleben« des Geschlechtstriebes gesetzt.[20] Diese Auffassung kann für sich in Anspruch nehmen, bürgerliches Sexualverhalten ein Stück weit zu verstehen, indem sie es nicht als naturgegeben, sondern als sozial hergestellt erkennt. Sie verkennt aber, daß keineswegs eine wünschenswerte Kultur, sondern ganz präzise Eigentumsverhältnisse die Voraussetzung solcher Sexualmoral bilden; sie muß deshalb übersehen, daß die kapitalistische Auflösung dieses Eigentums ihr die Grundlage entreißt.

Die sexuelle Zähmungsabsicht der Unzuchtsächtung findet ihre Zuspitzung in der speziellen strafrechtlichen Behandlung der Frau, indem – abgesehen von Jugendlichen – nur die Verführung von Frauen bestraft wird (§ 236 StGB). In dieser Verführungsvorstellung drückt sich die falsche Annahme der überlegenen Sexualpotenz des Mannes und des sexuellen Desinteresses der Frau aus, um so die entscheidende Unterlegenheit und Abhängigkeit der Frau in patriarchalischen Eigentümergesellschaften begründen zu helfen.

Die strafrechtliche Sonderstellung der Frau drückt aus, daß ihre Unterlegenheit immer wieder neu herbeigeführt werden mußte und erst die spezifische, als »Weiblichkeit« bezeichnete Mentalität mit hervorbrachte.[20a] Im herrschenden Bewußtsein befestigt sich nun diese Weiblichkeit zu naturgegebenen Eigenschaften und macht erklärlich, daß noch 1972 – also

20 Lackner, a.a.O., S. 32, 36 und passim.

20a Vgl. dazu Vaerting, a.a.O.; Bornemann, a.a.O.

lange nach der Gleichberechtigungsgesetzgebung – die Forderung, auch männlichen Jugendlichen einen strafrechtlichen Schutz gegen Verführung einzuräumen, mit folgender Begründung abgelehnt wird: »Insbesondere dürften die sonstigen (psychischen) Folgen für einen verführten Jungen trotz des Reifungsrückstandes nicht gravierender, sondern eher geringer sein als für ein verführtes Mädchen.«[21] Die psychoanalytische Einsicht, daß häufig gerade die in nachpubertären Konflikten stehenden Jungen beim Geschlechtsverkehr als Angstreaktion die lebenslang nachwirkende Erfahrung temporärer Impotenz machen, hat die Unzulänglichkeit derartigen Psychologisierens längst offengelegt.

b) Homosexualität des Mannes

Die Homosexualität des Mannes scheint immer dort besonders verfolgt zu werden und auf Intoleranz zu stoßen, wo die Gesellschaft durch privates Eigentum an Produktionsmitteln in der Weise konstituiert wird, daß ihm jeweils ein Mann vorsteht, der für seine Lebenserhaltung auf eigenen Nachwuchs angewiesen ist und nicht auf Sklaven, Leibeigene oder importierte Arbeitskräfte ausweichen kann. Solange aber der Nachwuchs nur aus heterosexuellen Geschlechtsbeziehungen hervorgehen kann, ist für diese Eigentümer eine homosexuelle Ehe – als ihrem Reproduktionsinteresse entgegengesetzt – ausgeschlossen. Das homosexuelle Eheverbot ist so selbstverständlich, daß es in den Gesetzen meist gar nicht formuliert wird, und stellt also bereits vor jeder strafrechtlichen Verfolgung die Beschränkung der Homosexualität klar.

Nun ist freilich die für heterosexuelle Beziehungen erforderliche Triebstruktur nicht naturgegeben, sondern muß sozial hergestellt werden. Nicht zuletzt dafür treten besondere Gesetze zur Bestrafung homosexuellen Verhaltens in Kraft. Die juristischen Begründungen der Homosexualitätsbestrafung bringen jedoch nur selten ihre Absicht, den Trieb zum Zwecke der Fortpflanzung heterosexuell zu formen, deutlich zum Ausdruck. In einem Entwurf zur Novellierung des Strafgesetzbuches von 1809 heißt es denn auch, daß die Homose-

21 BT-DS IV/3521 – 4. Strafrechtsreformgesetz, S. 33; vgl. BGH NJW 1974, 1506.

xualität geeignet sei, »die Männer in [...] ihrer Existenz aufs schwerste zu schädigen«[22], und das Reichsgericht erwog, ob nicht die Bestrafung des Homosexuellen die »Unversehrtheit seines Trieblebens in seiner gesunden Richtung auf das andere Geschlecht« erhalten wolle.[23] 1801 heißt es in einem maßgeblichen Strafrechtslehrbuch: »Die aus [der Homosexualität – d. V.] entspringende Verachtung der Ehe, welche Entvölkerung, Schwächung und zuletzt Auflösung des Staates zur Folge haben müsse«, sei der Grund ihrer Bestrafung.[24]

Wenn die Individualschutz- und Fortpflanzungsargumentation für überholt und »mittelalterlich« gehalten wird[25], dann ist der empirischen Grundlage dieser Bewertung – Homosexualität trete so selten auf, daß die Sorge um den Bevölkerungsbestand »phantastisch« und »absurd« sei – durchaus zuzustimmen. Da die Homosexualität aber keine naturgegebene Abweichung, sondern eine für jedermann prinzipiell ausbildbare sexuelle Äußerungsform ist, muß erklärt werden, warum sie so selten auftritt und deshalb ungestraft bleiben kann. Die Seltenheit scheint sich gerade der für Produktionsmitteleigentümer typischen Lebenssicherung durch Familien mit präzis bestimmten Geschlechtsrollen zu verdanken, deren Einhaltung im wirtschaftlichen Interesse der an ihnen Beteiligten liegt. Das massenhafte Auftreten von Homosexualität in Lohnarbeitersammelbecken – den großen Städten – könnte somit aus dem Nichtangewiesensein dieser Lohnarbeiter auf eigenen Nachwuchs und entsprechende Familienverhältnisse erklärt werden. Die Homosexualität wäre also nicht deshalb selten, weil sie nicht häufig vorkommt, sondern weil Bedingungen gesellschaftlicher Reproduktion ihr entgegenstehen. Wenn die Homosexualität – bei fortgesetztem Verbot gleichgeschlechtlicher »Ehen«[26] – toleriert wird, dann drückt sich darin die Hoffnung aus, daß durch das Fortbestehen der Ehe die Homosexualität selten bleibt, obwohl doch die ökonomi-

22 Zitiert nach Jaeger, a.a.O., S. 78.

23 RGSt 70, 145/149 (1936).

24 A. v. Feuerbach, a.a.O., S. 738; vgl. die ähnliche Begründung im Entwurf eines StGB von 1927, RT-DS 3390, S. 147; im Ergebnis noch heute mit dieser Einschätzung einverstanden: BVerfGE 6, 389/436 (1957), und die Gutachten zu dieser Entscheidung, a.a.O., S. 401/408 f.

25 Vgl. Jaeger, a.a.O., S. 77 ff.

26 Jaeger, a.a.O., S. 79.

sche Basis der Ehe selbst zunehmend selten wird.

Überwiegend wurde in der juristischen Argumentation – unter häufiger Berufung auf das ›Volksempfinden‹ – die Homosexualität entgegen wissenschaftlicher Erkenntnis als »widernatürliche Unzucht« aufgefaßt.[27] Das *Preußische Allgemeine Landrecht* tabuisiert die Homosexualität so weit, daß es sie umschreibt als Sodomiterei und »andere dergleichen unnatürliche Sünden, welche wegen ihrer Abscheulichkeit hier gar nicht genannt werden können«.[28] Der das Volksempfinden spiegelnde Abscheu lebt nun davon, daß die Herstellung der heterosexuellen Triebrichtung nur um den Preis der Verdrängung homosexueller Impulse geschehen kann. Diese werden also nicht ausgelöscht, sondern behalten im Unbewußten eine ungebrochene Virulenz. Die Begegnung mit manifester Homosexualität erinnert immer wieder an den eigenen gleichgeschlechtlichen Triebwunsch und mobilisiert deshalb die aus seinem Verbot stammende Strafangst, die durch Abscheu und Verfolgungsbereitschaft gegenüber dem Verbotsbrecher zu bewältigen versucht wird. Die Vorstellung von der Homosexualität als einer naturgegebenen Abweichung entspringt somit dem Zwang, sich die eigene Homosexualität nicht eingestehen zu dürfen, und verstellt den Blick auf die wirtschaftliche Bedingung ihres Verbots.

c) *Inzest*

Trotz aller von der Rechtswissenschaft angemeldeten Zweifel, die Bestrafung des Inzests, das heißt des Beischlafs zwischen Eltern und ihren Kindern sowie zwischen Geschwistern, rational und eindeutig erklären zu können[29], bestehen in allen bürgerlichen Gesellschaften strafrechtliche Verbote des Inzests, wobei allerdings unklar ist, ob auch Verschwägerte ihm unterliegen sollen (s. § 173 StGB), sowie Eheeingehungsverbote zwischen Verwandten (s. z. B. § 9 EheG). Sittliche, religiöse und politische[30], später erst eugenische[31] Gründe

27 § 175 des StGB von 1871.

28 II 20 § 1069 PrALR.

29 Z. B. Schönke-Schröder, a.a.O., 1974, § 173 Anm. 1; Welzel, a.a.O., § 64 III; Jaeger, a.a.O., S. 56.

30 RGSt 2, 239/240 (1880).

31 RGSt 57, 140 (1922).

werden in der Rechtsprechung konkurrierend zur Rechtfertigung der Strafbarkeit vorgebracht; insbesondere die eugenischen Gesichtspunkte werden, ungeachtet ihrer wissenschaftlichen Widerlegung[32], unverändert ins Feld geführt.[33] – Wenn unabhängig von eugenischen Gründen die »sittliche Gesundheit der Familie«[34], der »Familien- und Eheschutzgedanke«[35] als geschütztes Rechtsgut genannt werden, so drückt sich hierin eine Ahnung von der Bedeutung des Inzestverbots aus. Tatsächlich bestätigt die Strafandrohung ja nicht das »natürliche Gefühl jedes sauber und gesund empfindenden Menschen«[36], sondern beabsichtigt, die mächtige geschlechtliche Anziehung der Familienmitglieder aufeinander zu unterdrücken. Insofern artikuliert das Inzestverbot weder eine natürliche Inzestscheu noch den sexuellen Abstumpfungsprozeß von Personen, die von Kindheit an beisammen leben[37]. Es ist nämlich nicht leicht einzusehen, »warum ein tiefwurzelnder menschlicher Instinkt die Verstärkung durch ein Gesetz benötigen sollte. Es gibt kein Gesetz, welches den Menschen befiehlt zu essen und zu trinken, oder ihnen verbietet, ihre Hände ins Feuer zu stecken. Die Menschen essen und trinken und halten ihre Hände vom Feuer weg, instinktgemäß, aus Angst vor natürlichen und nicht vor gesetzlichen Strafen, die sie sich durch Beleidigung dieser Triebe zuziehen würden. Das Gesetz verbietet den Menschen nur, was sie unter dem Drängen ihrer Triebe ausführen könnten. Was die Natur selbst verbietet und bestraft, das braucht nicht erst das Gesetz zu verbieten und strafen. Wir dürfen daher auch ruhig annehmen, daß Verbrechen, die durch ein Gesetz verboten werden, Verbrechen sind, die viele Menschen aus natürlichen Neigungen gern begehen würden. Wenn es keine solche Neigung gäbe, kämen keine solchen Verbrechen vor, und wenn solche

32 S. Maisch, a.a.O., S. 54 ff. mit weiteren Nachweisen; Jaeger, a.a.O., S. 58.

33 Schönke-Schröder, a.a.O., 1974, § 173 Anm. 1; noch in der 10. Aufl. von 1961 hieß es »Gesunderhaltung der Rasse« – § 173 Anm. 1 –; zur eugenischen Begründung s. auch BT-DS VI/3521 – Sonderausschuß Strafrechtsreform 1972.

34 RGSt 57, 140.

35 BT-DS VI/3521, S. 18.

36 BGH NJW 1952, 672.

37 Westermarck, a.a.O.; H. Ellis, a.a.O.; im Anschluß daran M. Weber, a.a.O., S. 200.

Verbrechen nicht begangen würden, wozu brauchte man sie zu verbieten? Anstatt also aus dem gesetzlichen Verbot des Inzests zu schließen, daß eine natürliche Abneigung gegen den Inzest besteht, sollten wir eher den Schluß ziehen, daß ein natürlicher Instinkt zum Inzest treibt, und daß, wenn das Gesetz diesen Trieb wie andere natürliche Triebe unterdrückt, dies seinen Grund in der Einsicht zivilisierter Menschen hat, daß die Befriedigung dieser natürlichen Triebe der Gesellschaft Schaden bringt.«[38] – Die gattungsgeschichtliche Herkunft des Inzestverbots ist nach wie vor umstritten.[39] Für Gesellschaften, die sich aus den von familialer Versorgung und Erbfolge abhängigen Privateigentümern zusammensetzen, hat sich das Inzesttabu als funktional, seine Durchbrechung mithin als gesellschaftsschädlich erwiesen. Die strukturell-funktionale Soziologie hat die überragende Bedeutung des Inzestverbots für die Konstituierung von Gesellschaftlichkeit zu bestimmen versucht: »Es scheint außer Frage zu stehen, daß die Sozialisierung der menschlichen Persönlichkeit ganz universal in der Kernfamilie erfolgt, die eine kleine Gruppe eines bestimmten, oben dargestellten Typs ist. Zu den besonderen Merkmalen dieser kleinen Gruppe gehört es, daß erotische Anziehung zwischen ihren Mitgliedern eine Rolle spielt. Das Inzesttabu bewirkt, daß das Individuum aus der Kernfamilie ›hinausgetrieben‹ wird, und zwar in zweifacher Hinsicht. Es wird in eine neue, durch seine Heirat begründete Kernfamilie ›hineingetrieben‹, und hier findet die erotische Komponente seiner Persönlichkeit ihre positive Anwendung. Es wird aber auch in nicht-familienbestimmte Rollen ›hineingetrieben‹, die zwar nach Geschlecht und anderen Statusmerkmalen verschieden sind, in irgendeiner Form jedoch von allen Erwachsenen ausgeübt werden müssen. Dies hängt damit zusammen, daß alle bekannten Gesellschaften aus einer Vielzahl von Kernfamilien bestehen, die nur eine Generation überdauern; diese Familien sind darüber hinaus stets relativ untergeordnete Einheiten innerhalb einer Sozialstruktur, die gleichzeitig Einheiten höherer Ordnung umfaßt, deren verschiedene Funktionen nicht durch

38 Frazer, a.a.O., S. 97, Übersetzung von S. Freund, *GW* IX, S. 150.
39 S. Freud, *GW* IX, S. 152 ff.

Familiengruppen erfüllt werden können.«[40] Das Tableau[41] auf Seite 47 versucht, diese Argumentation anschaulich zu machen.

Zur psychischen Absicherung des ökonomisch erforderlichen Bildungsprozesses immer neuer Familien erweist sich der ebenfalls in Familien vollzogene Prozeß dosierten Anreizens und stets erneuerten Abweisens sexueller Beziehungen zwischen Eltern und Kindern als unerläßlich; insofern ist die exogame Familie Ziel von und Mittel für Gesellschaft zugleich. Die Geschichtsmächtigkeit des Inzesttabus erscheint nur oberflächlich als »rational nicht erklärbar«, weil es unbewußt befolgt wird, nachdem es zur Verdrängung der sexuellen Bedürfnisse des Kindes durch Versagen, Verbote oder Bestrafung gekommen ist.

Strafrechtliche Verfolgung und zivilrechtliches Eheverbot drücken die Verallgemeinerung des Interesses an der Existenz von Familien aus. Ihre Intervention erfolgt stets ex post, vermag Durchbrechungen nicht mehr rückgängig zu machen[42] und wirkt insofern nur als Appell an die von inzestuösen Wünschen Betroffenen. – Da das Inzestverbot an die Familie gebunden ist, kann es fallen, wenn die Sozialisation der nachwachsenden Generation nicht mehr in Familien, sondern gesellschaftlich erfolgt. Sollen die Sozialisationsleistungen der Familie im Ergebnis jedoch erhalten bleiben, so muß in öffentlicher Aufzucht eine gleichwertige Sexualerziehung geschaffen werden. Die zur Realitätstüchtigkeit angemessene Formung der Sexualität muß nun allerdings einem allgemeinen Plan folgen, da die am Erziehungsgeschäft Beteiligten naturwüchsig zu brauchbaren Lösungen nicht gezwungen sind. So hat erst die der tendenziellen Auflösung der Familie folgende Verlagerung der Erziehung auf den Staat die im Inzesttabu enthaltene Sozialisationskraft wissenschaftlich aufzudecken genötigt.

40 Parsons, a.a.O., S. 109/122; ähnlich bereits F. Engels, der allerdings von eugenischen Erwägungen noch nicht gänzlich frei ist, *MEW* 21, S. 42 ff.

41 Maisch, a.a.O., S. 44.

42 So auch AE, S. 59 f.

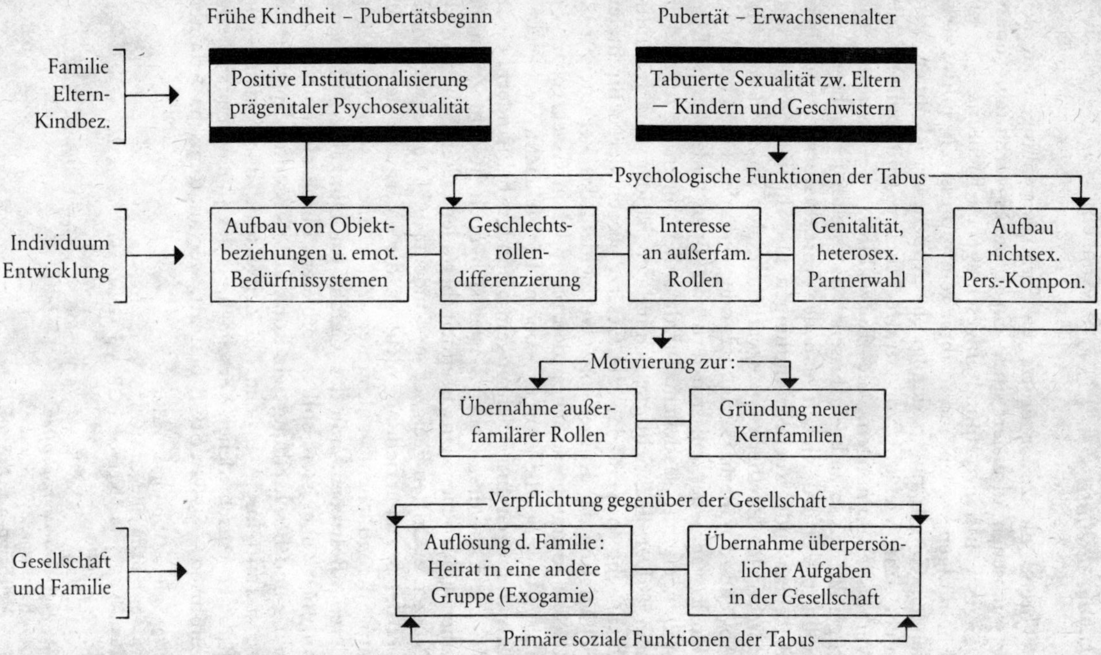

Frühe Kindheit – Pubertätsbeginn
Pubertät – Erwachsenenalter
Familie Eltern-Kindbez.
Positive Institutionalisierung prägenitaler Psychosexualität
Tabuierte Sexualität zw. Eltern – Kindern und Geschwistern
Psychologische Funktionen der Tabus
Individuum Entwicklung
Aufbau von Objektbeziehungen u. emot. Bedürfnissystemen
Geschlechtsrollendifferenzierung
Interesse an außerfam. Rollen
Genitalität, heterosex. Partnerwahl
Aufbau nichtsex. Pers.-Kompon.
Motivierung zur:
Übernahme außerfamilärer Rollen
Gründung neuer Kernfamilien
Verpflichtung gegenüber der Gesellschaft
Gesellschaft und Familie
Auflösung d. Familie: Heirat in eine andere Gruppe (Exogamie)
Übernahme überpersönlicher Aufgaben in der Gesellschaft
Primäre soziale Funktionen der Tabus

d) *Jugendschutz*

Während die zuvor erörterten Strafbestimmungen an den Erwachsenen adressiert sind, sein sexuelles Verhalten – unabhängig von seiner einmal eingeschlagenen Richtung – in die Ehe nötigen wollen und in ihrer rein repressiven, hilflos strafenden Gestalt nur pädagogische Appelle sein können, versucht eine Vielzahl von strafrechtlichen und polizeilichen Verbotsbestimmungen, die Entwicklung des Kindes und Jugendlichen so zu beeinflussen[43], daß sie als Erwachsene freiwillig die erforderlichen sexuellen Verkehrsformen einhalten. Beischlaf und sexuelle Handlungen sind ihnen verwehrt, und potentiellen Partnern ist es verboten, sich ihnen in sexueller Absicht zu nähern[44]; erlaubtes oder geduldetes Geschlechtsleben Erwachsener soll sich fern von ihnen vollziehen[45]; Darstellungen mit sexuellem Inhalt sollen ihnen unzugänglich sein.[46] Der beabsichtigte Schutz der Kinder und Jugendlichen geht so weit, daß die Gesetze wegen der befürchteten Schädigung der Kinder sogar vermeiden, das Verbotene präzise zu formulieren. Schon den preußischen Gesetzgeber von 1829 bewegt die Sorge, »ob nicht vielleicht dergleichen Ermahnungen und Belehrungen, besonders bei Kindern, die in Hinsicht auf dergleichen Laster sich noch in dem Zustande einer glücklichen Unwissenheit befinden, eher Schaden als Nutzen zu stiften geeignet seyn möchte«.[47] Die Schwierigkeit bei der Sexualerziehung, nicht an die »Vernunft des Kindes und Jugendlichen« anknüpfen zu können, sondern gegen deren »Bestreben, mit der Gefahr im Dunkel zu bleiben«, angehen zu müssen, soll es verbieten, durch einzelne Benennung und Beschreibung »ein konkretes Wissen um die Gefahr zu vermitteln«.[48] In der NS-Zeit wurde durch den – im Rahmen entschiedener Verschärfung des Jugendschutzes eingeführten – § 184a StGB bestraft, wer anatomische Atlanten

43 S. etwa II 20 § 992 PrALR.

44 S. z. B. im gültigen StGB die §§ 174 ff.

45 Z. B. §§ 184 b, 170d StGB, § 1 *Gesetz zum Schutz der Jugend in der Öffentlichkeit.*

46 Z. B. § 184f StGB, §§ 5/6 JSchÖG, § 1 *Gesetz über die Verbreitung jugendgefährdender Schriften.*

47 Revisor, a.a.O., S. 240.

48 Vgl. Seipp, a.a.O., S. 1 f.

etc. Jugendlichen unter 16 Jahren überließ.[49] Seine groteske Zuspitzung fand dieses Prinzip in der Entscheidung der CDU/CSU-Bundesregierung, das Verbot von Präservativ-Außenautomaten, obwohl vorrangig als Maßnahme des Jugendschutzes gedacht, nicht – wie vom Bundesrat vorgeschlagen – in das zuständige *Gesetz zum Schutze der Jugend in der Öffentlichkeit* aufzunehmen, sondern aus pädagogischen Gründen in der *Gewerbeordnung* zu verstecken: »Denn das Gesetz zum Schutze der Jugend in der Öffentlichkeit wird Jugendlichen und Kindern in seinem vollen Wortlaut bekannt.«[50] In der noch heute gültigen »Verordnung über die Beschäftigung von Frauen und Jugendlichen mit der Herstellung von Präservativen, Sicherheitspessaren, Suspensorien und dergleichen« von 1954[51] wird verboten, Personen unter 21 Jahren mit der Herstellung, Bearbeitung und Verpackung von Verhütungsmitteln und Personen unter 18 Jahren mit der Herstellung, Bearbeitung und Verpackung von Suspensorien zu beschäftigen (§ 2 der VO); außerdem wurde strenge räumliche Geschlechtertrennung bei der Produktion angeordnet (§ 3 der VO).

Wo das Gesetz kindliche sexuelle Unschuld aufrechterhalten möchte, versucht es in Wirklichkeit, in der Familienerziehung verdrängte Sexualität der Kinder weiterhin latent zu halten, und hofft so, ihrer ›Realitätsertüchtigung‹ zuzuarbeiten. Die Grobschlächtigkeit des Gesetzes geht so weit, daß auch nichtgenitale Kontakte zu Kleinkindern der Strafandrohung unterliegen können[52], obwohl erotische Beziehungen zwischen Erziehern und Kleinkindern für den Aufbau derjenigen Triebstärke, die erst zur Realitätstüchtigkeit sublimiert werden kann, unabdingbar sind.[53] Allerdings werden diese erotischen Beziehungen instinktiv als vom Ruch des Sexuellen befreite »Zärtlichkeit« zwischen Eltern und Kindern von der Strafverfolgung fast immer ausgenommen. Die Straf- und Jugendschutzbestimmungen sind nicht verständlich ohne die Annahme kindlichen sexuellen Interesses, und so ist die

49 Vgl. Schönke, a.a.O., 1944, § 184a.
50 BT-DS II/318, S. 47.
51 BGBl. I, S. 366.
52 Schönke-Schröder, a.a.O., 1961, § 176, Anm. 1.
53 Vgl. R. Spitz, a.a.O., S. 241 ff.

Gesetzgebung der Wirklichkeit näher als die akademische Psychologie und praktische Pädagogik, denen sich das Verbot des sexuellen Umgangs mit Kindern zu kindlicher Asexualität verselbständigt hat.

e) Einehe/Ehebruch

Die Ansicht, daß sich aufgrund naturgegebener Gleichverteilung der Geschlechter die Einehe von selbst verstehe, kann nicht zur erschöpfenden Erklärung der bürgerlichen Eheform als Einehe dienen, da in Privateigentümergesellschaften auch Vielweiberei existiert; vielmehr muß dort, wo allein die Einehe möglich ist, diese Form gesetzlich durchgesetzt werden. So ist etwa in der Bundesrepublik die Doppelehe verboten und nichtig (§§ 5/20 EheG), und Bigamisten werden strafrechtlich verfolgt (§ 171 StGB).

Die Behauptung, daß die Monogamie »aus der Konzentrierung größerer Reichtümer in einer Hand – und zwar der eines Mannes – und aus dem Bedürfnis, diese Reichtümer den Kindern dieses Mannes und keines anderen zu vererben«[54], entstanden sei, reicht ebenfalls zur Erklärung der Einehe nicht aus. Zwar ist richtig, daß Eigentümer an Produktionsmitteln diese aus eigenem Erhaltungsinteresse vererben können müssen; daraus folgt aber nicht, daß die Erben selbst gezeugt sein oder gar aus einer Einehe stammen müssen; im Gegenteil: mit der Erweiterung des Erbenspektrums würde sich die Selbsterhaltungschance erhöhen.

Unserer Meinung nach folgt die staatlich auferlegte Einehe der Konstruktion, daß alle männlichen Gesellschaftsmitglieder als Produktionsmitteleigentümer unterstellt werden und für ihre private Reproduktion Nachwuchs benötigen, für dessen Herstellung sie eine Frau brauchen. Wäre Vielweiberei zulässig, müßten nach dieser Konstruktion viele leer aus- und zugrunde gehen. Ebenso müßte »die Masse der Frauen [...] gegen die Freiheit des sexuellen Konkurrenzkampfes um den Mann, welcher [...] die ökonomischen Chancen der erotisch anziehendsten Frauen zuungunsten anderer mächtig steigerte, protestieren«.[55] Das Gesetz der Einehe verallgemeinerte

54 F. Engels, *MEW* 21, 77.
55 M. Weber, a.a.O., S. 428.

somit die individuellen Eigentümerinteressen zur sozial angemessenen Verkehrsform.

Das Verbot des Ehebruchs resultiert aus dem Monogamiegebot. Seine Sicherung ist möglich durch strafrechtliche Verfolgung, das Recht des betrogenen Ehepartners auf Scheidung und die Errichtung eines Eheverbotes für das ehebrecherische Paar. In bürgerlicher Gesetzgebung bestehen häufig alle drei Sicherungen nebeneinander, wobei der Ehebruch der Frau oft einer härteren strafrechtlichen Verfolgung ausgesetzt ist als der des Mannes, der – z. B. im französischen *Code Pénal* von 1810 – nur bestraft wird, wenn er die Geliebte in die eheliche Wohnung aufnimmt.[56] In der Bundesrepublik galt bis in die jüngste Vergangenheit die Kombination aller Sicherungen (s. § 172 StGB; §§ 6/22/42 EheG). Die Pflicht der Ehegatten zur geschlechtlichen Treue verstand man denn auch übereinstimmend als das einzige unabdingbare und situationsunabhängige Gebot.[57]

Trotz des formal gleichen Rechtes für jeden Betrogenen auf Scheidung sind deren Folgen für die nicht erwerbstätige Frau ungleich schwerer. Mit dem Ehebruch konnte sie alle Versorgungsansprüche verlieren – was dem Mann sogar zustatten kam, wenn die Kinder bereits aufgezogen waren – und nicht einmal auf Versorgung durch den neuen Partner hoffen, da ihr verwehrt war, die Ehe mit ihm einzugehen. – Das Ehegesetz behält sich die Definition der schwersten Treueverletzung ausdrücklich vor und orientiert sich nicht am subjektiven Empfinden des Betrogenen. Dieser mag durch Oralverkehr[58] als Ausdruck einer Intimität, die in seiner eigenen Ehe nie erreicht wurde, schwerer gekränkt sein als durch den üblichen Beischlaf. Unseres Erachtens soll die spezielle Ehebruchsächtung, die allein den Koitus betrifft, die Gefahr der Fremd-

56 Art. 339; vgl. die ähnlichen Regelungen für Belgien, Italien, Zürich in der Synopse verschiedener Strafgesetzbücher in: Anlagen zu den Verhandlungen des Reichstages, 1870, Bd. III, S. XCVI f und § 1062/63 II 20 PrALR; daß die Schlechterbehandlung der Frau nicht einer spezifischen Rücksichtslosigkeit des männlichen Geschlechtes, sondern den Eigentumsverhältnissen geschuldet ist, wird an mutterrechtlichen Kulturen deutlich, in denen männlicher Ehebruch bis zur Todesstrafe extrem hart geahndet wurde, während die Frauen straffrei ausgingen; vgl. Vaerting, a.a.O., insb. S. 5 ff.

57 S. etwa Dölle, a.a.O., 1964, S. 392.

58 Soergel-Siebert, a.a.O., § 43 EheG, Anm. 42.

schwängerung verhindern und nicht auf die konkurrenzmindernde Bloßstellung des Ehegatten reagieren. Der Ehebruch kann die vom Ehemann z. B. durch Enthaltsamkeit gegenüber seiner Frau betriebene Geburtenkontrolle durchkreuzen, insbesondere wenn alle in der Ehe geborenen Kinder als ehelich und damit unterhalts- und erbberechtigt gelten (z. B. §§ 1591 ff. BGB). Die Angst vor Fremdschwängerung scheint auch der mystischen Erwartung, nur beim »eigenen Fleisch und Blut« entschiedene Gefolgschaft zu finden, geschuldet zu sein; jedoch läßt die Ersetzung persönlicher Treueverhältnisse durch reine Tauschbeziehungen das Insistieren auf Blutsbande hinfällig werden.

So schirmt das Ehebruchsverbot die private Sphäre bürgerlicher Existenzsicherung gegen das schädigende Eindringen sexueller Sonderinteressen ab.

2. Formgebung der Einehe

Der bürgerliche Staat versucht nicht nur zu garantieren, daß der Sexualtrieb unverkennbar zur Ehefähigkeit geformt wird, sondern er gibt auch den Ehe- und Familienbeziehungen einen eindeutigen Rahmen, innerhalb dessen das Zusammenleben sich entfalten darf. Dieser Rahmen ist historisch nicht gänzlich unveränderbar, er muß aber eine Reihe unverzichtbarer Regelungen aufweisen, ohne die Geschlechts- und Generationsrollen nicht erfolgreich eingehalten werden können. Das in Deutschland seit 1900 geltende Bürgerliche Gesetzbuch löst den unabdingbaren Kernbestand von Verkehrsformen existentiell aufeinander angewiesener Privateigentümer teilweise schon auf und erweist sich damit als späte Frucht der bürgerlichen Epoche. Das scheint daher zu rühren, daß um 1900 in Deutschland einerseits der kapitalistische Konzentrationsprozeß eine Stufe erreicht hatte, auf der selbstarbeitende und deshalb ihrerseits auf arbeitende Erben angewiesene Bauern und Kleinbürger nicht mehr repräsentativ waren, und daß andererseits die Lohnabhängigen zunehmend bereits ihre Interessen politisch vertreten konnten.

a) Verlöbnis

Die Unabhängigkeit eines Verlöbnisvertrages vom Eheschließungsvertrag hat nur dann Bedeutung, wenn an ihn spezielle Rechtsfolgen geknüpft werden und die Partner beider Verträge – systematisch betrachtet – miteinander nicht identisch sind. Dieser Fall liegt vor, wenn nicht die Ehepartner, sondern die von ihrer Eheschließung versorgungsmäßig betroffenen Eltern die Ehe vorbereiten. Dazu darf es nicht auf subjektive Bereitschaft zur Eheschließung – etwa Liebe – ankommen, und die Erfüllung des von den Eltern geschlossenen Vertrages muß gewährleistet sein. In der Tat kam es historisch nicht auf die individuelle Geschlechtsliebe der Ehepartner zueinander an, es sei denn, »der Widerwille [war] so heftig und so tief eingewurzelt [...], daß [...] zur Erreichung der Zwecke des Ehestandes gar keine Hoffnung mehr übrig«[59] blieb. Zweck der Ehe aber war gemäß II 1 § 1 PrALR »die Erzeugung und Erziehung der Kinder«.

Ebenfalls konnte unter Einhaltung bestimmter Formvorschriften aus dem Verlobungsvertrag durch gerichtliche Vollstreckung die Ehe erzwungen werden (II, 1, §§ 82 ff. ALR). »Der protestantische Kirchenrechtler J. H. Boehmer berichtet höchst anschaulich von einer solchen Zwangstrauung, bei der der Verurteilte sein Jawort nicht hat geben wollen, sondern sich vielmehr mit dem Bauch zur Erde gelegt und seinen Willen beharrlich kontestiert. Trotzdem wurde mit der Trauung fortgefahren und seine Einwilligung angenommen.«[60] Bereits das Bürgerliche Gesetzbuch löst die Rechtsverbindlichkeit des Verlöbnisses auf. Wenn nun die Reform damit begründet wird, daß die »Formen, welche wenigstens in großen Kreisen der Bevölkerung, weil sie der Sitte wenig entsprechen, nur selten beobachtet zu werden pflegen«[61], so wird deutlich, daß die ökonomischen Voraussetzungen verbindlicher Verlöbnisse geschwunden sind. Ist einmal die Rechtsverbindlichkeit des Verlöbnisses gefallen, so hat seine Aufnahme ins Gesetz nur noch residuale Funktionen. Insbesondere der

59 II 1 § 718a PrALR.

60 *Jus eccles. prot.*, III. Buch IV, Tit. 1 (1738) § 54 – Fundstelle: Müller-Freienfels, a.a.O., S. 21.

61 Mugdan, a.a.O., S. 2.

Kranzgeldanspruch der Braut übt einen – wenn auch schwachen – mittelbaren Druck auf den Mann aus, die Ehe lieber doch zu vollziehen, und entschädigt wenigstens für den Verlust des »Marktwertes« der Unbescholtenheit (§ 1300 BGB). Noch heute beobachten wir, daß die Auswahl der Ehepartner nach ökonomischen Gesichtspunkten erfolgt. Diese als »Konvenienzehe«[62] charakterisierte bürgerliche Partnerwahl zeigt, wie das ökonomische Interesse sich auch nach Wegfall gesetzlichen Zwanges durchsetzen kann.

b) Ehemündigkeit

Voraussetzung für die Gültigkeit der Eheschließung ist die Geschlechtsreife der Ehepartner[63], da nur so der Zweck der Ehe – die Kindererzeugung – erreicht werden kann. Die Fähigkeit, juristisch verbindlich zu handeln, ist für beide Partner in Privateigentümergesellschaften weder notwendige noch ausreichende Bedingung der Heiratsfähigkeit; beim Mann kommt es vielmehr darauf an, daß er eine Familie ernähren kann. Als potentieller, bereits in den väterlichen Betrieb integrierter Erbe hat er diese Fähigkeit zwar, er ist aber geschäftlich von seinem Vater abhängig, der deshalb auch über die Volljährigkeit hinaus in die Eheschließung einwilligen mußte.[64] Nichterbende Söhne, die sich als Gesinde, Militärpersonen oder Geistliche etc. verdingen mußten, konnten sich ohnehin zur Ehe nicht frei entscheiden. Bei der Frau kam es nur auf die Gebärfähigkeit an, da sie an Rechtsgeschäften selbständig nicht teilnahm; deshalb wird ihr Ehemündigkeitsalter immer weit unter dem des Mannes angesetzt.[65] Die Regelung des BGB von 1900 erkennt bereits die weit verbreitete Unabhängigkeit des Sohnes vom Vater an, indem es seine selbständige Ehefähigkeit an die Volljährigkeit knüpft, behält aber das niedrigere Ehemündigkeitsalter der Frau bei.[66] In der Reform von 1973 wird die Ehemün-

62 F. Engels, *MEW* 21, S. 72 ff.

63 Dort, wo Kinderehen existieren, haben sie den Charakter eines Verlöbnisses und führen noch nicht zu einem gemeinsamen Haushalt.

64 So nach § 29 Personenstandsgesetz des Deutschen Reiches vom 6. 2. 1875.

65 S. historische Nachweise bei Dernburg, a.a.O., S. 43.

66 § 1 EheG, der dem § 1303 des BGB von 1900 inhaltsgleich ist.

digkeit geschlechtsunabhängig auf den Eintritt der Volljährigkeit festgesetzt. Damit ist anerkannt, daß die Frau grundsätzlich die Lohnarbeiterexistenz des Mannes teilt, sich auf Fremdversorgung nicht mehr verlassen kann und daher gleiche Qualifikationsinteressen, die durch frühzeitige Eheschließung beeinträchtigt würden, verfolgen muß.

c) Unterhalt und lebenslängliche Ehe

Zwei voneinander untrennbare Erfordernisse bürgerlicher Verkehrsformen gebieten die grundsätzliche Lebenslänglichkeit der Ehe oder wenigstens die lebenslange private Unterhaltsgarantie für die Frau, da sie bei Lebzeiten des Mannes über eigenes Vermögen nicht verfügte. Als vollständig auf Haus und Kinderaufzucht eingestellte Kraft war ihre Funktion weitgehend erfüllt, wenn die Kinder erwachsen waren und die ökonomische Grundlage des männlichen Eheinteresses damit zum überwiegenden Teil wegfiel.

Die Erfüllung dieser zeitlich begrenzten Aufzuchtsfunktionen setzt eine psychische Struktur voraus, welche die Qualität des Nachwuchses garantiert und sich zugleich mit der Rolle der Abhängigen bescheidet. Da solche Strukturen – einmal erworben – lebenslänglich wirken und beliebiges Überwechseln in andere Funktionen erschweren, muß die Versorgung der Frau über ihren aktiven Gebrauchs-Zeitraum hinaus gesichert sein. Ohne ihr »Gnadenbrot« wäre sie nicht imstande und bereit, die spezifischen Mütterlichkeits- und Weiblichkeitsdispositionen zu erwerben und unbeeinträchtigt anzuwenden. In einer Enzyklika Papst Pius XI. wird das katholische Sakrament von der Unauflöslichkeit der Ehe denn auch ganz unverbrämt auf seine ökonomische Basis gestellt: »Auch der Schutz und die Erziehung der Kinder, die ja viele Jahre beanspruchen, sind aufs beste gewährleistet, denn mit vereinten Kräften können die Eltern die drückende und langwierige Last des Elternamtes leichter tragen [...] Der ängstlichen Besorgnis, ob der Gatte vielleicht doch beim Hereinbrechen von Unglück oder im Alter weggehen werde, ist damit Tür und Tor geschlossen und an ihre Stelle tritt die Ruhe des sicheren Besitzes.«[67] – Staatliche Gesetzgebung fällt meist

67 Zustimmend zitiert bei R. Freisler, a.a.O., 1937, S. 16.

weniger rigide aus als das kanonische Recht und läßt in mehr oder minder begrenztem Umfang auch Scheidungen von Ehen zu, aus denen Kinder hervorgegangen sind. Allerdings führt die Scheidung dann nicht zum Verlust lebenslanger standesgemäßer Versorgung der Frau, wenn sie den Erfordernissen der Einehe vollständig genügt, das heißt besonders Ehebruch bzw. seinen »bösen Schein«[68] gemieden hat.[69]

Rücksichtslose Verfolgung der Sonderinteressen des einzelnen Mannes würde das Verstoßen, Töten der Frauen nahelegen – Lösungen, die – wie die Gattungsgeschichte zeigt – keineswegs leichthin abgetan werden können. Auch das Verstoßen kommt dem sicheren Tode gleich, wo nicht die Herkunftsgruppe die Versorgung übernimmt; das gilt insbesondere für die bürgerliche Familie, der »das Bewußtsein der Verantwortung für entferntere Verwandte so gut wie ganz verloren gegangen ist«.[70]

Nach der zivilisatorischen Leistung der Durchsetzung eines allgemeinen Tötungsverbotes muß das Gesetz die Sonderinteressen der Frauen auf lebenslängliche Versorgung ebenso berücksichtigen wie die des Mannes. Sind aber spezifische Rollen für die Reproduktion der Gattung notwendig, so müssen die Lebensinteressen ihrer Träger ausgeglichen werden, was nur staatlicher Zwangsgewalt gelingen kann.

d) Registrierung (Zivilehe)

Die Wahrnehmung des staatlichen Interessenausgleichs funktioniert nur dann, wenn Ehe- und Familienverhältnisse für alle offenkundig sind. Dazu bedarf es der Registrierung, die staatlich, aber ohne weiteres auch von einer anderen Institution (Kirche etc.) vorgenommen werden kann. Welche Institution auch immer diese Registrierung wahrnimmt, sie muß alle Ehefähigen umfassen. Das gilt für die christlichen Kirchen in Deutschland mit zunehmender Säkularisierung immer weniger. Wenn zusätzlich manipulative Eingriffe in die Ehe durch den Staat geboten erscheinen, denen sich die in Dogmen

68 Hoffmann-Stephan, a.a.O., § 43, Anm. 63.

69 S. etwa II, 1, § 798 ff. ALR und §§ 58 ff. EheG, die wiederum inhaltsgleich mit den §§ 1565 ff. BGB von 1900 sind.

70 Gernhuber, a.a.O., 1971, S. 445.

erstarrenden Kirchen nicht mehr anpassen, dann wird die politische Durchsetzung der obligatorischen Zivilehe unabweisbar.[71]

3. Gewährleistung von Nachwuchs

Da die Konstruktion der Ehe von Produktionsmitteleigentümern auf Nachwuchs angelegt, »der Hauptzweck [...] der Ehe die Erzeugung und die Erziehung der Kinder«[72] ist, schließen sich an die Gewährleistung der Eheform Bestimmungen an, die das Gebären und die Aufzucht des Nachwuchses sicherstellen. Solange die gesamte Reproduktion, das heißt z. B. Arbeit und Kriegführung, in einem Sippenverband organisiert ist und umgreifende Institutionen noch nicht existieren, bleibt es dem männlichen Vorstand einer solchen Lebenseinheit überlassen, die Anzahl des erforderlichen Nachwuchses festzusetzen und entsprechend zu manipulieren – sei es durch Töten, Zeugen oder das Gewähren von Zeugung an Abhängige. Mit der Bildung größerer gesellschaftlicher Einheiten, die bestimmte Institutionen – wie Kirche, Heere, Polizei, Bürokratie – nicht entbehren können, entsteht ein Nachwuchsinteresse, das die Summe der einzelnen Eigentümerinteressen übersteigt und deshalb einen gemeinschaftlichen, sanktionsbewehrten Willen zur Erhaltung privat überschüssigen Nachwuchses erforderlich macht. Je mehr sich privates Interesse von der Angewiesenheit auf Nachwuchs ablöst, wie das in Lohnarbeitergesellschaften überwiegend der Fall ist, desto unabweislicher wird der Zwang zum Eingriff in die private Nachwuchsplanung. In der bürgerlichen Gesellschaft stellen deshalb die vielfältigen Bestimmungen zur Gewährleistung von Nachwuchs niemals nur den Schutz von Einzelinteressen, sondern immer auch schon Bevölkerungspolitik dar. Diese Bestimmungen, die dem Lohnarbeiter als völlig äußerliche Zwangsgesetze gegenübertreten, treffen partiell auch den Produktionsmitteleigentümer, dem es nicht gelungen ist, überschüssigen Nachwuchs zu verhüten.

71 S. z. B. für Deutschland §§ 11 ff. EheG, inhaltsgleich die BGB-Paragraphen 1317 ff. von 1900.

72 II 1 § 1 PrALR.

a) Potenzbeeinträchtigung/Unfruchtbarkeit

Ihre eindeutige Wurzel in privatem Fortpflanzungsinteresse haben alle straf- und zivilrechtlichen Bestimmungen, die Zeugung und Geburt in der Ehe garantieren sollen. So heben bereits die germanischen Volksrechte potenzbeeinträchtigende Körperverletzungen aus dem Kreis der gewöhnlichen Leibesverletzungen als qualifizierte Delikte heraus.[73] Im späteren Strafrecht wird »die Zerstörung des Fortpflanzungsvermögens eines Menschen (sterilitatis procuratio) [...] als wirkliche Tödtung der künftig zu erzeugenden Menschen betrachtet. Sie kann geschehen an Männern, soll auch an Personen weiblichen Geschlechts möglich sein«.[74] Noch heute ist der Verlust von Zeugungs-, Empfängnis- und Gebärfähigkeit infolge von Körperverletzungen als qualifiziertes Delikt erhalten (§ 224 StGB) und unterliegt einer harten Bestrafung. Dem Fortpflanzungseffekt der Vorschrift entspricht es, daß »Greise« durch sie nicht geschützt sind, wohl aber noch nicht zeugungsfähige Kinder.[75] Der Wandel von der Gewährleistung privater Interessen zur Übernahme der Gattungsreproduktion durch den Staat kommt am deutlichsten in der NS-Gesetzgebung zum Ausdruck, die die Selbstbestimmung über Zeugungs- und Gebärfähigkeit beseitigte, indem sie die Einwilligung in Kastration und Sterilisation für sittenwidrig und damit unbeachtlich erklärte.[76]

Die physische sexuelle Intaktheit verbürgt den Zeugungsakt jedoch nur dann, wenn der Mann auch psychisch mit seiner Frau zu verkehren fähig ist. Aus diesem Grunde hat allein der Mann einen geschützten Anspruch auf koitalen Orgasmus, der, weil zur Empfängnis unnötig, der Frau rechtlich nicht zugesichert wird. So wird es der Frau als scheidungsbegründende Eheverfehlung (§ 1353 BGB / § 43 EheG) angerechnet, wenn sie durch ihr Verhalten die Potenz ihres Gatten mindert statt sie pflichtgemäß zu stimulieren: »Die Frau genügt ihren ehelichen Pflichten nicht schon damit, daß sie die Beiwohnung

73 Wilda, a.a.O., S. 734 ff.

74 A. Feuerbach, a.a.O., § 397f, S. 634.

75 Schönke-Schröder, a.a.O., 1974, § 224 Anm. 3.

76 § 226b StGB; Ausnahme § 14 Abs. 1 des Gesetzes zur Verhütung erbkranken Nachwuchses von 1934.

teilnahmslos geschehen läßt. Wenn es ihr infolge ihrer Veranlagung oder aus anderen Gründen, zu denen die Unwissenheit der Eheleute gehören kann, versagt bleibt, im ehelichen Verkehr Befriedigung zu finden, so fordert die Ehe von ihr doch eine Gewährung in ehelicher Zuneigung und Opferbereitschaft und verbietet es, Gleichgültigkeit oder Widerwillen zur Schau zu tragen. Denn erfahrungsgemäß vermag sich der Partner, der im ehelichen Verkehr seine natürliche und legitime Befriedigung sucht, auf die Dauer kaum jemals mit der bloßen Triebstillung zu begnügen, ohne davon berührt zu werden, was der andere dabei empfindet.«[77] Das Erzwingen des Beischlafes durch den Ehemann gilt mithin nur dann als schwere Eheverfehlung, wenn die Frau einen Grund hatte, ihn zu verweigern, also etwa bei Gesundheitsgefährdung und ähnlichem.[78]

Zur Gewährleistung des ehelichen Nachwuchses gehörte also immer auch, einander den Beischlaf zu gestatten, möglich zu machen und dafür zu sorgen, daß Zeugungs- bzw. Empfängnisfähigkeit erhalten blieb. Dies verpflichtete gleichzeitig zur Inanspruchnahme ärztlicher Behandlung bis hin zu nicht lebensgefährdenden operativen Eingriffen, die zur Aufnahme geschlechtlicher Beziehungen sowie zur Herstellung von Zeugungs- und Empfängnisfähigkeit notwendig sind.[79] Werden diese ehelichen Pflichten nicht eingehalten, so liegt ein Scheidungsgrund wegen schwerer Eheverfehlung (§ 43 EheG) vor. Das Preußische Landrecht, dem ärztliche Behandlungsmethoden noch fremd waren, ließ die Scheidung bei tiefem gegenseitigem Widerwillen immer zu.[80]

Während die schuldhaft herbeigeführte bzw. nicht behobene Zeugungs- und Gebärunfähigkeit Scheidungsgründe sind, gelten bei Eheschließung vorhandene Zeugungs- und Gebärunfähigkeit als die Eheaufhebung rechtfertigende Irrtümer über wesentliche Eigenschaften des anderen Ehepartners (§ 32 EheG).[81] Wie sehr privates und staatliches Interesse bei der – in Hoffnung auf Nachwuchs gebotenen – Beischlafverpflichtung

77 BGH NJW 1967 1078/1079.
78 Hoffmann-Stephan, a.a.O., § 43 Anm. 101.
79 Hoffmann-Stephan, a.a.O., § 43 Anm. 100 ff. mit weiteren Nachweisen.
80 II 1 § 718a PrALR.
81 S. RGZ 94, 123 (1918); Hoffmann-Stephan, a.a.O., § 32 Anm. 81 f.

einander zuarbeiten, zeigt bereits die Spekulation auf einen weiblichen Kinds- und daran geknüpften Versorgungswunsch, da die Frau den Mann wenn nicht zu ihrer Befriedigung, so doch zum Koitus verpflichten kann. Ausflüchte wie Überarbeitung verschlagen nicht, während ältere Ehepartner nicht mehr zum Beischlaf angehalten sind.[82]

b) Adoption/Legitimation

Bleibt die Ehe allen Maßnahmen zum Trotz kinderlos, so muß es nicht unbedingt zur Scheidung und/oder neuerlichen Eheschließung kommen, es kann auch der erforderliche Erbe adoptiert werden. Die Adoptionsmöglichkeit erweist so noch einmal den Zweck der Ehe als den der alterssichernden Erbengewinnung. Dieser Intention war geschuldet, daß der Adoptierende keine ehelichen Kinder haben durfte und mit großer Wahrscheinlichkeit solche auch nicht mehr erwarten konnte. Deshalb sollte er mindestens 50 Jahre alt sein oder doch wenigstens nachweisen können, daß er eigene Kinder nicht werde zeugen bzw. gebären können.[83] Gegen die Zulässigkeit der Adoption gerichtete Bedenken, sie enthalte »eine Beförderung der Ehelosigkeit, ein Mittel zur Befriedigung des Eigennutzes auf Seiten des Annehmenden«[84], wurde eingewendet, daß diese Sorge »wenigstens zur Zeit in Deutschland«[85] unbegründet sei, daß die nähere Ausgestaltung des Adoptionsverhältnisses – insbesondere das verlangte hohe Alter des Adoptierenden – vor solcher Entwicklung schütze und daß andererseits das Bedürfnis kinderloser Ehepaare nach Nachwuchs anzuerkennen sei. In dieser Sorge drückt sich aus, daß der Mann sich um den Unterhalt einer Ehefrau herumdrücken könnte, wenn ihm Nachwuchs als fertiger Erwachsener wohlfeiler zur Verfügung stünde. – Das hier zu Recht vermutete Bestreben, den arbeitsfähigen Erben ganz ohne Aufzuchtkosten zu gewinnen, hat seine gigantische Parallele im Arbeitskräfteimport reicher Industriestaaten, die

82 Hoffmann-Stephan, § 43, Anm. 104/101.
83 II 2 §§ 668 ff. ALR und §§ 1741 ff. BGB i. d. F. v. 18. 8. 1896.
84 Mugdan, a.a.O., S. 505.
85 A.a.O.

sich noch das aufwendige Heranbilden des Nachwuchses von armen Bauernländern besorgen lassen können.

Eine weitere Möglichkeit für den zeugungsfähigen Mann zur Erbengewinnung bietet die Legitimation des selbstgezeugten nichtehelichen Kindes in den Alternativen der nachfolgenden Eheschließung mit der Mutter (etwa §§ 1719 ff. BGB) oder der Ehelichkeitserklärung (§ 1723 ff. BGB). Besonders die zweite Alternative böte den Vorteil, einen blutsverwandten Erben heranziehen zu lassen, ohne die Frau lebenslänglich unterhalten zu müssen. Dieses Institut der Legitimation ohne Eheschließung wurde denn auch nur unter großen Bedenken ins Bürgerliche Gesetzbuch aufgenommen, weil »die Eingehung der Ehe das der sittlichen Ordnung wie der Rechtsordnung allein entsprechende Mittel sei [...], den Kindern die rechtliche Stellung ehelicher Kinder zu verschaffen, [...] [und] ferner die Zulassung der Legitimation durch Ehelichkeitserklärung [...] das Konkubinat auf Kosten der Ehe zu befördern geeignet« sei.[86] Empirisch blieb diese Rechtsmöglichkeit jedoch bedeutungslos, da der Mann, der im Blutsbandedenken befangen war, für seinen Erben eine Mutter suchte, deren aus materiellem Interesse hohe Moral außereheliche Schwängerung verbot. Die Befürchtung häufiger Konkubinate ist historisch nicht eingetroffen, weil der moralische Druck in der Regel ausreichte, die Schwangerschaft zum Ausgangspunkt einer »Mußheirat« zu machen und die ausdrückliche legale Möglichkeit, sich solchem »Muß« zu entziehen, neutralisierte.

c) *Kindestötung/Kindesaussetzung/Abtreibung*

Zur Preisaufgabe »Welches sind die besten ausführbaren Mittel, dem Kindermorde Einhalt zu tun?«, die 1780 in den *Rheinischen Blättern zur Gelehrsamkeit*[87] erschien, äußerte ein Anonymus: »So bald in einem Staate die Volksmenge so zunimmt, daß viele Mitglieder desselben von den hervorbringenden und umschaffenden Gewerben ausgeschlossen werden, oder daran nur bittweise, als Knechte ihrer reicheren Mitbürger, Antheil nehmen können: So bald wird auch diese

86 Mugdan, a.a.O., S. 494.
87 Bd. II, S. 84 ff., 200.

herabgewürdigte Klasse zum ehelosen Leben genöthigt; und da die Triebe der Natur alle Gesetze überwiegen: so kann es nicht fehlen, daß der uneheliche Beyschlaf überhand nehme, und daß die damit verbundene Schande manche Geschwächte zur Vernichtung der Folgen desselben verleitete – es kann nicht fehlen, daß viele, die, ohne Rücksicht auf ihr künftiges Auskommen, sich in den Ehestand gewagt haben, die Last desselben, den Anwuchs der Familie durch unerlaubte Künste zu verhindern suchen.«[88] Zur Begründung für das Vorgehen gegen diese Künste heißt es: »Auch der Embryo ist ein Mensch, und wenngleich der Staat nicht verpflichtet ist, ihn zu schützen, so ist er doch berechtigt, sich in ihm einen künftigen Bürger zu erhalten. Die Gesetze strafen daher dessen Verletzung.«[89] In beiden Positionen sind das Beseitigungsinteresse der Eltern bei unbenötigtem Nachwuchs und das bevölkerungspolitische Interesse des Staates bereits als selbstverständlich unterstellt; damit ist aber eine historisch relativ junge Entwicklung gekennzeichnet. Die nichtchristianisierten Germanen z. B., die den Sippenverband übergreifende Institutionen noch kaum ausgebildet hatten, pflegten die Aussetzung und Tötung von Kindern, die für den Sippenfortbestand überflüssig waren.[90] Dieses Recht erstreckte sich bis ins 11. Jahrhundert selbstverständlich auch auf die Kinder von Leibeigenen. Es wurde vom Sippenvorstand ausgeübt, der Leibeigenen zur Ersatzleutegewinnung auch die Ehe erlauben konnte.[91]

Mit der Entstehung umgreifender Institutionen, die anfänglich zugleich kirchliche waren, setzte sich das Verbot dieser einfachsten Form der Geburtenkontrolle allmählich durch. Weil es auf starken Widerstand stieß und keineswegs auf zweckfreie Kinderliebe spekulieren konnte, wurde es mit besonders harten Strafen belegt.[92] Der Frau war das Recht auf Aussetzung und Tötung ihrer Kinder verwehrt.[93] In mutterrechtlichen Kulturen, wo die Frau Eigentümerin von Haus

88 *Ohnvorgreifliche Betrachtungen über die drey zu Mannheim gekrönten Schriften von der besten ausführbaren Verhütung des Kindsmordes*, Dresden und Leipzig 1785, S. 24 ff.; zit. n. M. Schwarz, a.a.O., S. 204.

89 Feuerbach (1801), a.a.O., S. 632.

90 Wilda, a.a.O., S. 724 ff.

91 von Maurer, a.a.O., S. 80 ff.

92 Vgl. etwa M. Schwarz, a.a.O.

93 Vgl. Wilda, a.a.O., S. 727.

und Hof gewesen ist, hat sie die Geburtenkontrolle einschließlich der Kindestötung selbst ausgeübt.[94] Die Tatsache, daß in patriarchalischen Gesellschaften ihr dieses frühere Recht genommen wurde, diente dazu, ihre Unterwerfung und Abrichtung zur Kinderpflegebereitschaft und Beschränkung auf den häuslichen Bereich gegen Versuche zu sichern, durch Kindestötung der Unterwerfung Widerstand zu leisten. Die Kinder hatten während des Kampfes um die männliche Vorherrschaft für die Frauen die Funktion von Geiseln, deren erfolgreiche Beschützung durch die Männer Voraussetzung der patriarchalischen Kulturen blieb.

Die Abtreibung scheint erst als eine Folge des Kindestötungsverbotes aufzukommen, da sie für die Gesundheit der Mütter gefährlicher war und auch den Milchfluß, der bei Tötung dem früher geborenen Kind weiter zugute kam, nicht einleitete. Ihre vaterrechtlichen Kulturen eigentümliche Bestrafung ergibt mithin erst die notwendige Abdichtung bevölkerungspolitischer Maßnahmen des Staates[95], die wiederum nur gelingen kann, wenn die Verheimlichung der Schwangerschaft ebenfalls als Verbrechen gewertet wird.[96] Noch heute wird die Kindestötung (§ 221 StGB) bestraft, ohne daß allerdings die bevölkerungspolitische Absicht noch so klar hervorträte wie in folgender – 1800 formulierter – Definition: »Des Verbrechens der Aussetzung (expositio infantum) machen sich schuldig Eltern, welche sich vorsätzlich von einem noch hilfsbedürftigen Kinde in der Absicht trennen, um dasselbe nicht ernähren zu müssen.«[97] Dennoch haben langes Verbot und die wirtschaftliche Besserstellung – besonders unehelicher Mütter – die Gewissensnorm des Tötungs- und Aussetzungsverbotes so allgemein gemacht, daß es gegenüber Verhütung und Abtreibung kriminalstatistisch kaum noch ins Gewicht fiel. Diese Momente führten zusammen mit der Verbesserung der minder auffälligen Verhütung und Abtreibung im 18. Jahrhundert zu einer Situation, in der die Notlage der Kindestötenden, meist der unehelichen Mutter, als strafmildernd berücksichtigt wird[98], während sie ursprünglich beson-

94 Vgl. Vaerting, a.a.O., insbesondere S. 26.

95 Feuerbach, a.a.O.

96 II 20 §§ 933 ff. PrALR.

97 A. Feuerbach, a.a.O., § 389, S. 617.

98 M. Schwarz, a.a.O., S. 212 ff.

ders hart, das heißt nicht wie üblich mit dem einfachen, sondern mit einem martervollen Tode bestraft wurde.[99]

d) Elterliche Gewalt – Erziehung/Vererbung/Unterhalt

Ist nun das Kind – insbesondere der Sohn, dessen Tötung durch einen Fremden z.B. bei den Germanen härter bestraft wurde als die einer Tochter[100] – gezeugt, geboren/adoptiert und in eine erbrechtlich relevante Beziehung zum Vater gebracht, so kann es seine spätere Funktion erst erfüllen, wenn es eine bestimmte »sittliche, geistige und körperliche Entwicklung«[101] erfährt und den Eltern von niemandem weggenommen werden darf. Die väterliche Gewalt, die unbeschränkte Verfügbarkeit über das Kind, ist denn auch der Kern familienrechtlicher Gewährleistung durch den Staat. Die erste Sorge gilt dementsprechend der Verhinderung der Entführung des Kindes (etwa § 235 StGB). Dem Vater wird das Recht garantiert, die Herausgabe des Kindes von jedem zu verlangen, der es ihm widerrechtlich, das heißt ohne Rücksicht auf den Willen des Kindes, vorenthält (§ 1632 BGB). Er hat für die Erziehung des Kindes einen weiten Ermessensspielraum, in dem er – durch öffentliche Instanzen unbeeinflußt – seine Vorstellungen über die Entwicklung des Kindes, die letztlich ihm nützlich sein muß, verwirklichen kann.

Erst bei schuldhaftem Mißbrauch der Erziehungsberechtigung, die allein an der Funktionsuntüchtigkeit des Kindes für die bürgerliche Gesellschaft gemessen wird, ist der Staat zum gerichtlichen Eingriff ermächtigt (etwa § 1666 BGB). Die Folge solchen Mißbrauchs kann die Wegnahme des Kindes aus elterlichem Gewahrsam nach sich ziehen – eine Konsequenz, die den von einem arbeitsfähigen Erben abhängigen Vater außerordentlich hart treffen mußte. Die Beziehung vom Vater zum Erben macht ein Herrschaftsgefüge erforderlich, in dem »das Kind [...] Objekt eines subjektiven Rechtes«[102]

99 Dabei war unter Juristen streitig, ob das Ertränken in einem Sack zusammen mit einer Schlange, Katze, Hund etc. eine Privilegierung oder Qualifizierung zur Enthauptung mit dem Schwert darstellte. Vgl. einerseits M. Schwarz, a.a.O., S. 1, und andererseits A. Feuerbach, a.a.O., S. 401.

100 Wilda, a.a.O., S. 573 ff.

101 Soergel-Siebert, a.a.O., § 1631, Anm. 3.

102 Gernhuber, a.a.O., 1971, S. 529.

wird. Diese Ausgestaltung der elterlichen Gewalt beruht nicht »in der Bereitschaft früherer Zeiten, den Eltern Befugnisse um ihrer selbst willen einzuräumen«[103], sondern ist notwendige Rechtsform für eine allein existenzsichernde Beziehung.

Die Formung der Persönlichkeit des Kindes zum brauchbaren Krankheits- und Altersversorger verlangt, daß der Vater die uneingeschränkte Befugnis zur Entscheidung über die Berufswahl und den Berufsausbildungsgang erhält. Was 1972 bei einem Vater, der auf seinen Sohn existentiell nicht angewiesen ist, ihn aber dennoch – ohne seine Zukunft garantieren zu können – zum angestellten Dr. Ing. erziehen möchte und deshalb eine andere Ausbildung nicht zu finanzieren bereit ist, befremdet, obwohl es ihm noch in der unbegriffen fortgeschleppten Tradition vom Gericht gewährt wird[104], ist in der Familien- und Erziehungskonstruktion des Produktionsmitteleigentümers selbstverständliche Voraussetzung seines Lebens. – Dem Bestimmungsrecht des Vaters korrespondiert die uneingeschränkte Gehorsamspflicht des Kindes, die es nicht als unbegründeten Terror erfährt, sondern – bei allen Konflikten – als Vorbereitung auf eine durchs Erbe gesicherte Zukunft akzeptiert. Aus diesem Zusammenhang konnte nur um den Preis der bürgerlichen Existenz ausgebrochen werden. Das väterliche Recht, die persönlichen – insbesondere sexuellen – Beziehungen seiner Kinder zu überwachen, soll ihrer sexuellen Domestizierung zu spezifischer Leistungsbereitschaft dienen und existenzgefährdender Verwahrlosung vorbeugen. Wenn etwa ein lohnabhängiger Vater noch um 1960 sein Kind mit brutalen Methoden von sexuellen Kontakten abzuhalten sucht und wiederum Gerichte solches Vorgehen billigen[105], dann ist Unverständnis gegenüber solchem elterlichen Tun nur deshalb angemessen, weil es sich von der materiellen Basis, die ein solches Elternrecht hervorbringt, ganz gelöst hat. Der Kampf gegen repressive Familienstrukturen kann mithin erst dann mächtig anwachsen, wenn ihnen immer mehr Menschen unterworfen werden, denen sie äußerlich sind, wenn also die Lohnarbeit sich verallgemeinert und das

103 Gernhuber, a.a.O.

104 OLG Köln, FamRZ 1973, 265.

105 Vgl. den Überblick über solche Urteile bei B. G. Westermann, a.a.O., S. 355 ff.

Eigentum an Produktionsmitteln in immer weniger Händen konzentriert wird.

Das Recht auf pädagogische Zurichtung seines Kindes gründet sich auf die Eigentümerfamilien-Konstruktion und ist für diese sinnvoll. Der Produktionsmitteleigentümer erzieht seinen Sohn zum Nachfolger seiner Wirtschaft und seine Tochter zur Ehefrau und Mutter. Dieses Interesse macht ihm den Unterhalt seiner Kinder und ihre Bewahrung vor zu schnellem Verschleiß selbstverständlich. Das hindert allerdings nicht, solche Kinder zu vernachlässigen, die nicht erben werden, denen jedoch durch das bereits konstituierte Geburteninteresse des Staates ebenfalls ein Anspruch auf Unterhalt und Erziehung zuerkannt ist. Diese staatlich kontrollierte Unterhaltspflicht erscheint dem einzelnen Eigentümer jedoch wiederum nicht nur als äußerlicher Zwang, ermöglicht sie ihm doch, unter seinen möglichen Erben die beste Auswahl zu treffen und diese so in eine ihm nützliche Konkurrenz zu bringen. Die dieser Konkurrenz entspringenden Konflikte haben denn immer auch Stoff für große bürgerliche Literatur wie für zur Erziehung verwendete religiöse Gleichnisse – allen voran die vom verlorenen Sohn und von den feindlichen Brüdern – geliefert.

Früchte trägt der Unterhalt des Vaters für seine Kinder jedoch erst dann, wenn diese – wie in einem Tauschverhältnis – wiederum ihm Unterhalt leisten, wo er dies selbst nicht oder nicht mehr vermag und auf gesellschaftliche Absicherung nicht hoffen kann. Die gesetzlich niedergelegte Unterhaltspflicht der Kinder findet ihre materielle Sicherung im staatlich garantierten Eigentum des Vaters an den Produktionsmitteln, das er bis zu seinem Tode zurückhalten kann. Durch die ebenfalls staatlich garantierte Testierfreiheit kann er die Bestimmung des Haupterben bis zuletzt geheimhalten und so die Anwärter beflügeln, in seinem Interesse zu handeln, das heißt insbesondere, seinen Unterhalt zu besorgen. Dort, wo der absoluten Vererbungsfreiheit – etwa durch Pflichtteilregelungen (s. z. B. §§ 2303 ff. BGB) – staatliche Schranken gesetzt sind, scheinen die konkurrierenden Interessen der potentiellen Erben einen teilweise pazifizierenden Ausgleich gefunden zu haben. Allerdings erstreckt sich der Pflichtteilanspruch nicht auf die Teilhabe an dem aktiven, die Existenzgrundlage bildenden Vermögen, sondern ist ein Geldtitel, der den Wert der Hälfte des gesetzlichen Erbteils ausmacht; er zwingt das nicht zum Erben berufene Kind zum Ausscheiden aus dem väterlichen Gewerbe.

Der Gehorsam des Kindes, sein Wohlverhalten gegenüber den Eltern, seine Aktivität im väterlichen Betrieb ruhen in der Erwartung einer gesicherten Zukunft als Erbe. Die Rechtsprechung, die dem Kind, das in der, wenn auch unausgesprochenen, Erwartung künftiger Erbeinsetzung jahrelang unentgeltlich für den Vater gearbeitet hat, einen nachträglichen Lohnanspruch zuerkennt, wenn es in dieser Hoffnung enttäuscht wird, nimmt dieses verwandtschaftliche Beziehungsinteresse richtig auf.[106] Ebenso im Rahmen dieser Interessen bewegen sich die Bestimmungen, welche die Beschränkung der Vererbungsfreiheit für die Fälle zuungunsten der Kinder zurücknehmen, in denen sie dem angestrebten Interessenausgleich zuwider handeln. Das geschieht, wenn Angriffe auf die Eltern oder Vernachlässigung ihrer Versorgung den Zweck der Erbeinsetzung unmittelbar gefährden[107] oder wenn der Entwicklungsstand des Kindes den Anforderungen nicht genügt[108] bzw. wenn es »durch die Wahl einer niederträchtigen Lebensart sich bei seinen Standesgenossen öffentlich entehrt hat«[109] und so die Fortführungsfähigkeit des väterlichen Geschäftes, das heißt der elterliche Unterhalt, unsicher scheint. So formulieren noch die Enterbungsgründe des Vaters Erziehungsmaximen für die Kinder.

Den Normalfall familialer Beziehungen kennzeichnen Blutsbande, die mystifizierend mit Treuebanden gleichgelten. Einen Ausgleich zwischen dem Blutmythos, der ohnehin in Gesellschaften mit vorwiegend über Geld zustande kommenden (Familien-) Beziehungen mehr und mehr schwindet, und dem anderen Prinzip, nach dem alle in der Ehe geborenen Kinder als eheliche auch zu unterhalten sind[110], schuf die dem Vater und in Ausnahmefällen seinen Eltern vorbehaltene Möglichkeit der Ehelichkeitsanfechtung. Sie soll seine aus

106 Vgl. BGH FamRZ 1966, 26; Fenn, a.a.O., S. 227 ff.
107 S. etwa II 2 §§ 399 ff. ALR; § 2333 Sätze 1-4 BGB.
108 Vgl. den historischen Überblick bei C. F. v. Gerber, a.a.O., S. 647 f.
109 II 2 § 409 ALR, s. auch § 2333 Satz 5 BGB.
110 S. etwa noch §§ 1591 ff. BGB.

Gründen der Unterhaltspflichtbeschränkung geübte Geburtenkontrolle gegen das Unterlaufen durch Fremdschwängerung seiner Frau abschirmen. Konsequent räumt das Gesetz dem Muttergatten einen Ersatzanspruch für alle dem Kind geleisteten Aufwendungen gegenüber dem wirklichen Vater ein.[111] Während noch das Preußische Landrecht nur sexuelle Enthaltsamkeit als einzig sicheren Beweis für seine Geburtenkontrolle gelten ließ[112], hat der medizinische Fortschritt inzwischen sowohl andere Verhütungs- als auch Beweismittel hervorgebracht und zu einer Erweiterung der Ehelichkeitsanfechtungsgründe geführt.[113] Hatte die Regelung des Preußischen Landrechts, die Ehelichkeitsanfechtung nur innerhalb eines Jahres nach Kenntnis von der Geburt des Kindes zuzulassen[114], wegen der eingeschränkten Anfechtungsgründe den Charakter einer Ausschlußfrist und entschied nach Ablauf dieser Frist die bis dahin erfolgte familiale Erziehung gegen die Blutsbande für die eheliche Abstammung, so führte die unbegriffene Übernahme der Bestimmung ins BGB bei gleichzeitiger Erweiterung der Beweismöglichkeiten zu einem praktisch lebenslänglichen Anfechtungsrecht. Die erst 1961 eingeführte Neuerung, die Anfechtung nach 10 Jahren endgültig auszuschließen[115], wurde nach heftigen Attacken[116] mit der Reform des Nichtehelichenrechts 1969 wieder aufgehoben; damit wurde die bindungsstiftende Sozialisation erneut zugunsten von Blutsbanden relativiert.

Das bis 1969 dem Kinde und heute noch der Mutter verwehrte Anfechtungsrecht dokumentiert, daß ökonomische Interessen allein für die Anfechtungsmöglichkeit ausschlaggebend waren und sind: ein ökonomisches Anfechtungsinteresse von Mutter und Kind wurde ursprünglich nicht gesehen. In der Tat hat das Kind erst nach Änderung des Nichtehelichen-Rechts von der Anfechtung einen Vorteil, nämlich einen Anspruch gegenüber seinem potentiell reicheren wirklichen Vater zu erwarten; auf diese Interessen hin sind die nun dem Kind zugestandenen Anfechtungsgründe konzipiert, mit dem

111 Vgl. etwa § 1615b BGB.
112 S. II 2 §§ 3-6 ALR.
113 S. §§ 1593 ff. BGB.
114 S. II 2 § 7 ALR.
115 § 1594 Abs. 4 BGB i. d. F. von 1961.
116 S. etwa H. Lange, a.a.O.

Ergebnis, daß »das Interesse des Kindes [...] offenbar höher bewertet [wird] als die Rücksicht auf die Ehre der Mutter«.[117] Diese hingegen bleibt unverändert ohne ökonomische Interessen und dementsprechend ohne Anfechtungsrecht. Vorschläge, »der starken Betonung der Persönlichkeitswerte in der Gegenwart«[118] Rechnung zu tragen und auch der Frau unabhängig von ökonomischen Interessen ein Anfechtungsrecht einzuräumen, unterstreichen einmal mehr die von ökonomischen Interessen inzwischen gänzlich abgelöste und deshalb individualistischen Erwägungen zugängliche Familienkonstruktion.

4. ›Verhaustierung‹ der Ehefrau

Obwohl die bürgerliche Ehe durch die freie Willensübereinkunft der Eheschließenden zustande kommt, vollendet sie sich nach übereinstimmender herrschender juristischer[119] und soziologischer[120] Vorstellung gleichsam hinter dem Rücken der Vertragschließenden zu einer objektiven, lebenslänglichen, vom Willen der Individuen gänzlich unabhängigen Institution. Danach ist die Ehe »als innigste Lebensgemeinschaft zweier Menschen [...] auch ein religiöses Verhältnis«[121], eine »vorgegebene Ordnung, von der Mann und Frau, die miteinander in sie eingetreten sind, mit ihrer ganzen Person erfaßt und getragen werden. Diese Ordnung ist eine objektive; sie hält die Ehepartner unabhängig von ihrer subjektiven Einstellung gebunden. Gerade deshalb erfolgt in ihr ihrem inneren Wesen nach die innigste Begegnung und Einswerdung der nach der Schöpfungsordnung zueinander gewiesenen Geschlechtspartner. In der Ehe wird in besonderer Weise sichtbar, daß menschliche Existenz sich nicht im Dasein des ichbezogenen Einzelmenschen, sondern nur in der inneren Hinwendung zum Mitmenschen, in der Hingabe an und für ihn, erfüllen kann. Es gehört zum Wesen dieser so verstan-

117 Dölle, a.a.O., 1965, S. 79.
118 Gernhuber, a.a.O., 1971, S. 484.
119 S. statt aller den Überblick bei E. Wolf, a.a.O.
120 S. statt aller H. Rosenbaum, a.a.O., insbesondere S. 24-54.
121 Lehmann-Henrich, a.a.O., 1967, S. 21.

denen Ehe, die eine unteilbare Einheit ist, daß die Individualität des einzelnen Ehepartners der Ehegemeinschaft untergeordnet wird; wer sich zur Ehe bekennt, übernimmt auch die damit für seine Individualität verbundenen Opfer«.[122] Wesentlich geprägt ist sie durch fixierte, hierarchische Rollen, die dem Mann die Bürde des Herrn und Versorgers, der Frau die Bürde der Abhängigen, Gebärenden und Pflegenden auferlegen. Beide Rollen stellen eine Zähmung der Beteiligten dar und bedürfen deshalb des eindeutigen rechtlichen Rahmens, der unterschwellig stets vorhandene Ausbruchswünsche zu behindern hat. Bei aller Rigidität der Formen haben sie sich für den Lebensprozeß selbsttätiger Produktionsmitteleigentümer als zweckmäßig erwiesen. Die Frau war unterdrückt, aber versorgt und hat dieses Vorteils wegen die eigene Tochter wiederum zu einer Unterdrückten erzogen; der Mann besaß die geschäftlich erforderlichen Freiheitsrechte und den Erben, verfügte über die Familie, war aber unterhaltspflichtig (§ 1360 BGB a. F.). Das Prinzip der Ungleichheit in der Familie und das Prinzip der aus dem Äquivalententausch entspringenden Gleichheit außerhalb der Familie konnten mithin so lange nebeneinander existieren, wie die ungleichen Familien-Binnenbeziehungen übergreifende Versorgungsinteressen verbürgten.

Der Kampf gegen diese Familienform wurde erst aussichtsreich, als Menschen unter sie subsumiert wurden, deren Versorgung anders organisiert ist. Die sich aus eigener Lohnarbeit unterhaltende Frau erfährt die Beschränkungen ihrer Rechtssubjektivität in der Ehe als sinnlose Unterdrückung, gegen die sie zu rebellieren beginnt; der von Lohnarbeit lebende Mann erlebt die Unterhaltspflicht gegenüber den Kindern als ungerechtfertigte Belastung und beginnt, sie zu vernachlässigen.

Wenn die juristische und soziologische Lehre die Familie ohne Wissen von ihrer ehemaligen Zweckmäßigkeit als vorgegebene, ewige und um ihrer selbst willen zu erhaltende hinstellt, so formuliert sie lediglich einen entsubstantialisierten Zwang. Die akademische Beschäftigung mit der Familie erreicht die höchste Subtilität bei ihrem weitgediehenen Rationalitätsverlust; sie erweist sich als Beschwörung der gro-

122 BGB-RGRK IV Band 3. Teil 10./11. Aufl. 1968, Einleitung zum Ehegesetz Anm. I 1; s. übereinstimmend: R. Freisler, a.a.O., S. 14 ff.

ßen Leistungen der alten Familie, ohne diese festhalten zu können. Das beschwörende und von der Entwicklung dauernd widerlegte Beharren auf der Familie behindert nur die notwendige Planung von Lebens- und Fortpflanzungsprozessen, in denen die zivilisatorischen Potenzen der Familie aufgehoben sind und die zugleich auf die Abpressung von Gratiserziehungsarbeit verzichten. – Während der Ehemann seine familialen Versorgungspflichten gerade durch die Teilnahme am Tausch, das heißt an dem wesentlichen Moment der Herstellung von bürgerlicher Gesellschaftlichkeit, zu erfüllen instand gesetzt wird, führt die Rolle der Frau und Mutter zu einer spezifischen Zähmung, die in der Erziehung geleistet und in Rechtsnormen garantiert wird.

a) Entscheidungsbefugnis des Mannes

Der bedeutsamste Unterschied zum Mann bestand in der Beschränkung der Frau, selbständig am Geschäftsverkehr teilnehmen zu können, das heißt Kaufverträge, Mietverträge, Arbeitsverträge etc. genehmigungsfrei abschließen zu dürfen. Erstreckte sich diese Handlungsunfähigkeit nach Gemeinem Deutschen Recht bis ins 19. Jahrhundert hinein auf alle Frauen, standen sie demgemäß lebenslänglich unter vormundschaftlicher Gewalt – zunächst des Vaters, später des Ehemannes oder bei Ehelosigkeit einer selbstgewählten männlichen Person[123] –, so reduzierte sich die Geschlechtsvormundschaft später, begründet »durch den Einfluß ihrer natürlichen Grundlage«[124], auf die volljährigen Frauen, die eine Ehe eingegangen waren. Noch in den Motiven zum Bürgerlichen Gesetzbuch von 1896 wird die Möglichkeit erwogen, wie im Code Civil von 1804 den Ehefrauen nur eine beschränkte Geschäftsfähigkeit zuzuerkennen; »allein der Zug der modernen Zeit geht unverkennbar dahin, die Frau auf dem Gebiete des Privatrechts selbständiger zu stellen«.[125] Diesen Zug formieren die schnell zahlreicher werdenden weiblichen Lohnabhängigen, deren engagierte Vertreterinnen unseres Erachtens deshalb fälschlich als bürgerliche Frauenrechtlerinnen

123 v. Gerber, a.a.O., S. 634 f.; Eichhorn, a.a.O., S. 774 ff.
124 Gerber, a.a.O.
125 Mugdan, a.a.O., S. 224.

gekennzeichnet werden, weil sie keine Fabrikarbeiterinnen waren. Insofern ist der Terminus von einer bürgerlichen Frauenbewegung ein Widerspruch in sich.

Die Endfassung des Bürgerlichen Gesetzbuches beschränkte die Geschäftsfähigkeit der Ehefrau bereits nicht mehr, erkannte aber dem Mann einen eindeutigen Führungsanspruch in allen das gemeinschaftliche Leben betreffenden Angelegenheiten zu (§ 1354 BGB a. F.), mit der Folge, daß alle rechtlich relevanten Handlungen der Ehefrau mit einiger Wirkung für den Familienzusammenhang der Genehmigung des Mannes bedurften. Dieser Rechtszustand, der z. B. das Eingehen eines Arbeitsvertrages (§ 1358 BGB a. F.) oder das selbständige Betreiben eines Erwerbsgeschäftes genehmigungspflichtig machte, hielt sich praktisch bis zum 1. 4. 1953, als gemäß Art. 117 Abs. I GG das der Gleichberechtigungsforderung des Art. 3 Abs. 2 GG widersprechende Recht außer Kraft trat.[126] Auch die Schlüsselgewalt, die der Ehefrau das Recht einräumt, mit für den Mann verbindlicher Wirkung Geschäfte des täglichen Lebens zu tätigen (§ 1357 BGB), durchbricht nicht ihre Abhängigkeit, sondern unterstreicht ihre Pflicht, durch reibungslosen Ablauf im Hause die Reproduktion sicherstellen zu helfen.

b) Vermögensverwaltung

Eine der Konsequenzen der beschränkten Geschäftsfähigkeit der Ehefrau war, daß ihrem Mann die Verwaltungs- und Verfügungsbefugnis über das gesamte Familienvermögen, also auch über den von der Frau eingebrachten Teil, für die Dauer der Ehe übertragen wurde. Erst bei Trennung oder Tod des Mannes fiel das Vermögen der Frau an diese zurück. Die Möglichkeit, daß »jeder Gatte selbständig von seinem besonderen Vermögen gewisse Beiträge zur gemeinschaftlichen Bestreitung des ehelichen Aufwands geben« und so die prinzipielle Unabhängigkeit der Ehepartner gewahrt werden könnte, wurde zwar bereits um die Mitte des 19. Jahrhunderts gesehen, allein »dadurch würde aber in einer der wichtigsten Beziehungen die innige naturgemäße Lebensgemeinschaft

126 BVerfG JZ 1954, 32.

gestört sein, welche im deutschen Rechtsleben als das Wesen der Ehe betrachtet wird. Das deutsche Recht läßt im Gegenteil auch in dieser äußeren Seite die innere Einheit der Ehegatten hervortreten, indem es das beiderseitige Vermögen äußerlich vereinigt und im Anschlusse an die natürliche Gestaltung des ehelichen Lebens in die Hand des Mannes, als des Hauptes und Vertreters der Familie, niederlegt«.[127]

Das Bürgerliche Gesetzbuch verlängerte den Zustand des durch die Genehmigungspflicht des Mannes beschränkten Verfügungsrechts der Frau und der Verwaltungsbefugnis des Mannes ohne Rücksicht auf die vertragliche Ausgestaltung des Güterstandes im einzelnen.[128] In den Motiven wurde zwar »das große Prinzip, daß die Ehefrau als solche in der Geschäftsfähigkeit nicht beschränkt ist«, anerkannt, aber: »Die besonderen Verhältnisse des gesetzlichen Güterrechts verlangen nur einen Schutz der Rechte des Mannes gegen die Gefahren, die ihm erwachsen würden, wenn die Frau ohne seine Einwilligung über das Ehegut [das heißt auch ihr eigenes Vermögen – d. V.] direkt oder indirekt verfügen könnte.« Deshalb wurde »das Verfügungsrecht der Frau in Ansehung des Ehegutes beschränkt«.[129]

c) *Name/Wohnsitz*

Selbstverständlich war, daß die Ehefrau den Namen ihres Ehegatten und Herrn als »Privileg«[130] empfing (§ 1355 BGB), ihm an den Wohnsitz, den ihn sein Gewerbe zu wählen nötigte, folgte (§ 10 BGB) und ihn nicht ohne seine Erlaubnis verließ.

d) *Kindererziehung*

Daß die Frau auch die Erziehungsrichtung der Kinder, mit denen doch sie die meiste Zeit verbrachte, nicht bestimmen konnte (§ 1627 BGB a. F.), resultierte aus der Funktion des

127 Gerber, a.a.O., S. 593; vgl. die glatte Umkehrung dieser Vermögensverwaltung in mutterrechtlichen Gesellschaften: Bachofen, a.a.O., S. 39 f.; Vaerting, a.a.O., S. 35 ff.

128 §§ 1363 ff. BGB a. F.

129 S. insgesamt Mugdan, a.a.O., S. 123.

Erben, das väterliche Gewerbe, dessen Anforderungen deshalb auch vom Vater in den Erziehungsprozeß hineingetragen werden, übernehmen zu können.

e) Jungfräulichkeit

Die Virginitätsforderung, das an einem »Beweisstück« (Hymen) festgemachte Verlangen, daß die Frau keine Erinnerung an den Sexualverkehr mit einem anderen Mann mitbringe, scheint – ähnlich wie das Geschäftsgeheimnis – dem Schutze der Konkurrenzfähigkeit des Mannes zu dienen.[131] Da die Frau den Ehemann an anderen nicht messen kann, wird ihr seine mögliche Schwäche nicht ohne weiteres erfaßbar und die Beeinträchtigung seiner öffentlichen Reputation durch Indiskretionen erschwert. Die Jungfernschaft war daher in der bürgerlichen Gesellschaft durch Strafgesetze gegen unfreiwillige Verletzung geschützt[132] und wurde auch von den Mädchen selbst verteidigt, da ihre Behütung vor Schwängerung bewahrte und ihr Verlust zur Verhinderung oder Aufhebung der für Versorgungszwecke notwendigen Ehe führen konnte.[133] – Virginitäts- und Treuegebote besorgen indes zugleich die Unterdrückung der weiblichen Orgasmusfähigkeit, sollen also dazu beitragen, der Frau erst gar kein Bewußtsein dieser Potenz zu vermitteln. Die Niederhaltung der sexuellen Stärke scheint die Ausbildung der spezifischen Züge nimmermüder Mütterlichkeit und Weiblichkeit zu bewirken, deren sich die patriarchalische Familie so ertragreich zu bedienen wußte. Ihre Freisetzung mußte als antifamiliale Bedrohung, als Mittel zur Zerreißung ihres Gefüges aus Beschirmung und gleichzeitiger Unterdrückung der Frau, bekämpft werden. Eine extreme Form der Bekämpfung weiblicher Potenzerscheinungen stellte die öffentliche Vernichtung von Millionen Frauen als Hexen an der Schwelle zum bürgerlichen Zeitalter dar, während sie heute subtiler als Nervenleiden definiert und auch entsprechend behandelt wer-

130 So noch G. Beitzke, a.a.O., S. 199/232.

131 Vgl. M. Klein, a.a.O., S. 305.

132 Vgl. etwa §§ 179/182 StGB.

133 Dernburg, a.a.O., S. 36 f., s. auch noch 1968 Hoffmann-Stephan, a.a.O., § 32 Anm., S. 111 ff.

den.[134] – Allerdings war der Preis dieser Virginitäts- und Treueforderung hoch, da die an die Entjungferung als eine Verletzung gebundenen Vergeltungsängste vom Ehemann allein getragen werden mußten und das Risiko einer mißlingenden Sexualbeziehung (eheliche Impotenz) erhöhten. Viele Primitive, die kein Privateigentum an Produktionsmitteln kennen, befreien deshalb gerade den Ehemann von der Entjungferung seiner Braut, indem sie diese von alten Frauen, Medizinmännern etc. vornehmen lassen und häufig durch einen rituellen Coitus der männlichen Genossen mit dieser Braut ergänzen, so daß die Vergeltungsängste solidarisch bewältigt werden können.[135] Ebenso könnte das lediglich als Anmaßung getadelte feudale Recht der Ersten Nacht als Relikt solcher Fürsorglichkeit gedeutet werden.

Das insgesamt hermetische Einpassungssystem für die bürgerliche Ehefrau konnte trotz der Versorgungsgarantie und trotz der geschlechtsspezifischen Abrichtung seinen Unterjochungscharakter niemals vollständig verbergen; deshalb findet seine Auflösung durch die kapitalistische Entwicklung unter den Frauen stets auch entschiedene Unterstützung.

134 Vgl. P. Chesler, a.a.O.
135 S. dazu S. Freud, *GW* XII, S. 159 ff.

III. Wie der Staat die Lohnarbeiterfamilie schafft

Wir hatten die Ursachen angegeben, aus denen der bürgerliche Staat die Befähigung zur Familiengründung auf Produktionsmittellose ausdehnte und aus denen diese in die Ehe drängten. Mit der Aufhebung der persönlichen Abhängigkeit entstand der freie Lohnarbeiter, der nun Eigentümer seiner Arbeitskraft wurde und deshalb niemandem mehr gehörte, der ihn an der Eheschließung hindern konnte. Die armenpolizeilichen Versuche, durch soziale Ehebeschränkungen die Belastung der Armenkassen durch unversorgte Kinder gering zu halten, standen im Widerstreit zwischen Überbevölkerung und Entvölkerung und schränkten die Freizügigkeit des Lohnarbeiters ein – insbesondere in Gebieten mit massierter Lohnarbeiterbevölkerung. Dieser Widerspruch mußte schließlich zugunsten der Überbevölkerung, das heißt der unter bewußter Inkaufnahme von Verelendung vollzogenen Aufhebung der Ehehindernisse, entschieden werden. Um also die Kapitalverwertung sicherzustellen, erzeugte die kapitalistische Produktionsweise für den Arbeiter mit seiner Familienfähigkeit zugleich sein Familienelend.

Erst mit der Aufhebung armenpolizeilicher Ehebeschränkungen ist der Produktionsmittellose umfassend als abstraktes Rechtssubjekt anerkannt. Der Lohnarbeiter nimmt die sich ihm jetzt bietende Möglichkeit der Eheschließung, die er als Emanzipation vom Zwangszölibat erfährt, wahr, um auf legale Weise seinen Geschlechtstrieb befriedigen zu können; der Staat jedoch öffnet ihm die Rechtsform der heterosexuellen Ehe nicht zu diesem Zweck, sondern um den daraus resultierenden und gratis aufzuziehenden Nachwuchs zu gewinnen. Der Lohnarbeiter ist auf Nachwuchs – einen Erben also – materiell nicht angewiesen, da er kein vererbbares Eigentum besitzt, mit dem er diesen dazu bringen kann, ihn bei Krankheit und Alter zu unterhalten. Die Kinder, derentwegen der Staat ihm die Ehe ermöglicht, ziehen für ihn eine Verschlechterung seines Lebensstandards nach sich, die ihm von ihnen nicht ausgeglichen wird. Hier liegt der Unterschied zwischen der auf vielfältigen Austauschbeziehungen beruhenden und ihretwegen begründeten Familie des Eigentümers an Produktionsmitteln und der staatlich geschaffenen Lohnarbeiterfamilie; hierin ist auch die Verschiedenheit der Rechtswirkungen auf beide Familientypen, trotz zunächst noch identischer Rechtsform, begründet. Während die prinzipielle Interessenübereinstimmung der Produktionsmitteleigentümer im Familienrecht ihre ausgleichende Verkehrsform findet, tritt diese dem Lohnarbeiter als äußerliches Zwangsgesetz entgegen.

In Lohnarbeitergesellschaften müßte eine das Lohnarbeiterinteresse nutzende staatliche Familiengesetzgebung so beschaffen sein, daß den Kindern die Altersversorgung zur Pflicht gemacht wird und entsprechende Vorsorgemaßnahmen der Eltern ausgeschlossen sind. Bei dieser Konstellation würde nicht nur die Zeugung von Nachwuchs gesichert, sondern auch das Interesse der Eltern an der bestmöglichen, das heißt ihre Versorgung gewährleistenden Erziehung geweckt. Diese Konstellation ist aber in der bürgerlichen Gesellschaft zum Scheitern verurteilt, weil die Voraussetzung der kindlichen Unterhaltspflicht, die ununterbrochene Verkaufbarkeit der Arbeitskraft, nicht garantiert werden kann, und weil elterliche Arbeitsunfähigkeit und kindliche Arbeitslosigkeit zusammenfallen können. Die in bürgerlichen Gesellschaften bestehenden Unterhaltspflichten der Kinder gegenüber ihren Eltern[1] gehören in den familialen Austauschzusammenhang der Eigentümer vererbbarer Produktionsmittel und waren historisch niemals geeignet, das aus Arbeitsunfähigkeit erwachsende Elend vom Lohnarbeiter abzuwenden; seine Kämpfe um kollektive Sicherungssysteme und ihre spezifische Verwirklichung durch den bürgerlichen Staat machen das deutlich. Daraus folgt, daß die individuelle ökonomische Interessiertheit des Eigentümers an Produktionsmitteln an seinen Kindern auf den Lohnabhängigen nicht übertragen werden kann. Dessen materielle Lebenssituation verschlechtert sich während der Aufzuchtszeit, ohne daß er Hoffnung auf Gegenleistungen in Zeiten seiner Arbeitsunfähigkeit hät-

1 Z. B. § 1601 BGB.

te. Was dem einen existentielle Notwendigkeit ist, wird dem anderen »nutzloser Fresser«.

Während also das individuelle ökonomische Interesse des Lohnarbeiters den gesellschaftlichen Nachwuchs zum Versiegen bringen müßte, könnte der klassenbewußte Arbeiter mit eigenen Kindern immerhin zukünftige Kampfgefährten erziehen und dafür die Armut als notwendiges Übel in Kauf nehmen wollen. Ein richtunggebender Theoretiker der Deutschen Sozialdemokratie hat in seinem Erstlingswerk dementsprechend den politischen Sieg des Sozialismus auch auf den Kinderreichtum der Arbeiterklasse gründen wollen.[2] Wenngleich wir nicht bestreiten, daß so motivierte Fortpflanzung vorkommt, so dürfte dieses Motiv für die Erhaltung der Gattung in der bürgerlichen Gesellschaft statistisch kaum von Belang sein. Deshalb kann für die Gewinnung der Ersatz- und Zusatzkräfte zur Kapitalverwertung auf die sozialistische Fortpflanzungsmotivation nicht gebaut werden, sondern sie wird im Gegenteil als Bedrohung der bürgerlichen Eigentumsverhältnisse aufgefaßt.

Da auf einen wie immer gearteten Kindswunsch der Lohnarbeiter nicht zuverlässig gerechnet werden kann, solange er nur um den Preis der Verschlechterung seines Lebensstandards zu verwirklichen ist, bedient sich der Staat des Zwanges, um den gesellschaftlich erforderlichen Nachwuchs zu gewinnen. Dem steht nicht entgegen, daß auch die Lohnarbeiter an gesellschaftlichem Nachwuchs interessiert sein müssen, da nur dieser die mit ihren Renten erwerbbaren Gebrauchswerte erarbeiten kann. Indem ihnen aber die Zeugung und Aufzucht des Nachwuchses als Gratisarbeit über Gesetze vom Staat abverlangt werden, stellt sich ihnen die Reproduktion der Gattung als einseitig gegen sie gerichtete Maßnahme dar.

Insbesondere für die Lohnarbeiterin, die den Nachwuchs zu gebären hat, bedeuten die zur Domestikation der Frau bestehenden Gesetzesbestimmungen eine schwere Beeinträchtigung, da sie deren Vorteile – die lebenslange Unterhaltsgarantie und Verschonung von eigener Erwerbstätigkeit – nicht genießt, sondern wie der männliche Lohnarbeiter sich nur durch Verkauf ihrer Arbeitskraft am Leben erhalten kann. Da

2 Karl Kautsky, a.a.O.

diese Bestimmungen zugleich die historisch erzwungene sexuelle Zähmung der Frau aufrechterhalten sollen, finden die Lohnarbeiterinnen bei ihren männlichen Kollegen und Ehemännern, die sich in ihrer Potenz bedroht fühlen, kaum Unterstützung im Kampf um die Abschaffung der Beschränkungen, vielmehr können sich die Männer als Gegner der Frauen erweisen, die bei der Realisierung öffentlicher Familienpropaganda mit dem bürgerlichen Staat zusammengehen.

Die bereits dargestellten zivil- und strafrechtlichen Formen zur Gewährleistung der bürgerlichen Ehe müssen in der Anwendung auf die Lohnarbeiter analysiert werden. Dabei werden wir exemplarisch zeigen, daß bestimmte Normen gehäuft angewendet, einige – trotz formaler Fortgeltung – praktisch bedeutungslos, andere inhaltlich – sei es durch gerichtliche Fortbildung, sei es durch gesetzliche Novellierung – geändert werden. Der Nachweis des Scheiterns aller dieser staatlichen Versuche, die Reproduktion der Gattung sicherzustellen, wird dann zur Erklärung der schließlichen Auflösung der Ehe als eines staatlichen Zwangszusammenhangs überleiten.

1. Formale Gleichgeltung aller Gesetze

Wenn das Bürgerliche Recht abstrakte und allgemein geltende Regeln für jedermann »ohne Ansehung der Person«, absichtlich blind gegen die »Umstände des Einzelfalls«, die »Folgen für die Lebensumstände des Betroffenen« aufstellt, dann zeigt sich hier eine gesellschaftliche Struktur, die grundsätzlich nur vereinzelte Rechtssubjekte kennt, die im Austausch ihre individuellen Bedürfnisse befriedigen und erst so Gesellschaftlichkeit zustande bringen. Gesellschaftsmitglied ist allein, wer an den Tauschprozessen teilhaben kann, so wie andererseits die Rechtsordnung unterstellt, daß die Beziehungen der Menschen zueinander allein über Tauschprozesse ablaufen. Der produktionsmittellose Arbeiter kann mithin an dieser Rechtsordnung erst teilnehmen, wenn er frei, das heißt: wenigstens zum Eigentümer seiner von ihm frei tauschbaren Arbeitskraft, geworden ist.

setzen sich auch die Prinzipien der bürgerlichen nicht rein und vollständig durch, zumal wenn die gesellschaftliche Kontinuität gefährdet wird. onders deutlich ist die Überlagerung der feudal-ständischen mit der bürgerlichen Gesellschaft im *Preußischen Landrecht* von 1794, in dem freie Tauschbeziehungen und diesen entgegenstehende persönliche Abhängigkeiten zugleich normiert werden. So existiert neben dem allgemein geltenden Familienrecht ausgesprochenes Standesrecht, wenn für den Adel Ehen zur linken Hand[3] zugelassen und »Mißheirathen«, das heißt Ehen unter Stand[4], ausgeschlossen waren. Auch die im Bürgerlichen Gesetzbuch noch fortgesetzte Ungleichheit zwischen Mann und Frau ist als eine solche Prinzipienverletzung zu bezeichnen und kann deshalb nach Wegfall ständischer Argumentation nur ideologisch, z. B. mit natürlicher Ungleichheit[5], legitimiert werden.

Bereits an möglichen Überschneidungen zeigt sich, daß das Funktionieren der bürgerlichen Gesellschaft nicht die vollständige, alle gesellschaftlichen Bereiche erfassende Durchsetzung des Tauschprinzips verlangt. Erforderlich ist ein Grundbestand, der der Kapitalbewegung den Weg ebnet, während andere gesellschaftliche Sphären, z. B. die Beteiligung an politischen Wahlen, der Erwerb von Wissen, das Eingehen von Ehen, durchaus nicht nach den Prinzipien abstrakter Rechtssubjektivität konstruiert sein müssen, um die gesellschaftliche Reproduktion sicherzustellen. Erweiterungen dieses Prinzips, das keine Unterschiede zwischen konkreten Personen macht, sind deshalb nicht selbstverständlich, sondern müssen – oft in langwieriger Auseinandersetzung – erkämpft werden. Die Folge aber kann immer nur die Erlangung bürgerlicher Rechtssubjektivität sein, wie sie ohne Einschränkung etwa in § 1 BGB vorgegeben ist. Gerade wenn die Gesetze unter Absehung von persönlichen Umständen allgemeine Geltung beanspruchen, kann die Gleichgeltung nur eine formale sein. Wiewohl also jedermann dem Aktienrecht und dem Betteleiverbot unterliegt, kommt beides zwar denselben Menschen zugute, findet aber auf verschiedene Men-

3 II 1 §§ 835 ff., PrALR.
4 II 1 §§ 30 ff., PrALR.
5 S. etwa Möbius, a.a.O.

schen Anwendung. Deshalb kann trotz ihrer Allgemeingültigkeit in den bürgerlichen Gesetzen eine gewollte Zuspitzung auf bestimmte soziale Gruppen enthalten sein. So gerät der Lohnarbeiter, der zum Zweck der legalen Befriedigung seines Geschlechtstriebes eine Ehe eingeht, unter für Eigentümer an Produktionsmitteln konzipierte Bestimmungen des Erbrechts, Vermögensrechts, Erziehungsrechts, Aussteuerrechts, Unterhaltsrechts etc. – unabhängig davon, ob er erbt, vermögend ist, erziehen muß oder Unterhalt gewähren kann.

Wenn in den *Motiven zum Preußischen Strafgesetzbuch* von 1829 in der Auseinandersetzung um die Bestrafung von Eltern, die über zehn Jahre alte Kinder nicht in getrennten Betten schlafen lassen[6], ausgeführt wird: »So erscheint dieselbe [Vorschrift – d. V.] auch bei armen Leuten, denen es an den nöthigen Betten fehlt, ganz unausführbar und bei wohlhabenderen wohl ganz unnütz«[7], dann drückt sich hier die den Übergang zur bürgerlichen Gesellschaft kennzeichnende Schwierigkeit aus, abstraktes Recht zu schaffen.

2. Bedeutung bürgerlicher Gesetze für die Lohnarbeiter

Eltern, die für die Sicherung ihrer eigenen Existenz Kinder unbedingt benötigten und die zugleich selbst über die Mittel verfügten, mit denen sie die Kinder zur Existenzsicherung zwingen konnten, hatten ein »natürliches« Interesse an deren Erziehung. Ihre Zwangsmittel bestanden im Privateigentum an materiellen Produktionsbedingungen; da die Kinder dieses Eigentum erst nach dem Tode ihrer Eltern erbten, mußten sie, um der Enterbung zu entgehen, den Wünschen der Eltern nachkommen. Es bestand hier nicht nur ein notwendiges Interesse der Eltern an den Kindern, was sich auch zwingend in deren Erziehung und Ausbildung äußerte; im gleichen Verhältnis konstituierten sich auch das Interesse und der Gehorsam der Kinder gegenüber den Eltern; sie mußten nicht durch ein gesondertes Gesetz erzwungen werden. Die innerfamiliären Beziehungen stellten sich gewissermaßen als Tauschbeziehungen her. Das Interesse von Eltern, die Privateigentümer

6 II 20 §§ 1044 f. PrALR.
7 Revisior, a.a.O., S. 262.

an vererbbaren Produktionsmitteln sind, richtet sich deshalb zentral auf die Garantie des Privateigentums, des Erbrechts und der Vererbungsfreiheit. Das Erbrecht enthält zugleich die Garantie der elterlichen Gewalt.

Allerdings richtet sich das Interesse der Produktionsmitteleigentümer auf nur so viele Kinder, wie sie für die Existenzsicherung tatsächlich benötigen; eine Pflicht zur Pflege und Erziehung dieser Kinder mußte gesetzlich nicht festgelegt werden. Da nun überfamiliale Institutionen ebenfalls Personalansprüche stellen und individuell nicht kalkulierte Opfer nach Seuchen, Erntekatastrophen und Kriegen nur mit Hilfe einer Instanz mit zentralem Überblick und allgemeiner Zwangsgewalt ausgeglichen werden können, gibt es neben der Gewährleistung elterlicher Gewalt in höher entwickelten Gesellschaften stets auch die staatlich auferlegte Pflicht zur Lebenserhaltung und Erziehung aller Kinder. – Während für die Produktionsmitteleigentümer die Erziehung der Kinder durch beide Aspekte – Gewährleistung des Rechts auf Erziehung in ihrem Interesse und Pflicht zur Erhaltung aller Kinder – geprägt ist, fällt für diejenigen Eltern, die ihr Interesse an Existenzsicherung nicht durch eigene Kinder verwirklichen können, der private Gewährleistungsaspekt fort; übrig bleibt allein der Pflichtcharakter der in Artikel 6 Grundgesetz »geschützten« elterlichen Gewalt. Diesen Übergang kennzeichnet bis in die Formulierung hinein die geplante Novellierung des § 1626 BGB, in dem, entgegen der bisherigen Fassung, »das Wort Pflicht dem Wort Recht vorangestellt [wird], um den Pflichtcharakter der Rechtsstellung der Eltern hervorzuheben«[8]. Dabei handelt es sich um Eltern, die privat nicht über die Mittel verfügen, Kinder zu ihrer Existenzsicherung materiell anzureizen; sie haben zwar auch ein Interesse an der Existenzsicherung, verfügen aber privat nicht über die Mittel, eigene Kinder dazu zu zwingen. Das Eigentum dieser Eltern besteht lediglich in ihrer Arbeitskraft, die mit ihrer Leiblichkeit identisch und beim Tode nicht vererbbar, sondern ausgelöscht ist. Sie haben – wie auch die Eigentümer der Einkommensquellen Kapital und Boden – ein zentrales Interesse an maximaler Nutzung dieser Quelle, zu

8 BR-DS 690/73, S. 15.

dessen Verwirklichung wiederum »das Interesse an der Erhaltung der Revenuequelle [...] das erste und vordringlichste Interesse« ist.[9] Bekommt nun ein Eigentümer der Einkommensquelle Arbeit ein Kind, so bedeutet dies eine schwere Behinderung bei der Durchsetzung seines Interesses an möglichst hohem Lohn. Denn das Kind, soweit es selbst noch nicht arbeitsfähig ist und von den Eltern tatsächlich am Leben erhalten wird, »nutzt« die elterliche Einkommensquelle mit, ohne zu ihrer Unterhaltung oder Verbesserung herangezogen werden zu können. Indem auf die Pflege und Erziehung des Kindes Arbeit verwendet werden muß, wird diese dem Verkauf entzogen. Dadurch verringert sich das Einkommen des Arbeiters und erschwert sich zugleich seine Konkurrenz mit anderen, die von ihrer Arbeitszeit nichts für die Kinderpflege abziehen müssen, oder die Arbeitszeit, die der eine auf sein Kind verwendet, für die Verbesserung ihrer Qualifikation einsetzen und sich dann teurer verkaufen können.[10]

In der Beziehung zu seinen Eltern kann das Kind die »Prinzipien des Tausches« verletzen, da jene keine Zwangsmittel haben, die auf seine Erziehung verwendete Arbeit später zu bezahlen. Sie können das Kind nicht enterben, da es sein Eigentum – die Arbeitskraft – unabhängig von den Eltern in seiner eigenen Leiblichkeit besitzt. Der Eigentümer der Einkommensquelle Arbeit, der ein Kind aufzieht, produziert damit nur einen weiteren Lohnarbeiter, der ihm eines Tages als Konkurrent gegenübertritt, um nun selbst seine Einkommensquelle maximal nutzen zu können.

Das Interesse des Privateigentümers der Einkommensquelle Arbeit an ihrer Erhaltung und maximalen Ausnutzung sowie das Interesse an der unbezahlten Aufzucht von Kindern schließen einander also aus. Die Kinder sind tatsächlich »unnütze Fresser«. Das hat aber für eine Gesellschaft, in der die Lohnarbeiter ja nicht nur die Mehrheit der Eigentümer stellen, sondern der Tausch ihrer Arbeitskraft gegen Lohn eine unverzichtbare Bedingung für die Realisierung des Interesses an maximalem Einkommen der Kapitaleigner darstellt, tödliche Konsequenzen.

9 S. v. Flatow/Huisken, a.a.O., S. 108.

10 Das wird auch im wichtigsten familienpolitischen Beitrag der katholischen Soziallehre scharf gesehen. Vgl. Wingen, a.a.O., S. 44.

Die ausschließliche Verfolgung des Interesses an höchstmöglichem Einkommen, das für die Lohnarbeiter das Interesse an unbezahlter Kinderaufzucht ausschließt, muß den Fluß aller Einkommensquellen zum Stocken bringen. Soll daher die maximale Nutzung aller Einkommensquellen möglich sein, so muß dafür gesorgt werden, daß sie alle gegeben sind. Eine Familiengesetzgebung, die im Verhältnis zwischen Eltern und Kindern eine Aneignungsweise zur Pflicht macht, die außerhalb des Äquivalententausches liegt – eine konkrete bürgerliche Prinzipienverletzung –, erweist sich in dieser Sicht keineswegs als jahrhundertalte Verirrung, sondern als notwendige Existenzbedingung der bürgerlichen Gesellschaft selbst. Pflege und Erziehung der Kinder werden jenen Eltern, in deren ökonomischem Interesse sie nicht liegen, als Allgemeininteresse durch Gesetz zur Pflicht gemacht. Die entscheidende Bestimmung des Kindschaftsrechts im entwickelten Kapitalismus besteht demgemäß nicht in der »elterlichen Gewalt«, sondern in der »elterlichen Pflicht« zur Pflege und Erziehung der Kinder. Die Vernachlässigung der Unterhaltspflicht wird, wie körperliche Mißhandlung der Unterhaltsberechtigten, strafrechtlich verfolgt. Diese Pflicht, oft als »natürliches Recht« gekennzeichnet, ist, wie man sieht, durchaus nicht natürlich und muß daher notfalls erzwungen werden. Daß die gesetzlichen Bestimmungen zur Unterhaltspflicht, einschließlich der Strafbestimmungen bei ihrer Verletzung, jedoch nicht das einzige Mittel zur Erzeugung des Nachschubs an Lohnarbeitern darstellen, sondern daß dazu ein komplexes moralisches System gehört, bei dessen Begründung etwa die Kirchen eine wichtige Rolle übernehmen, ist selbstverständlich. Die Kirche wird hier freilich selbst eindeutig zum Mittel des Staates bei der Durchsetzung außerchristlicher Interessen.[11]

Wir übersehen nicht, daß die Unterhaltspflicht, einmal gesetzlich erzwungen, auch von den Kindern gegenüber den Eltern wahrgenommen werden muß[12] und insofern die familiären Binnenbeziehungen scheinbar auch bei den Lohnabhängigen Tauschbeziehungen unterworfen werden. Daß es sich dabei um einen Schein handelt, wird schon daran deut-

11 K. Marx, a.a.O., *MEW* I, S. 357 f.

12 Vgl. etwa § 1606 BGB.

lich, daß die Unterhaltspflichtverletzungen gegenüber den Eltern ungleich geringer abgesichert sind. Daß schließlich auch historisch die private Regelung des Unterhalts der Eltern durch die Kinder sich faktisch nicht durchsetzte, sondern die gesetzliche Rentenversicherung geschaffen werden mußte, zeigt, wie schwer »vorsätzliche« Vernachlässigung (§ 170 b StGB) nachweisbar ist, wenn z. B. Eltern und Kinder gleichzeitig arbeitslos sind oder das geringe kindliche Einkommen nicht einmal zur Pflege der eigenen Kinder ausreicht. Ist die gesetzliche Altersversorgung aber faktisch durchgesetzt wie in der Bundesrepublik, so markiert das Kindschaftsrecht mit der »Elternpflicht« eindeutig eine Verletzung des Tauschprinzips.

Da nun ohnehin die Erziehung vom Staat zur Pflicht gemacht werden muß, könnte die Pflicht zur Gratisaufzuchtsarbeit jeweils an die durch die Entwicklung der Produktivkräfte zusätzlich erforderlichen intellektuellen und emotionalen Fähigkeiten durch Gesetz angepaßt werden. Wenn also relative leibliche Intaktheit als Voraussetzung für die spätere Verwendbarkeit im Arbeitsprozess nicht mehr ausreicht, dann könnte eine staatliche Forderung an die Eltern formuliert werden, ihre Kinder nunmehr besser zu fördern. Wie wenig abwegig solche Überlegungen sind, dokumentiert die im Rahmen der Novellierung des elterlichen Sorgerechts ursprünglich vorgeschlagene Bestimmung, die Eltern dazu verpflichten sollte, »darauf zu achten, daß das Kind nicht durch länger dauernden Heimaufenthalt geschädigt wird«[13], das heißt mögliche »durch Heimerziehung in frühester Jugend entstehende Schädigung der geistig-seelischen Reifevorgänge«[14] abzuwehren. Die Eltern sollten genötigt werden, hospitalistische und psychotische Symptome zu vermeiden, wie sie – außer in den Familien selbst – vor allem in Heimen, bei Krankenhausaufenthalten etc. entstehen. Eine solche Vorschrift wäre auch ohne den Widerstand der Jugendämter, die ihre Heime geschmäht sahen, abgesetzt worden; das gilt ebenso für eine umfassendere Institutionalisierung von in elterliche Pflichten eingebauten Erziehungszielen, die nicht nur leibliche Intaktheit, sondern maximale Lern- und Leistungsbereit-

13 § 1631 – zitiert nach Berroth, a.a.O., S. 43.
14 Berroth, a.a.O., S. 43.

schaft – als höchsten gemeinsamen Nenner aller denkbaren Qualifikationen – zum Inhalt hätten. Denn solche Erziehungsziele würden Eltern gesteckt, die weder pädagogisch noch materiell imstande sind, sie zu erreichen; ihre Fixierung in einem Gesetz wäre – ebenso wie die Pflicht zur Vermeidung von Hospitalismus – sinnlos.

Aus dem durch Strafandrohung erzwungenen Prozeß von Pflege und Erziehung des Kindes, seinem Schutz vor Verletzung und absichtlicher oder fahrlässiger Tötung können also nur Personen mit einer durch diesen Prozeß bestimmten Qualifikation erwachsen. Mit dieser Qualifikation können sie nur so lange Lohn erlangen, wie ihr Käufer seine Einkommensquelle mit ihr maximal nutzen kann. Benötigen z. B. die Eigentümer von Kapital – gezwungen durch die Konkurrenz mit anderen Kapitalen – zunehmend Arbeiter, die körperlich gesund sind und zusätzlich Maschinenanweisungen lesen sowie Stückzahlen aufschreiben können, so sind die aus den Arbeiterfamilien Kommenden vielleicht zwar gesund, aber z. B. Analphabeten. Diese Analphabeten stellen eine ebenso große Bedrohung für den Wirtschaftsfluß dar wie zuvor das mögliche Verschwinden der Eigentümer von Arbeitskraft selbst. Eine höhere Qualifikation der Kinder kann von den Eltern nicht hergestellt werden. Seitdem sie zum Unterhalt der Kinder gezwungen sind, müssen sie alles daransetzen, so viel Lohn zu tauschen, wie unabdingbar ist, um neben der ihrigen auch die leibliche Existenz der Kinder zu garantieren. Ist nun relative leibliche Intaktheit nicht mehr sichere Voraussetzung für ihren Verkauf, so muß der Arbeiter, der ja zum Unterhalt seines Kindes – soweit es arbeitsunfähig ist – gezwungen wird, sich selbst dafür einsetzen, daß das Kind die Qualifikation erhält, die es arbeitsfähig macht und so die elterliche Unterhaltspflicht frühzeitig entlastet.

Ohne fremde Hilfe können die Eltern ihren Kindern neben leiblicher Intaktheit die bei der Arbeit erforderlichen Fabriktugenden wie Pünktlichkeit, Fleiß, Sauberkeit und Unterordnung vermitteln; diese Tugenden erleichtern die Aufzucht und sind zugleich Teil der Qualifikation. Die Vermittlung dessen, was in der Sozialisationsforschung als autoritärer Charakter der Arbeiter erscheint, entspricht somit unmittelbar dem Interesse an maximaler Nutzung ihrer Einkommensquelle bzw. ihrer minimalen Inanspruchnahme durch nichtarbeitende Kinder. Die Verwunderung, wieso gerade diejenigen, die aufgrund ihrer Lage gegen Unterordnung rebellieren müßten, ihre Kinder selbst zu Unterordnung erziehen, löst sich hier auf. Die Erziehung zur Unterordnung entspricht dem Interesse an maximaler Ausnutzung und bestmöglicher Erhaltung der Arbeitskraft, die gegen Lohn auf Dauer nur getauscht werden kann, wenn die Bereitschaft zur Unterordnung im Arbeitsprozeß besteht. Neben leiblicher Intaktheit und Fabriktugenden muß der Lohnarbeiter schließlich die Anerkennung des Privateigentums – den Widerstand gegen außerhalb des Tausches liegende Aneignungsweisen – an seine Kinder weitervermitteln, da er ebenfalls den Gesetzen unterworfen ist, die eine Verletzung des Äquivalententausches ahnden.

In dieser Betrachtung des Erziehungsverhaltens von Lohnarbeiterfamilien ist ein Arbeiter unterstellt, der die Mystifikation der Lohnform nicht durchschaut, seinen Tausch von Arbeit gegen Lohn also für gerecht hält und nicht weiß, daß der Lohn lediglich ein Äquivalent für die Erhaltung seiner Arbeitskraft darstellt. Dieser Hinweis ist deshalb wichtig, weil bei Übernahme wesentlicher Erziehungsteile durch den Staat dieser die Anerkennung des Privateigentums bei den Kindern durchzusetzen sucht, dabei aber in Konflikt mit Berufserziehern geraten kann, die anders als die leiblichen Eltern die wirklichen Aneignungsverhältnisse den Kindern klarzumachen versuchen; sie können das mit weniger Angst vor dem daraus resultierenden Verhalten der Kinder betreiben, weil sie für sie nicht unterhaltspflichtig sind, wenn diese sich später nicht verkaufen können. Zweifellos zeigt sich hier eine brüchige Stelle im Herrschaftsgefüge der bürgerlichen Gesellschaft, an der sich nicht zufällig – mit dem sogenannten Radikalenerlaß – die zentrale politische Kontrolle durch den Staat gegenwärtig abspielt. Andererseits ist die Schwierigkeit des Staates, die Masse der Erzieher an der Entwicklung der Kinder überhaupt zu interessieren, ungleich größer; diese müssen – wie die Eltern – vorab am Lohn, nicht an den Kindern interessiert sein. Sie produzieren mit den Kindern ja keine Waren, von deren Erlös sie ihren Lebensunterhalt zu bestreiten haben. Insofern zeigt sich an der Verfolgung der sozialistischen Erzieher ein bisher ungelöstes Dilemma des Staates: Einerseits benötigt er Erzieher, die über ihr Lohninteresse hinaus für die Kinder engagiert sind, andererseits muß er gerade die sozialistischen Erzieher, die solches Engagement entfalten, verfolgen, während zugleich alte Formen, der Gleichgültigkeit der Lohnarbeiter gegenzusteuern – christliche Nächstenliebe und bürgerlicher Humanismus –, im Schwinden begriffen sind.

Wenn leibliche Intaktheit, gepaart mit Anerkennung des Privateigentums und Fabriktugenden, nicht mehr zum Verkauf der Arbeitskraft ausreicht, muß der Arbeiter mehr Einkommen für sich und die unterhaltsberechtigten Kinder aufbringen als zuvor, er muß also mehr Lohn verlangen, damit er Lehrer etc. bezahlen kann. Damit verschlechtert er seine Verkaufsbedingungen gegenüber jenen Konkurrenten, die keine oder weniger Kinder haben oder die ihre Kinder noch als Analphabeten auf den Arbeitsmarkt schicken können. Der Arbeiter gerät hier in einen Konflikt, den er vereinzelt nicht lösen kann; er muß – um die Gleichheit der Konkurrenzbedingungen, die für ihn lebenswichtig ist, zu wahren – wiederum an die gesonderte Instanz des Staates appellieren, allen Kindern gemeinsam die neue Qualifikation zu vermitteln. Der Kampf beträchtlicher Teile der Arbeiterschaft um die allgemeine Schulpflicht und ihre schließliche Aufherrschung durch den Staat für alle Kinder – also auch für jene, die, wie Bauernkinder usw., nicht unbedingt schreiben und lesen mußten – entsprechen also der Herstellung gleicher Konkurrenzbedingungen und nicht ausschließlich einem massenhaften Bedarf an neuen Qualifikationen. Der Bedarf muß real zwar vorhanden sein, aber nicht so zahlreich, wie er mit der allgemeinen Schulpflicht gedeckt wird. Wenn heute in der Bundesrepublik drei Millionen Ausländer ihre Arbeitskraft verkaufen können, ohne des Deutschen mächtig zu sein, so haben wir daran ein Beispiel, daß immer noch massenhaft Arbeit nachgefragt wird, die Jahrzehnte nach Einführung der Schulpflicht die dort vermittelten Qualifikationen nicht erfordert. Andererseits sind alle deutschen Arbeiter in vergleichbaren Positionen – bezogen auf ihre konkreten, inhaltsarmen Verrichtungen – überqualifiziert. Die aus der allgemeinen Pflichtschulbildung erwachsenden Fähigkeiten sind also viel umfassender als für den täglichen Arbeitsprozeß nötig.

Wichtig ist das Verhältnis der Schulpflicht zur elterlichen Erziehungspflicht, wie sie im Kindschaftsrecht und Strafgesetzbuch aufgeherrscht wird. Das mit der Schulpflicht herstellbare »Kindeswohl« wird gewahrt, vergleicht man die physische Deformation von Kindern, die nach dem 6. Lebensjahr arbeiten müssen, mit der Beschädigung von Kindern, die »erst« nach dem 14. Lebensjahr auf den Arbeitsmarkt müssen. Allerdings ist nicht ersichtlich, worin das in der juristischen Literatur ständig wiederkehrende Spannungsverhältnis zwischen Elternrecht und Kindeswohl bestehen soll. Hier wird dem Schein aufgesessen, daß die wesentliche Bestimmung des Familienrechts in der vom Staat garantierten »elterlichen Gewalt«, nicht aber in der vom Staat erzwungenen »elterlichen Erziehungspflicht« bestehe. Die Verbrämung einer harten Pflicht als »natürliches Recht« verfestigt sich zur falschen Gewißheit, daß jemand, der ein »natürliches Recht« besitzt, auch für seine Erhaltung kämpfen und staatliche Eingriffe im Interesse des »Kindeswohls« abwehren wird. Nur dann ist die theoretische Annahme einer unaufhebbaren Spannung zwischen Elternrecht und Kindeswohl konsequent. Sie war aber nur bei solchen Eltern vorhanden, die ein existentielles Interesse an ihren Kindern haben mußten, da diese in der Erwartung, die elterliche Eigentumsquelle zu erben, zu ihrer Erhaltung beizutragen bereit waren. Tatsächlich spielt sich vorrangig kein Kampf um die Verteidigung von Rechten, sondern um die Entlastung von Pflichten ab. Die lohnabhängigen, also die Mehrheit aller Eltern durchschauen immer mehr ihr »natürliches Recht« als möglichst zu vermeidende Pflicht. Das bestätigt die aus der Sozialisationsforschung berichtete Erkenntnis, daß Arbeitereltern einen deutlichen Unwillen gegen die Überwachung von Schularbeiten etc. zeigen und meinen, daß dafür ja die Lehrer aus ihren Steuern bezahlt werden. Diese Eltern merken, daß inzwischen der Staat mit ihnen Erziehungspflichten teilt, und hüten sich, ihm im Namen ihres »natürlichen Rechts« davon wieder etwas abspenstig zu machen.

Hinter der Rede vom Spannungsverhältnis verbirgt sich allerdings die Sorge, daß das für eine gelingende Erziehung notwendige Engagement für die Kinder dadurch schwindet, daß die Teilung der Erziehungspflicht zwischen Eltern und Staat schließlich in ein gegenseitiges Zuschieben der Verantwortung mündet und im Resultat ungenügend qualifizierte oder falsch beratene Arbeiter hervorbringt. Die sukzessive Grundrechtsmündigkeit – insbesondere bei der Ausbildungs- und Berufswahl –, die, dem »Kindeswohl« dienend, mit der Reform des Rechts der elterlichen Sorge eingeführt wird, ist als Versuch zu begreifen, dieser Gefahr realer Unzuständigkeit von Eltern und Staat zu entgehen, indem das Kind frühzeitig eigene Verantwortung für seine zureichende Ausbildung übertragen bekommt. Auch das »Kindeswohl«, dem durchaus gedient wird – etwa indem Kinder einen Beruf wählen können, der nicht schon in drei Jahren veraltet ist –, begründet in Wirklichkeit eine »Kindespflicht« genau in den Bereichen, in denen Elternpflicht und Staatspflicht unzureichend aufeinander bezogen sind. Daß in der realen Tendenz das Problem dennoch nur in eine veränderte Verteilung der Pflichten zwischen Eltern und Staat sich auflösen kann, zeigt sich schon im »unabhängigen Bildungsberater« des § 1626 Abs. 2 BGB-E, der bei der richtigen Berufsfindung des Kindes helfen soll und selbst vom Staat bereitgestellt wird.

Die dargestellte Entwicklung macht deutlich, daß der Staat die ohnehin hoffnungslose Installierung zusätzlicher individueller Erziehungspflichten gar nicht erst einleitet, um ein Anwachsen des kollektiv verausgabten variablen Kapitals zugunsten hoher privater Gewinnraten zu verhindern. Die leiblichen Eltern geraten deshalb zunehmend in die Lage, ihre Erziehung auf die Überwachung von Vorschriften zu beschränken, für deren Verletzung sie selbst zur Verantwortung gezogen werden. Ihre Elternpflicht konzentriert sich auf die quasipolizeiliche Kontrolle ihrer Kinder, wenn diese sich nicht in staatlichen Erziehungseinrichtungen aufhalten. Der stereotype Katalog von Ermahnungen zum Zwecke der Erfüllung dieser Aufsichtsfunktion hat denn auch in einer Vielzahl von Elternhäusern dazu geführt, daß »die meisten Jugendlichen ihre Eltern unerträglich [finden]. Und jeder [...], so schnell es nur geht, aus dem Elternhaus gehen [möchte]. Über 85 000 Minderjährige zogen daraus 1973 die Konsequenzen und zogen von zu Hause aus. Manche nur zeitweilig, andere aber auch für immer«.[15] Solche Erfahrungen belegen, wie schwer gegen das Desinteresse leiblicher Eltern und staatlicher Lohnerzieher eine von ökonomischem Kalkül unberührte Liebesbeziehung zur nachwachsenden Generation aufzubauen ist, ohne die ihre Entfaltung nicht gelingen kann.

3. Gezielte Anwendung und Modifizierung bestehender Gesetze auf die Lohnabhängigen

Alle Maßnahmen zur Gewährleistung von Nachwuchs, die – wie wir gezeigt haben – immer schon staatliche Bevölkerungspolitik enthielt, bekommen für die auf Erben nicht angewiesenen Lohnarbeiter den Charakter reiner Zwangsgesetze. Die Investitionen in ihre Kinder werden von diesen nicht amortisiert und auch von der Gesellschaft nicht rückerstattet, so daß sie wie jede Gratisleistung zu vermeiden gesucht werden. Solange es den Lohnarbeitern möglich war, die überlebenden »Kinder in einfache Handelsartikel und Arbeitsinstrumente«[16] zu verwandeln, das heißt, die Kinder, deren Unkosten im Arbeitslohn nicht enthalten waren, selbst durch Lohnarbeit, Bettel etc. sich reproduzieren zu lassen, blieb der Umfang ihrer Gratisarbeit gering. Das staatliche Verbot der Kinderarbeit sowie die strafrechtliche Verfolgung von Eltern, die ihre Kinder betteln oder stehlen ließen[17], hatten für die Arbeiter eine direkte Verschlechterung ihres Lebensniveaus zur Folge und mußten deswegen »als Zwangsgesetz [...] gegen die Arbeiter selbst«[18] durchgesetzt werden. Da aufgrund der Verbote der Kindestötung, Kindesaussetzung und Unterhaltspflichtverletzung[19] die Eltern nicht in der Lage waren, der Gratisarbeit zu entkommen und sie um den Preis der Verschlechterung ihres eigenen Unterhalts erledigen mußten, lag nichts näher, als durch Geburtenverhinderung den Unterhaltspflichten vorzubeugen. Von der »Unzuchts«-Ächtung geforderte außereheliche Enthaltsamkeit und

15 H. Wütig, a.a.O.
16 Marx/Engels, a.a.O., *MEW* 3, S. 468.
17 S. etwa § 361 StGB.
18 Marx, *MEW* 32, S. 541.
19 S. §§ 217, 221, 223b, 170b StGB.

seine Hilflosigkeit im Umgang mit für pervers gehaltenen – in einigen Ländern obendrein verfolgten – Sexualpraktiken, die eine Befruchtung ausschließen, verwiesen den Lohnarbeiter auf Abtreibung und leicht handhabbare Verhütungsmittel.

a) Abtreibung

Das staatliche Abtreibungsverbot, das historisch über privates Interesse hinausgehende Mutterschaften von Bürgerfrauen und nicht verheiratetem Gesinde erzwang, wird in der Tat zum schärfsten Mittel gegen die Versuche von Lohnabhängigen, ins Elend führende Fortpflanzung zu verhindern. Nach Überwindung einer Politik, die sich von der überdurchschnittlichen Vermehrung der Arbeiter den Sieg des Sozialismus erwartete, haben die Arbeiterparteien deshalb den Kampf gegen das Abtreibungsverbot aufgenommen. Das einzige Ergebnis dieses Kampfes war, trotz der Revolution von 1918 und der erheblichen parlamentarischen Stärke dieser Parteien in der Weimarer Republik, lediglich ein Gesetzesentwurf, der das Abtreibungsverbot zwar beibehielt, aber unter mildere Strafe stellen wollte.

Die vielfach erhobene politische Forderung nach völliger Straffreiheit wurde zurückgewiesen.[20] Einzig die ärztlich gebotene, ohnehin nur von der katholischen Kirche abgelehnte Schwangerschaftsunterbrechung sollte straffrei bleiben; die soziale Indikation wurde ausgeschlossen. Allerdings sollte die besonders in von Arbeiterparteien regierten Großstädten lax gehandhabte Strafverfolgung von zunehmend öffentlich angebotenen Abtreibungsmöglichkeiten durch zusätzliche Bestimmungen wieder unterbunden werden.[21] Dieser Entwurf von 1927 ist freilich über das Beratungsstadium nicht hinausgekommen. Im Mai 1933 erhoben dann die Nationalsozialisten die strafverschärfenden Teile des Entwurfs zum Gesetz. Gleichzeitig wurde die gesetzes-systematische Einordnung des Abtreibungsverbots geändert und in seiner Funktion rein herausgestellt: »Das geltende StGB behandelt die Abtreibung in dem Abschnitt ›Verbrechen wider das

20 S. § 253 StGB-E von 1927 und Begründung, RT-DS, Bd. 415, Nr. 3390.
21 §§ 255 f. StGB-E mit Begründung, a.a.O.

Leben‹. Der Nationalsozialismus sieht in ihr in erster Linie einen Angriff auf die Fortpflanzungskraft des Volkes, also gegen die Volkskraft.«[22] Den Plan, dem Strafgesetzbuch einen gesonderten Abschnitt über den Schutz der »Fortpflanzungskraft« einzufügen, um deutlich zu machen, »daß die Fortpflanzungskraft, vor allem aber der Fortpflanzungswille, gerade ein charakterisierender Bestandteil der geistigen Haltung des Volkes sei«[23], haben die Nationalsozialisten nicht mehr verwirklicht. Begründet wurde er mit der »biologische[n] Unterbilanz unseres Volkes«[24], die folgendermaßen veranschaulicht wurde:

»Im Deutschen Reich wurden lebend geboren:

im Jahre 1901	2 032 000 Kinder
im Jahre 1933 nur noch	957 000 Kinder.

Es ist dies weniger als die Hälfte, obgleich wir um die Jahrhundertwende nicht 65 Millionen, sondern weniger als heute, nämlich 57 Millionen Einwohner hatten. Während wir also um 1900 noch 37 Geburten auf das Tausend der Bevölkerung zählten, sind es 1933 nur noch 14,7 auf das Tausend.«[25] »Unser Ziel im öffentlichen Gesundheitsdienst muß also auch in Zukunft heißen: ›Erhaltung des Volksbestandes, wozu eine dauernde jährliche Geburtenzahl von 1,4 Millionen Geburten notwendig ist, wenn das deutsche Volk nicht willenlos sterben soll, wie einst andere Kulturvölker vor uns untergegangen sind.«[26] Die seit dem Ende des 19. Jahrhunderts rückläufigen Geburtenraten wurden tautologisch damit erklärt, daß »es sich in der Hauptsache um eine Geburtenbeschränkung, eine Kleinhaltung der Familie durch mangelnden Familiensinn, der sich in der Unlust zur Heirat und, wenn es zur Ehe kommt, in mangelndem Willen zum Kinde bei Mann und Frau äußert. Die Ursache liegt also im wesentlichen in der geistigen Einstellung der Männer und Frauen. Dabei war diese Einstellung einerseits begründet in einer rein individualistischen Lebensauffassung, andererseits aber auch in der niederdrückenden Hoffnungslosigkeit der deutschen

22 Vgl. von Hinüber, a.a.O., S. 16.

23 R. Freisler, a.a.O., 1935, S. 25.

24 Gütt u. a., S. 1.

25 A.a.O., S. 1 f.

26 A.a.O., S. 3 f.

Lage vor der nationalsozialistischen Revolution. Es ist gewiß nicht richtig, die Ursache in wirtschaftlichen Gründen allein zu sehen; denn die Geburtenbeschränkung ist mehr oder weniger in allen Schichten der Bevölkerung bemerkbar, sowohl in der Stadt wie auf dem Lande, in evangelischen und katholischen Familien, wenn sie auch z. Zt. auf dem Lande noch nicht so ausgesprochen ist wie in der Stadt.«[27] Daß diese »geistige Gesinnung« in der Verallgemeinerung der Lohnarbeit, die ja ebenfalls in allen Schichten und unabhängig von der Konfession, unter den Bauern allerdings geringer, zunahm, ihre materielle Basis haben könnte, wurde im Kommentar zum *Blutschutz- und Ehegesundheitsgesetz* nicht zur Kenntnis genommen.

Derlei Überlegungen entsprangen die rastlosen Bemühungen zur Verhinderung der Abtreibung, die in der 1943 mit Gesetzeskraft erlassenen und ins Strafgesetzbuch integrierten Bestimmung gipfeln, daß auf Todesstrafe zu erkennen sei, wenn der Abtreibende »die Lebenskraft des Deutschen Volkes fortgesetzt beeinträchtigt«.[28] In der Kommentierung dieses Absatzes heißt es, daß die Lebenskraft beeinträchtigt wird, »wenn die Erwartung berechtigt war, daß die Schwangerschaft zur Geburt eines gesunden Kindes führen würde«.[29]

Auch unter den CDU/CSU-Regierungen der Nachkriegszeit wurde die Abtreibungsbestrafung aufrechterhalten. Und noch das erst nach langen Kontroversen von der sozial-liberalen Koalition durchgesetzte Liberalisierungsgesetz – als Ausdruck des Verzichts, Fortpflanzung und Gratiserziehung strafrechtlich zu erzwingen – wird von der CDU als verfassungswidrig u. a. deswegen befehdet, weil die Familie – also die Fortpflanzung von Eheleuten – durch die Abtreibungsverfolgung staatlich zu schützen sei.[30] Wenn die CDU immer wieder hervorhebt, mit den nationalsozialistischen bevölkerungspolitischen Maßnahmen nichts gemein zu haben[31], so ist das als historisch

27 A.a.O., S. 2.

28 § 218 Abs. 3 StGB von 1943.

29 Schönke, a.a.O., 1944, § 218 Anm. IX, 3.

30 S. die Antragsbegründung des Verfahrens der CDU/CSU-Abgeordneten des Bundestages vom Juli 1974 gegen das 5. Strafrechtsreformgesetz vom 18. 6. 1974, insbesondere S. 57 ff.

31 S. etwa a.a.O., S. 2.

unbewiesene Beteuerung anzusehen, die auch anderen – noch zu erörternden – bevölkerungspolitischen Maßnahmen der CDU/CSU widerspricht.

b) Schwangerschaftsverhütungsmittel

Den erfolglosen Kampf der Lohnarbeiterorganisationen gegen das staatliche Abtreibungsverbot begleiteten Aufklärungskampagnen über Empfängnisverhütung. Die technischen Voraussetzungen zur Massenproduktion relativ sicherer Präservative waren seit 1844 mit der Vulkanisierung des Kautschuks durch Goodyear und Hancock erfüllt.[32] Dennoch sollte ihre weite Verbreitung und allgemeine, »demokratisierte Anwendung«[33] noch lange auf sich warten lassen. Eine vom Kapitalismus gezeichnete Arbeiterschaft, deren »Fehler [...] sich überhaupt alle auf Zügellosigkeit der Genußsucht, Mangel an Vorhersicht und Fügsamkeit in die soziale Ordnung, überhaupt auf die Unfähigkeit, den augenblicklichen Genuß dem entfernteren Vorteil aufzuopfern, zurückführen«[34] lassen, beschränkte sich, aller anderen Möglichkeiten beraubt, »toll und blind« auf »die Zügellosigkeit des geschlechtlichen Verkehrs«[35] und nahm dabei Fortpflanzung schicksalhaft in Kauf. Die erste für Arbeiter verfaßte sozialdemokratische Verhütungsaufklärungsschrift in Deutschland wendet sich denn auch vorrangig gegen Geschlechtsverkehr nach zu »reichlichem Alkoholgenuß«[36] und rät eindringlich, die »Unwissenheit in Geschlechtsangelegenheiten«[37] zu überwinden.

Als die Flugschrift erschien, hatte der Staat allerdings bereits durch Änderung des Strafgesetzbuches von 1900 der Verbreitung von Verhütungsmitteln einen Riegel vorgeschoben. Um dem »Anstoß« abzuhelfen, »daß Gegenstände, z. B. sogenannte Preservativs und dergleichen, an Orten, die dem

32 S. dazu und zur Geschichte der Verhütungsmethoden überhaupt: C. Tietze, a.a.O., N. E. Himes, a.a.O.

33 Himes, a.a.O., S. 422.

34 F. Engels, *MEW* 2, S. 355; s. weitere entsprechende Nachweise bei Th. Meyer, a.a.O., insbesondere S. 131-145.

35 Engels, a.a.O., S. 355.

36 W. Leißner, a.a.O., S. 3.

37 A.a.O., S. 3.

Publikum zugänglich sind, ausgestellt oder in Zeitungen angekündigt werden«[38], wurde bestraft, wer »Gegenstände, die zu unzüchtigem Gebrauch bestimmt sind, an Orten, welche dem Publikum zugänglich sind, ausstellt oder solche Gegenstände dem Publikum ankündigt oder anpreist«.[39] Liberale Interpretationsversuche, die Verhütungsmittel aus dem Geltungsbereich dieser Vorschrift auszunehmen[40], konnten sich nicht gegen die eindeutige Rechtsprechung des Reichsgerichts[41] durchsetzen. Weder die »Wissenschaftlichkeit der Darstellung des Zwecks, der Wirkungen, der Gebrauchsart der Schutzmittel« noch der ausdrücklich »erwähnte Umstand, daß die Schutzmittel in dezenter, einwandfreier Weise geschildert sind und jede Spur von Pikanterie, Sinnenkitzel und laszivem Ton vermieden ist«[42], vermochten die staatliche Strafverfolgung zu verhindern. Um die Strafbarkeit gegen alle liberalen Interpretationen der noch offen formulierten Norm abzudichten, sollte nach § 302 des Strafgesetzbuch-Entwurfs von 1927 ausdrücklich die Ankündigung von Gegenständen oder »Verfahren, die [...] zur Verhütung der Empfängnis dienen«, bestraft werden. Ohne daß dieser Änderungsvorschlag je Gesetz geworden wäre[43], blieb die Strafbarkeit des Anbietens von Verhütungsmitteln bis 1970 erhalten, als der Bundesgerichtshof[44] die Interpretation des Reichsgerichts[45] und seine eigene, unveränderte Rechtsprechung[46] aufgab. Während der Bundesgerichtshof deutlich machte, daß er Gummischutzmittel – wenn auch widerwillig – zu dulden bereit sei[47], versuchte er gleichwohl, ihre Zugänglichkeit – nicht nur über das Hochsetzen des Automatengeldeinwurfschlitzes[48] – einzuschränken. Er rechnete auf die anerzogene sexuelle Prüde-

38 RT-DS 1898, Anlage Nr. 112, S. 991.

39 § 184 Abs. 1 Satz 3 i. d. F. v. 25. 6. 1900.

40 S. z. B. R. Frank, a.a.O., § 184 Anm. II.

41 RGSt 34, 365 (1901); 36, 312 (1903); 37, 142 (1904).

42 RGSt 37, S. 143 f.

43 Vgl. auch § 221 StGB-E von 1962, eingebracht von der CDU/CSU-Regierung.

44 BGH JZ 1970, 423.

45 Für die NS-Zeit s. Schönke, a.a.O., 1944, § 184, Anm. IV, 1.

46 BGHSt 13, 16 (1959); 15, 361 (1961); 17, 309 (1962); vgl. auch Schönke-Schröder, a.a.O., 1961, § 184 Anm. IV, 1.

47 BGGSt 13, S. 18.

48 A.a.O., S. 20.

rie breiter Bevölkerungskreise, wenn er ausführte: »Eindeutig geschlechtsbezogene Dinge [Präservative – d. V.] verlieren dadurch das Schamhafte und Peinliche, das ihnen besonders dann anhaftet, wenn sie [...] zu nicht naturgemäßem Geschlechtsverkehr bestimmt sind.«[49] Die Infektionsschutzwirkung vor Geschlechtskrankheiten, die historisch den Erfindergeist zur Entwicklung des Präservativs beflügelte[50], war der Grund für die widerwillige Hinnahme von Gummischutzmitteln durch den Bundesgerichtshof, widerwillig deshalb, »weil [...] diesen Mitteln unabänderlich anhaftet, daß sie ebenso zur Unzucht mißbraucht werden wie berechtigten oder doch geduldeten Anliegen dienen können«.[51] Dieser Satz kennzeichnet das grundlegende Dilemma staatlichen Gewährens von Verhütungsmitteln. Sind sie zugelassen, um begrenzte Ziele – wie Infektionsschutz und Vermeidung von Überbevölkerung – zu erreichen, so muß ihr »Mißbrauch« über diese Ziele hinaus zu vollständiger Empfängnisverhütung in Kauf genommen werden, da die staatliche Kontrolle der Verwendung jedes einzelnen Präservativs unmöglich ist.

Neben die strafrechtliche Verfolgung der öffentlichen Zugänglichkeit von Verhütungsmitteln stellte erstmalig eine CDU/CSU-Regierung im Jahre 1961 das gewerbepolizeiliche Verbot, Präservative in jedermann zugänglichen Außenautomaten feilzubieten.[52] Von den Automaten befürchtete man, daß sie »das Peinliche des Vorgangs«, »Präservative [...] unter vier Augen« erwerben zu müssen, als Mittel sozialer Kontrolle hinfällig machen und zu umgreifender Schwangerschaftsverhütung anreizen würden.[53] Erst 1973 wurde die Bestimmung wieder aufgehoben. Auch der Zugang zu Ovulationshemmern (»Pille«), deren massenhafte Herstellung noch einmal die Verhütungstechnik revolutionierte, ist durch ihre Rezeptpflichtigkeit (§§ 1 i. V. m. 35 Arzneimittelgesetz) erschwert.

49 A.a.O., S. 19.

50 1564 durch den Italiener Fallopio – s. Himes, a.a.O., S. 186 ff.

51 A.a.O., S. 18.

52 § 41a GewO; zur Verfassungsmäßigkeit dieser Bestimmung vgl. Bundesverwaltungsgericht JZ 1965, S. 494.

53 BGHSt 13, 18.

Die Verbote der Abtreibung, der Ankündigung sowie des Verkaufs von Verhütungsmitteln sind als abstrakte, alle Staatsbürger gleich treffende Normen gefaßt. Sie haben historisch jedoch beinahe ausschließlich diejenigen getroffen, die aufgrund fehlender Bildung, finanzieller Mittel und mangelnder Raffinesse außerstande waren, die bestehenden Strafgesetze so zu umgehen, wie es Gebildeten stets leicht möglich war. Dies gilt in gleicher Weise für den Zugang zu Rezepten und damit Ovulationshemmern.

Die Kombination der Zugänglichkeit von Verhütungsmitteln mit ihrem öffentlichen Anbietungsverbot führt dazu, daß die auf Nachwuchs Angewiesenen diesen nun planen können, während die darauf nicht angewiesenen und zugleich uninformierten Lohnarbeiter von den Verhütungsmitteln weit weniger Gebrauch zu machen imstande sind und so zur Gattungsreproduktion weiterhin beitragen. Allein den gebildeten Lohnarbeitern war der Zugang zu Verhütungsmitteln nicht mehr zu verstellen; bereits 1939 hatten die freien Angestellten die wenigsten Kinder, und etwa 1962, als die Verhütungsfähigkeit insgesamt zugenommen hatte, kamen auf 1000 Ehen bei Arbeitern 1762, bei Angestellten aber nur 1500 Kinder.[54]

Je mehr unter der kapitalistischen Entwicklung das allgemeine Bildungsniveau auch der Lohnarbeiter angehoben wird, desto entschiedener greifen sie nach den Verhütungsmitteln. Ähnliches gilt für die Abtreibung, die zwar nicht erlaubt, aber bei entsprechender Finanzkraft und Findigkeit stets leicht zugänglich war.

54 S. BT-DS V/2532 v. 25. 1. 1968 – Familienbericht, S. 41; s. auch G. Mackenroth, S. 277 ff. Vgl. auch *WiSta* 9/74, S. 633.

4. Neueingeführte Bestimmungen zum Gebärzwang für Lohnabhängige

Nachdem der Strafgesetzbuchentwurf von 1927 zum ersten Mal eine Gruppe von Vorschriften systematisch unter dem Titel der »Verbrechen und Vergehen gegen Ehe und Familie« zusammenfaßte, führten die Nationalsozialisten in der »Verordnung zum Schutze von Ehe, Familie und Mutterschaft«[55] diesen Gedanken aus. Unter dem XII. Abschnitt sind dort gesetzliche Bestimmungen zusammengefaßt, die den Schutz der Schwangeren, der Mutter, des Kindes, der Familie und des Familienvermögens[56] ausdrücklich benennen. Damit wird die Forderung realisiert, daß die Ehe »dem einen größeren Ziele der Vermehrung und Erhaltung der Art und Rasse dienen«[57] soll, und zum ersten Male die Familie als rein politische, das heißt mit staatlichen Machtmitteln geschöpfte Institution konzipiert, um dem Desinteresse der Lohnarbeiter an familialer Fortpflanzung allgemein begegnen zu können.

5. Familienpropaganda

Zu dem staatlichen Vorhaben, jenseits des Lohnarbeiterinteresses die – patriarchalischen Eigentümerverhältnissen zugehörige – Familienform mit den Grundfiguren Vater, Mutter, Bruder, Schwester zu erhalten, muß sich eine staatliche Propagierung des »Familiengedankens« gesellen, da das naturwüchsige Interesse an Familie mit ihrer ökonomischen Basis schwindet und – ungehindert – den rechtlichen Überbau mit sich fortreißen würde. Statt der bereitwilligen Unterstellung von Produktionsmitteleigentümern unter das Familienrecht wird nun »Sinnziel [staatlicher Politik – d. V.] die durch die gesellschaftlichen und wirtschaftlichen Strukturen möglichst wenig beeinträchtigte Entfaltung der eigenständigen, optimal funktionsfähigen Familie«.[58]

55 RGBl., 1943 I, S. 140.
56 §§ 170a-170d StGB.
57 A. Hitler, a.a.O., S. 275.
58 Vgl. . Wingen, a.a.O., S. 65.

Ist der allmähliche Beginn politischer Bemühung um eine künstliche, das heißt ihrer materiellen Basis beraubten, Familie mit der allmählichen Verallgemeinerung der Lohnarbeit gegeben, so läutet die Erkenntnis, daß mit Familienpolitik die Reproduktion der Gattung nicht mehr sichergestellt ist, das Ende der rein familienorientierten Bevölkerungspolitik ein. Dabei verlaufen beide Entwicklungen keineswegs geradlinig; vielfache Vorstöße werden durch ebenso viele Reaktionen zeitweilig aufgefangen. Noch 1962 begründet die CDU/CSU-Regierung die Beibehaltung der 1969 abgeschafften Ehebruchsbestrafung damit, daß »zumal in einer Zeit, in der sich vielfach eine Lockerung der Auffassungen über die Beziehungen der Geschlechter zueinander bemerkbar macht, ein Abbau des strafrechtlichen Schutzes in weiten Kreisen des Volkes nicht verstanden und von anderen Kreisen dahin mißverstanden werden, *daß der Staat der Ehe nicht mehr dasselbe Gewicht beimißt wie bisher*«.[59]

Ihre erste Blütezeit erlebte die offen bevölkerungspolitisch motivierte Familienpolitik unter der NSDAP-Regierung. Deren Bevölkerungspolitik hatte also keineswegs – wie einige sich von der »unseligen Hitlerzeit« (Wuermeling) verbal distanzierende Autoren behaupten – eine antifamiliale Richtung; im Gegenteil, sie hat, um »Angriffe auf Ehe und Familie«[60] abzuwenden, die bis heute beispielhaften Strafbestimmungen für den Schutz von »Personenstand, die Ehe und die Familie« geschaffen. Die verbreitete Auffassung von der Familie als der »Keimzelle des Volkes« wird erst durch die NS-Literatur zur gängigen Formel.[61]

Wie in der Vor- und Nach-NS-Literatur wird das Elternhaus als Hauptsozialisationsinstanz verstanden[62] und die gesetzgeberische Aktivität auf die Konstituierung von Elternhäusern konzentriert. Eine kinderlose Ehe gilt wie heute als »unvollständige Familie« (R. König): »Die ›Josephsehe‹ des Allgemeinen Landrechts ist uns eine Unterstützungsgemeinschaft,

59 Begründung zu § 193 StGB-E von 1962.

60 R. Freisler, a.a.O., 1935, S. 25.

61 S. etwa Freisler, a.a.O., 1937, S. 4; von Hinüber, a.a.O., S. 20; Palandt, a.a.O., Überblick 1 vor § 1297; Gütt u. a., a.a.O., S. V.

62 Freisler, a.a.O., 1937, S. 4.

aber keine Ehe im völkischen Sinne.«[63] »Soll also die Eheschließung dem Interesse der Volksgemeinschaft entsprechen, so ist [...] zu verlangen, daß aus der Ehe überhaupt Nachwuchs hervorgehen kann.«[64]

Die materiell bedeutsamste Maßnahme zur Vermehrung des Familiennachwuchses stellte das *Gesetz zur Verminderung der Arbeitslosigkeit vom 1. Juni 1933*[65] dar, das Eheschließungen durch Darlehen begünstigte, wenn »die künftige Ehefrau ihre Tätigkeit als Arbeitnehmerin spätestens im Zeitpunkt der Eheschließung aufgibt« (Abschnitt V, § 1, Abs. 1, b) und »sich verpflichtet, eine Tätigkeit als Arbeitnehmerin so lange nicht wieder aufzunehmen, als der künftige Ehemann Einkünfte von mehr als 125 Reichsmark monatlich bezieht und das Ehestandsdarlehen nicht restlos getilgt ist« (V, § 1, Abs. 1, c).

Auffallend ist der Versuch, die vom Kapitalismus bereits weit vorangetriebene Freisetzung der Frau zur Lohnarbeiterin – und nur an diese wendet sich das Gesetz – ans Geldinteresse anknüpfend wieder rückgängig zu machen und die Frau erneut an Haus und Mutterschaft zu binden. Da aber das geringe Darlehen (maximal 1000 M) und der Tilgungserlaß bei der Geburt von Kindern[66] den Verlust der ökonomischen Basis der Familie nicht kompensieren können, muß für die Herausbildung der naturwüchsig nicht mehr anerzogenen Mütterlichkeit und Weiblichkeit staatliche Propaganda einsetzen, die in Muttertag und Mutterkreuz ihren sinnfälligen Ausdruck fand. Zwischen 1933 und 1937 wurden 700 000 Ehestandsdarlehen verteilt, aus den »Darlehensehen«[67] gingen bis zu diesem Zeitpunkt 500 000 Kinder hervor.[68] – Insgesamt haben diese Maßnahmen jedoch das Ehe- und Familiengründungsverhalten der Deutschen nicht wesentlich verändert, da der Lohn in der nach wie vor kapitalistischen Produktion immer noch »nach dem Einzelgänger oder dem kinderlosen Ehepaar«[69] bemessen war. Diese Bestimmung des Indivi-

63 Freisler, a.a.O., S. 3.
64 Gütt u. a., a.a.O., S. 9.
65 RGBl. I, S. 326, abgedruckt auch in: S. Boschan, a.a.O., S. 273 ff.
66 Vgl. H. Schubert, a.a.O., S. 231.
67 Schubert, a.a.O.
68 Schubert, a.a.O., S. 231.
69 Schubert, a.a.O., S. 231.

…s – einzig der Reproduktion seines Beziehers zu die- …r hier als eigentliche Quelle des Bevölkerungsrückgangs erkannt. Allerdings bedeutete der – niemals realisierte – Vorschlag, einen totalen Ausgleich, das heißt eine vollständige Angleichung zwischen dem Lohn Lediger und dem verheirateter Familienväter[70] staatlich einzuführen, einen Rückfall hinter diese Einsicht, da ihr zufolge ja der Ledige bei Unterhalt seiner selbst keinen Überschuß mehr hat.

Auch im Familienrecht von 1938 findet die unermüdliche Suche nach Maßnahmen zur Nachwuchsgewinnung ihren Niederschlag, wenn die weiterhin prinzipiell unauflösliche Ehe bei Verweigerung der Fortpflanzung (§ 47 EheG) oder bei Unfruchtbarkeit (§ 53 EheG) eines Ehegatten geschieden werden konnte. Als Fortpflanzungsverweigerung galt bereits der Vollzug des Beischlafs unter »Benutzung empfängnisverhütender Mittel [...], in der Form des coitus interruptus [oder] in perverser, eine Fortpflanzung ausschließender Weise«.[71] Die Ehescheidungsmöglichkeit bei Unfruchtbarkeit wurde folgendermaßen begründet: »Für die nationalsozialistische Weltanschauung ist die Erziehung gesunder Kinder das höchste Ziel und die letzte Erfüllung der Ehe. Sie entzieht dem, dem es versagt bleibt, dem Unsterblichkeitswollen seines Volkes zu dienen, nicht seine Teilnahme, verlangt aber von ihm, daß er, wenn sein erbgesunder und fortpflanzungsfähiger Ehegatte es wünscht, sein persönliches Glück seinem Volke opfert.«[72] – Da Ehescheidungen jedoch der Initiative eines Ehepartners bedürfen, ist das Gewähren der Scheidung, für sich genommen, ein hilfloses Instrument, wenn nicht zusätzlicher Druck auf alle Ehen ausgeübt wird, Kinder zu bekommen. Die theoretische Möglichkeit, dem Staat ein Antragsrecht auf Ehescheidung bei kinderlosen Ehen zuzugestehen, wurde allerdings selbst von NS-Führern vehement zurückgewiesen. Ihre »Verwirklichung würde nur das erreichen, was [...] unter allen Umständen vermieden werden muß: Aus Deutschland ein Gestüt zu machen.«[73] Der Druck

70 Schubert, a.a.O., S. 231.

71 E. Volkmar, H. Antoni, E. L. Rexroth, H. G. Ficker, H. Anz, a.a.O., § 48 Anm. 2a.

72 A.a.O., § 53 Anm. 1.

73 Freisler, a.a.O., 1937, S. 140.

wurde denn auch mehr indirekt und propagandistisch ausgeübt. Ihm diente nicht nur das Verbot der »Schmähung von Ehe und Mutterschaft«[74], sondern auch eine intensive Ermahnung, die von harmlosen »10 Geboten für die Gattenwahl« (10. »Du sollst Dir möglichst viele Kinder wünschen!«) bis zu persönlicher Nötigung sich ausweiten konnte. Beispielhaft für letzteres waren folgende Ausführungen des *Schwarzen Korps:* »Wenn ein Ehepaar aus Verantwortungslosigkeit und Bequemlichkeit kinderlos bleibt, so können wir seine persönlichen Werte danach einschätzen und bedauernd von seiner Pflichtvergessenheit Kenntnis nehmen. Hier aber liegt die Grenze. Ganz bedauernswert wäre das Kind, das nicht freiwillig in die Welt gesetzt würde. [...] Es geht wirklich nicht an, daß ein Vorgesetzter seine Untergebenen öffentlich, gewissermaßen vor versammelter Mannschaft, zum Kindersegen mahnt wie einen säumigen Schuldner und auf den Einwand, die Ehe sei nicht durch eigenes Verschulden unfruchtbar, erwidert: Dann müssen sie sich eben scheiden lassen! Oder: Dann müssen sie eben ein fremdes Kind adoptieren! Gewiß ermöglicht der Staat heute die Scheidung einer unfruchtbaren Ehe: Aber dies ist ein Kann und kein Muß. Gewiß ist es begrüßenswert, wenn kinderlose Ehegatten ein fremdes Kind annehmen. Aber auch dies ist nur ein Kann, und es wäre traurig um ein Kind bestellt, das durch eine Muß-Adoption zu nicht freiwillig liebenden Pflegeeltern kommt. Man kann mit einem Ehegatten, der unter der Unfruchtbarkeit des anderen Partners leidet, behutsam unter vier Augen sprechen und ihm die Möglichkeit darlegen, die für ihn offenstehen. Vielleicht kennt er sie nicht, vielleicht ist seine Liebe längst erkaltet, vielleicht kann er ein neues, glücklicheres Leben beginnen, wenn man ihm eine sittliche Stütze leiht. Aber die Behutsamkeit ist die erste Vorbedingung eines solchen Beginnens«[75].

An diesem Zitat wird das Dilemma deutlich, in dem eine Politik steht, die Nachwuchs von Personen erlangen will, die diesen selbst nicht benötigen. Denn nicht der Nachwuchs an sich ›deckt schon den Bedarf‹, sondern erst ein qualitätsgerecht aufgezogener. Daß solche Aufzucht nicht gelingen kann,

74 Von Hinüber, a.a.O., S. 20.
75 Zitiert nach R. Freisler, a.a.O., 1937, S. 140.

wo das Kind überflüssig und abgelehnt ist, war auch für die NSDAP-Regierung eine Tatsache.

Auch die christlich-demokratische Politik der Nachkriegszeit ging davon aus, daß die Forderung nach einem »Familienlohn« unter kapitalistischen Verhältnissen nicht erfüllt werden kann. Diesen gibt es »nur in einer im wesentlichen stationären Gesellschaft und Wirtschaft; unter Verhältnissen wie denen unserer völlig dynamisierten Gesellschaft und Wirtschaft fehlt es an einem solchen Maßstab und ermangelt die Forderung des absoluten Familienlohns daher der erforderlichen Bestimmtheit und greift damit ins Leere«.[76] Deshalb kann nicht von einer Verpflichtung der Arbeitnehmer ausgegangen werden, »zu sparen und damit von sich aus eine wirtschaftliche Grundlage für die eigene spätere Familiengründung zu schaffen«.[77] Die CDU/CSU hatte sehr wohl ein Bewußtsein davon, daß der Familiengedanke schwindet, wenn nicht der Verlust seiner ökonomischen Basis kompensiert wird durch seine staatliche Propagierung gegenüber den Lohnarbeitern, die keine Veranlassung haben, andere Menschen, etwa eine Frau und Kinder, zu versorgen. – Damit also die Familie und die ihr zugewiesene Sozialisationskraft nach dem Verlust ihrer ökonomischen Basis nicht einfach der Vergessenheit anheimfallen, bedarf es »einer bewußten Erziehung der Jugend zu Ehe und Familie«.[78] Diese Forderung ist in den *Richtlinien für die Sexualerziehung in den Schulen des Landes Nordrhein-Westfalen vom 3.5.1974*[79] verwirklicht; der sozialdemokratische Kultusminister verordnet, den Schüler zu belehren, daß seine Freiheit für »sittliche Entscheidungen [...] vor der Familie« ihre Grenze hat. »Aus diesem Grunde muß die Sexualerziehung das Verständnis für die menschliche und soziale Bedeutung der Partnerschaft in Ehe und Familie vermitteln und das Verantwortungsbewußtsein entwickeln und stärken, das eine Herabsetzung und Mißachtung [...] des Partners [...] ausschließt.«[80] Derlei Formeln

76 O. v. Nell-Breuning, a.a.O., S. 176, bei Wingen, a.a.O., S. 78; vgl. auch die wiederholten Äußerungen des CDU-Familienministers F. J. Wuermeling, bei Haensch, a.a.O., S. 77 ff.

77 Wingen, a.a.O., S. 77

78 Wingen, a.a.O., S. 77

79 RdErl. vom 3. 5. 1974 – II A 2.32-50/1 Nr. 1450/74.

80 A.a.O., S. 2.

werden indes das Problem familialer Gattungsreproduktion nicht aus der Welt schaffen, vielmehr das unbegriffene Leiden der Kinder am zerfallenden Familienleben nur vertiefen und deshalb schließlich zu einer anderen Vorstellung von Fortpflanzung und Aufzucht nötigen.[81]

Mit Nachdruck sollte die Wertschätzung der Familie in der Öffentlichkeit gefördert werden, da »die *Kinderreichen* weithin kaum die ihrer gesellschaftlichen Bedeutung entsprechende hohe Einschätzung [erfahren]. Vielmehr finden sich zahlreiche Anzeichen für eine der kinderreichen Familie wenig günstigen Einstellung in vielen Lebensbereichen. Gerade diesen Familien gegenüber, die bei den gegenwärtigen Kinderhäufigkeiten in den Ehen die Bestandserhaltung des Volkes erst sichern, mangelt es häufig an der erforderlichen Achtung, wie [...] die nicht selten zu beobachtenden Fälle der förmlichen Verunglimpfung des kinderreichen Familienvaters an seinem Arbeitsplatz im Betrieb zeigen.«[82] War noch die auch formal gleichgeschaltete NS-Presse gehalten, den Gedanken an kinderreiche Familien wachzuhalten und vor Schmähung zu schützen, so wurde nun erwogen, solchen Presseorganen, in denen »Kinderreichtum direkt oder indirekt herabgemindert wird«[83], den Schutz der Pressefreiheit zu entziehen, da eine »Demokratie, die meint, einem Schrifttum, das die Grundordnungen der Familie verhöhnt und die Jugend verführt, gleiche Rechte und Freiheiten einräumen zu müssen wie den familienformenden Kräften, [...] sich selbst das Grab [gräbt]«.[84] – Ging noch der Sozialdemokrat August Bebel davon aus, daß »der Trieb, die Gattung fortzupflanzen, der potenzierteste Ausdruck des ›Willens zum Leben‹ [und] dieser [...] jedem normal entwickelten Menschen tief eingepflanzt« sei[85], und beschwor noch der Nationalsozialist Roland Freisler das »Sehnen auf das Natürliche, die Vollendung im Kinde«[86], so setzte der christdemokratische Bundeskanzler Konrad Adenauer nicht mehr auf einen natürlichen

81 Ein Beispiel, wie der Zufall der Familie zum Lerngegenstand gemacht werden kann, gibt J. Roitsch, a.a.O.

82 Wingen, a.a.O., S. 40 f.

83 Wingen, a.a.O., S. 161.

84 B. Häring, a.a.O., S. 470.

85 A.a.O., S. 126.

86 A.a.O., S. 23.

Kindswunsch, wenn er die »Stärkung des Willens zum Kind« in der Regierungserklärung von 1953[87] zur politischen Aufgabe erklärte. Obschon CDU-Politiker sich in ihrer Familienpropaganda auffallend häufig gegen – teilweise allerdings wortidentische – Vergleiche mit den »bevölkerungspolitischen Maßnahmen der unseligen Hitlerzeit«[88] verwahren, widerspricht das ihrem eigenen politischen Programm. Allerdings war ihre Geburtenpolitik rein familienorientiert, was in der Ächtung unehelicher Mutterschaft[89] ebenso zum Ausdruck kam wie in der Scheidungserschwerung, die 1961 mit der Novellierung des § 48 EheG eingeführt wurde. Indes: gerade die Beibehaltung der Scheidungsmöglichkeit bei Verweigerung der Nachkommenschaft und behebbarer Zeugungs- bzw. Gebärunfähigkeit, die zwar als anstößige Bestimmungen der NS-Zeit aus dem EheG entfernt worden waren, aber über die Interpretation des § 43 EheG als schwere Eheverfehlungen fortgelten[90], zeigen, daß die Ehe nicht als Sakrament, sondern als Agentur der Nachwuchserzeugung geschützt wurde. Um dieses Ziel zu erreichen, nahm die CDU/CSU-Regierung das bereits von der NSDAP-Regierung erprobte Mittel in Anspruch, arbeitende Ehefrauen finanziell besonders zu belasten. In § 26 des Einkommensteuergesetzes von 1951 wurde die gemeinsame Veranlagung von Ehepartnern zur Ermittlung der Einkommensteuer wieder eingeführt, die bereits von 1936 bis 1941 gegolten hatte und die sich nachteilig deshalb auswirkte, weil das zusammengelegte Einkommen beider Ehepartner einem höheren Progressions-Steuersatz unterlag. Die NSDAP hatte die Einführung der Zusammenveranlagung ausdrücklich mit der Erwägung begründet, daß die Frau vom Arbeitsmarkt zu verdrängen sei[91], und die Diskriminierung aufgehoben, als man im Krieg auf die Frauen als Arbeitskraft erneut angewiesen war. Die Wiedereinführung der Benachteiligung der erwerbstätigen Ehefrau durch die CDU/CSU-Regierung hatte ebenfalls keine andere

87 Zitiert nach Haensch, a.a.O., S. 93.

88 Wuermeling, *Um den Familienlastenausgleich: Die Neue Ordnung* 5 (1956), S. 275 ff., zitiert nach Haensch, a.a.O., S. 91.

89 Vgl. Wingen, a.a.O., S. 162.

90 Hoffmann-Stephan, a.a.O., § 43, Anm. 104, die ausdrücklich wieder bevölkerungspolitische Erwägungen abweisen.

91 S. o.

Bedeutung, als die Frau ans Haus zu fesseln Erwerbstätigkeit zu drängen.[92]

Da der bevölkerungspolitischen Unschuldsbet CDU Glauben geschenkt wurde, spitzte sich die darauf zu, ob die Familie als Quelle gesellschaftl tigkeit oder autoritärer Persönlichkeiten, ohne die die bürgerliche Gesellschaft nicht auskomme[93], zu verstehen sei. Beide Bestimmungen von Familienpolitik können durch die jüngste Rechtsentwicklung, die überparteilich offene Geburtenpolitik favorisiert, nicht bestätigt werden und zeigen so, daß sie gesellschaftstheoretisch nicht fundiert sind. Wir bestreiten nicht, daß der autoritäre Charakter auch in der Familie gestiftet wird und Kitt fürs bestehende Herrschaftsgefüge bildet; wir halten es aber für unzulässig, diesen Effekt familialer Erziehung für den Ausdruck einer bewußten Strategie des Kapitals zu nehmen.

Trotz aller Familienpropaganda blieb der christdemokratischen Politik nicht verborgen, daß eine Familie, die nicht aus existentiellem eigenen Bedürfnis gegründet, sondern als etwas Äußerliches aufgenötigt wird, gerade die erwartete und erforderliche Sozialisationskraft nicht schon enthält: »Eine Förderung der Familie [...] muß [...] so angelegt sein, daß sie die *Eigenverantwortung* und [relative] Eigenständigkeit der Familie nicht untergräbt. [...] Die gesellschaftliche Hilfe an die Familie würde in ihr Gegenteil verkehrt, wenn die auf die Familie gerichteten Maßnahmen diese davon entbinden würden, ihre eigenen Kräfte zu regen.«[94] Dem Leitbild einer »verantworteten Elternschaft«[95] kann aber bei verhütungsfähigen Lohnarbeitern nur durch staatliche Zuschüsse zur Wirklichkeit verholfen werden; diese machen jedoch den Eltern bewußt, daß sie ihre Kinder nicht für sich, sondern für die Gesellschaft aufziehen, was »nicht selten [...] in Forderungen nach umso höheren wirtschaftlichen Familienleistungen«[96] seinen Ausdruck findet. So zerstört die noch so geringe Subventionierung der Familie den tradierten Schein

92 Nachweise in BVerfG E 6, 55/69 (1957).
93 Haensch, a.a.O., insbesondere S. 86.
94 Wingen, a.a.O., S. 65.
95 Wingen, a.a.O., S. 60.
96 Wingen, a.a.O., S. 70.

. naturhaften Selbstverständlichkeit – ein Pfund, mit dem
e doch gerade wuchern will – und verweist die Lohnarbeiter endgültig darauf, die als Gratisarbeit erkannte Kinderaufzucht zu verweigern oder ihre totale Entlohnung zu fordern.

Es hat sich erwiesen, daß eine Politik, die mit Strafen, Zwangsmaßnahmen und mit von minimalem Finanzaufwand unterbauter Propaganda den Lohnarbeiter zu familialer Fortpflanzung bewegen will, schließlich scheitert, weil sie durch Schwangerschaftsverhütung unterlaufen wird und dort, wo sie Erfolg hat, den Kindern, die »für sich allein [eine] unwirksame Voraussetzung der Erhaltung menschlicher Kultur«[97] sind, die qualitätsgerechte Zuwendung nicht garantieren kann. Mit dieser Erkenntnis beginnt der Staat, sein Interesse an der Familie als einer Zwangsanstalt zu verlieren und seine Maßnahmen zur Sicherung der Gattungsreproduktion zunehmend am Lohninteresse zu orientieren, das heißt, die Aufzucht der Kinder von Lohnerziehern betreiben zu lassen oder elterliche Aufzuchtsarbeit zu entlohnen. Diese Entwicklung vollzieht sich allerdings nicht von selbst, sondern ist gegen verknöcherte Strukturen und Anschauungen durchzusetzen, wobei für bürgerliche Staaten typische Wahrnehmungs- und Finanzierungsschwierigkeiten sie stets mit tendenziell katastrophalen Folgen zu blockieren drohen.[98]

97 Wingen, a.a.O., S. 66.
98 Ronge/Schmieg, a.a.O., S. 53 ff., 156 ff.

IV. Warum der Staat die Auflösung der Familie geschehen läßt

Die fortschreitende Ausbreitung der Lohnarbeit und die Abnahme von Produktionsmitteleigentümern, die auf eine individuelle Organisation der Altersversorgung angewiesen sind[1], scheinen eine Verschärfung der Zwangsgesetze zur Sicherung der Gattungsreproduktion über künstlich gestiftete Familien nahezulegen. Der Staat muß das Gesamtinteresse am langfristigen Fluß der Einkommensquellen, d. h. an der kontinuierlichen Bereitstellung von Ersatzleuten, gegen die ökonomischen Individualinteressen von Lohnarbeitern durchsetzen, deren Summe sich nicht zur Summe des gesellschaftlich erforderlichen Nachwuchses addiert, da der »Wunschkindgedanke« dem Bemühen, Gratisarbeit zu vermeiden, unterliegt.

Lange Zeit orientiert der Staat seine bevölkerungspolitischen Maßnahmen am klassischen Mittel der Familienförderung. Strenge Sexualstrafgesetze sollen in die prinzipiell unauflösbare Ehe treiben; die Untreue der Ehepartner begründet ein Scheidungsrecht mit der für die Zähmung der Frau wesentlichen Konsequenz des Verlustes ihrer Versorgungsgrundlage nach der Scheidung und damit ihrer bürgerlichen Existenz überhaupt; Kinderlosigkeit sowie Zeugungs- und Gebärunfähigkeit sollen Eheauflösungsgründe sein.

Bereits der Ehescheidungsgrund der Kinderlosigkeit dokumentiert indes die Hilflosigkeit der familienorientierten Bevölkerungspolitik, da sie sich auf das Begehren eines der Ehepartner verlassen muß und versagt, wenn sich beide über die Kinderlosigkeit einig sind und Verhütungsmittel anzuwenden wissen. Infolgedessen führt der Staat über das Fami-

1 Seitdem mit den Bauern und Handwerkern die große Mehrheit der Kleineigentümer in öffentliche Versicherungssysteme eingebunden ist (vgl. *Gesetz über eine Rentenversicherung der Handwerker vom 5. 9. 1960* [BGBl. I, S. 737 ff.] und *Gesetz über eine Altershilfe für Landwirte vom 27. 7. 1957* [BGBl. I, S. 1063 ff.]) kann auch der letzte noch individual-ökonomisch begründete Kindswunsch sich langsam auflösen.

lienrecht hinausweisende und die Familien transzendierende, ihre Brüchigkeit freilich kaum mehr kittende öffentliche Maßnahmen ein. Er versucht, Familienpolitik propagandistisch zu begleiten und die als private Einrichtung leer gewordene Familie so mit gesellschaftlichem Inhalt neu zu füllen, wobei die Propaganda bis zu bedrohlicher Diskriminierung Kinderloser – etwa unter der NSDAP-Regierung – eskalierte. In die gleiche Richtung wies die stalinistische Wiedererzwingung der Ehe, für die ein Mitglied des Obersten Gerichts der UdSSR, Solz, proklamierte, daß keine Frau das Recht habe, auf Mutterschaftsfreuden zu verzichten; er verlangte deshalb für solchen Verzicht gerichtliche Bestrafung.[2]

Bisher ist es noch keiner Familienpropaganda – sei sie völkisch wie unter der NSDAP-Regierung oder konservativ-katholisch wie unter den CDU/CSU-Regierungen der Nachkriegszeit angelegt gewesen – gelungen, der Lohnarbeiterfamilie gegen ihre ökonomische Schwäche wirklich Halt zu geben. Eine erfolgversprechende Möglichkeit, unter Aufrechterhaltung der staatlichen Familienform Kontinuität des Nachwuchses zu sichern, wäre das Verbot von Schwangerschaftverhütungsmitteln bei fortgesetzter Bestrafung von Abtreibung und Kindestötung. Ein solches Vorgehen, das selbst von der NSDAP-Regierung nicht konsequent betrieben wurde, könnte erneute Überbevölkerung und das Wegsterben des nicht hinreichend ernährten Nachwuchses zur Folge haben, da die staatlichen Leistungsfonds sehr schnell an ihre Grenze stießen. Damit geriete die erforderliche Arbeitsbevölkerung von neuem ins Elend. Deshalb kann auf das Mittel der Bevölkerungsmanipulation nicht mehr verzichtet werden. Denkbar wären allein Versuche zur feineren Steuerung der Bevölkerungsmenge über zyklisches Gewähren oder Verbieten der Geburtenkontrolle oder nach der Geburt einer bestimmten Kinderzahl. Beide Alternativen kennzeichnen den wechselhaften und dramatischen Verlauf der Bevölkerungspolitik in den sozialistischen Staaten Osteuropas und sind ansatzweise auch in der Bundesrepublik praktiziert. Alle derartigen Versuche scheitern aber an der Herausbildung eines grauen Geburtenkontrollmarktes, wenn die Einrichtun-

2 Vgl. Butenschön, S. 12.

gen für Schwangerschaftsverhütung und -abbruch einmal vorhanden sind. Selbst wenn Kinder so erlistet und erpreßt sind, mißlingt es dem Staat, die für ihre qualitätsgerechte Entwicklung unbedingt nötige Liebe und Zuwendung ebenfalls zu erzwingen.

Die historische Entwicklungsstufe der Einführung perfekter Verhütungsmethoden wird dauerhaft nicht zurückgenommen werden können. Da der Staat das Sexualleben der Erwachsenen in die Ehe zwingt, sind Nachwuchs und Familienleben nicht mehr gewährleistet. Deshalb sind die Voraussetzungen erfüllt, die Zwangsgesetze zu liberalisieren, ja sie abzuschaffen und zugleich nach anderen Wegen zu suchen, die Reproduktion der Gattung sicherzustellen. Allerdings vollzieht sich die Auflösung der überholten Gesetze im Kampf gegen die, welche bewußtlos an ihnen festhalten und/oder individuell von ihnen nach wie vor profitieren – seien es Priester oder nichterwerbstätige kinderlose Hausfrauen. Dieser Kampf erhält durch die schnelle Zunahme weiblicher Lohnarbeiter Unterstützung.

Während das Eigentum an vererbbaren Produktionsmitteln nur in Ausnahmefällen an Frauen übergeht, realisiert sich die Lohnarbeit durch den Verkauf der lebendigen Arbeitskraft, die prinzipiell geschlechtsunabhängig ist. Daraus folgt, daß die Verallgemeinerung der Lohnarbeit die Verallgemeinerung der weiblichen Lohnarbeit nach sich zieht, da eine Person, die lediglich Eigentümer ihrer Arbeitskraft ist, aus deren Verkauf nur Lohn zur Erhaltung ihrer selbst erhält. Wenn lange Zeit ein Teil der männlichen Arbeiter aus ihrem Lohn eine Frau unterhielt und diese nicht erwerbstätig wurde, so nicht deshalb, weil der Lohn des Arbeiters für mehrere Personen ausreichte, sondern weil er mit seinem Lohn Ökonomie betrieb. Stellte ihm die Frau notwendige Dienstleistungen und Produkte so wohlfeil zur Verfügung, daß sie, zusammen mit den Kost- und Logiskosten für die Frau, noch unter den entsprechenden Marktpreisen lagen, so widerspricht die Tatsache, daß er eine nichterwerbstätige Ehefrau hat, nicht der Definition des Lohnes als bloßem Gegenwert für die Erhaltung der individuellen Arbeitskraft. Voraussetzung eines solchen Gebrauchs seines Lohnes ist eine spezifisch historische Situation der Frau, die die Fesselung ans Haus vorschreibt und bei den nachwachsenden Frauen ein entsprechendes Weiblichkeitsverhalten entstehen läßt. So erzeugten die überkommene Bescheidung der Frauen mit Kost und Logis als Vergütung ihrer Dienste und die ehemals hohen Preise für lebensnotwendige Güter den Schein, der Lohn umfasse prinzipiell den Unterhalt für mehrere Personen, wenn sie sich nur unter die bürgerliche Eheform gestellt hatten.

In dem Maße, wie für den Lohnarbeiter der Unterhalt anderer Personen *seinen* Lebensunterhalt nicht mehr verbilligt, sondern sogar gefährdet, werden Frauen auf Unterhalt aus eigener Lohnarbeit verwiesen. Die eherechtlichen Bestimmungen zur Bindung der Frau ans Haus, denen sie sich bei Fortbestand des Zwanges in die Ehe unterstellen muß, erfährt sie nun als persönliche Fesseln, die den freien Verkauf ihrer Arbeitskraft existenzbedrohend einengen. Die bevölkerungspolitischen Versuche der Nationalsozialisten und der Christdemokraten, den Frauen den Arbeitsmarkt zu verschließen, mußten deshalb auf ihren Widerstand stoßen.

Die Gleichberechtigung der Ehefrau, ihre Herausbildung zur freien Lohnarbeiterin, wird schließlich vom Staat eingeleitet, da nur so die Lebenssicherung ständig wachsender weiblicher Bevölkerungsteile gelingen kann. Mit der juristischen Gleichberechtigung ist eine Voraussetzung gleicher Konkurrenzbedingungen für die weiblichen Lohnarbeiter auf dem Arbeitsmarkt geschaffen. Dies kann nicht ohne die Auflösung einer Eheform vonstatten gehen, die von der katholischen Moraltheologie konsequent als eine nach dem »Prinzip der hierarchischen Zuordnung der Gatten« gestaltete Einheit definiert worden war.[3]

Das liberalisierte Recht erkennt die Verallgemeinerung der Lohnarbeit und nimmt das Bewegungsgesetz des Kapitalismus in sich auf. Damit subsumiert es aber auch Frauen unter seine Geltung, die aufgrund ihrer Lebenssituation die Aufnahme einer Lohnarbeit noch vermeiden konnten; Gleichberechtigungsgesetze verweisen ungewollt auch diese Frauen darauf, weibliche Verhaltensweisen zugunsten der Lohnarbeitertugenden abzustreifen, so daß noch unterhaltsfähige und -willige Männer immer weniger mit gefügigen Frauen rechnen

3 Mörsdorf/Eichmann-Mörsdorf, a.a.O., S. 140.

können. Damit dürfte ein weiterer Pfeiler der Familienkonstruktion stürzen und die Tendenz zur folgenlosen Geschlechtsliebe gefördert werden. Überhaupt läßt sich sagen, daß die Liberalisierung nicht einer gesellschaftlichen Feinplanung entspringt, die sich der Folgen ihrer Maßnahmen stets bewußt wäre; vielmehr schafft sie der Bewegung, von der sie hervorgebracht wird, erst den Raum, in dem historisch überständige Kräfte an die Wand gedrückt werden, aber unerwartete Folgeprobleme so schnell zunehmen, daß Mittel zu ihrer Lösung nicht rechtzeitig vorhanden sind, und diese Kräfte zeitweilig neuen Einfluß gewinnen. So kann z. B. der staatliche Verzicht auf Fortpflanzungszwänge die Geburtenraten rascher sinken lassen, als ökonomische Anreizprogramme zu ihrer Stabilisierung entwickelt werden können – und den Anhängern scharfer Abtreibungsbestrafung neuen Zulauf bringen. Die Liberalisierung der ehestiftenden Gesetze erwächst also aus dem Zusammenwirken von Verhütungsfähigkeit und weiblicher Lohnarbeit. Wenn sich der Staat aus der Familie zurückzieht, dann nicht, weil die Gattungsreproduktion, die er zwangsweise durchzusetzen versuchte, hinfällig geworden wäre, sondern weil er einsehen muß – wobei diese Einsicht durch Emanzipationsgruppen und politische Aktionen mit herbeigeführt wird –, daß die Familie als Ort gratis zu leistender Kinderaufzucht ihre Grundlage verloren hat.

1. Reform der Strafgesetzgebung

Nachdem bis in die sechziger Jahre hinein traditionelle Familienpolitik und mit ihr notwendig verbundene Unterdrückung freier Sexualität die Maßnahmen zur Sicherung der Gattungsreproduktion – ungeachtet der lange Zeit beobachtbaren Wirkungslosigkeit – bestimmt hatten, setzte bereits unter einer CDU/CSU-Regierung eine Reformbewegung ein, die endlich das Eingeständnis der Hilflosigkeit familienpolitischer Bemühungen den beharrenden Kräften aufzwang. Die erste große Aufklärungskampagne konkretisierte sich in den Reformvorschlägen liberaler Strafrechtslehrer (*Alternativentwurf zur Strafrechtsreform* ab 1962), ergriff im Laufe der letzten Jahre breite gesellschaftliche Gruppen und führte gerade bei hart umstrittenen Bestimmungen – z. B. der Strafbarkeit der Abtreibung, der Homosexualität und der Verbreitung »pornographischer« Schriften – zu entschiedenem Engagement. Inzwischen haben die Reformbemühungen verschiedene Strafgesetzbuch-Novellierungen durchzusetzen vermocht, die jeweils auch deshalb erfolgreich waren, weil sie mit dem beginnenden Desinteresse des Staates an der Familienkonstruktion sich deckten. Beide Bewegungen trugen dazu bei, daß die Ehe tendenziell zur reinen Privatsache zu werden beginnt, nachdem ihr »öffentliches« Moment, das Hervorbringen und die Aufzucht von Kindern, vermieden werden kann.

a) NS-Propagandagesetzgebung

Den geringsten Widerstand rief die Liberalisierung von Strafbestimmungen hervor, die von der NSDAP-Regierung 1943 ins Strafgesetzbuch eingefügt worden waren und vorrangig die Familienpropaganda vervollständigten, ohne daß sie kriminalstatistisch hohe Bedeutung erlangt hätten.[4] Daß auch die Regierungen der Bundesrepublik auf diese Propagandamittel nicht verzichten mochten, zeigt sich daran, daß sie erst 1973 aufgegeben wurden.

b) Liberalisierung des Sexuallebens Erwachsener

Wie vorsichtig man die Reform betrieb, läßt sich daran ablesen, daß die Aufhebung der Bestrafung des Ehebruchs ausschließlich auf kriminalstatistische und nicht auf prinzipielle Erwägungen gestützt wurde: Die geringe Zahl der Verurteilungen wegen Ehebruchs, der nur auf Antrag des Betrogenen verfolgt wurde, diente zum Beweis dafür, daß das Volk nicht an Bestrafung interessiert sei. Der noch 1962 gegen eine Liberalisierung benutzte Einwand, das Volk könne sie als Preisgabe staatlichen Eheschutzes mißdeuten, wurde mit Erfahrungen ausländischer Gesetzgebungsexperimente ausgeräumt, denen zufolge sich die Abschaffung des Ehebruchtat-

4 § 170a – *Verschleuderung der Familienhabe;* § 170c – *Verlassen Schwangerer.*

bestandes »nicht nachteilig auf das Volksbewußtsein [...] ausgewirkt und auch nicht zu einem Dammbruch geführt« habe.[5] – Die in Teilen der Bevölkerung lange fortgeschleppte Ächtung außerehelicher Geschlechtsbeziehungen führte dazu, daß nichteheliche Kinder als eheliche, Geliebte als Ehepartner ausgegeben wurden. Während der an Familien interessierte Staat solche Notlügen auch im privaten Umkreis nicht dulden wollte[6] und so die gesellschaftliche Mißbilligung für seine familienstiftenden Zwänge nutzte, verzichtet er mit der Novellierung des § 169 StGB auf die Strafgewalt und läßt die noch agierenden Sittenhüter im Stich. Gleichzeitig ist zu beobachten, daß in der Bevölkerung die Ächtung außerehelicher Geschlechtsbeziehungen mehr und mehr abnimmt, daß Urteile wie die über die Bestrafung von »Verlobten-Kuppelei« auf Unverständnis und Widerwillen stoßen. Der verbreitete und häufig publizierte außereheliche Sexualverkehr, der auch von den für die Sittengesetzgebung verantwortlichen Kirchenführern und Politikern ausgeübt wird, schafft ein hohes Legitimationsrisiko für eine parlamentarische Staatsführung, die »Unzucht« zu ächten und strafrechtlich zu verfolgen –, ein Risiko, das wohl nur in Kauf genommen würde, wenn das geschützte Rechtsgut – die Ehe – unverändert eine zentrale Bedeutung fürs gesellschaftliche Ganze hätte. Da dies nicht mehr der Fall ist, beschränkt sich der Staat darauf, durch Fernhalten Jugendlicher von sexuellen Erfahrungen ihre Bereitschaft zur Ehe zu formen; Kuppelei wird dementsprechend nur noch bestraft, wenn die Verkuppelten jünger als 16 Jahre alt sind (§ 180 StGB).

Überhaupt wird der »ungestörten sexuellen Entwicklung Jugendlicher«[7] weiterhin hohe staatliche Aufmerksamkeit gewidmet. Erzieher sind gehalten, die körperliche und psychische Entwicklung schutzbefohlener Jugendlicher zu fördern (§ 170 d StGB), sexuelle Annäherungen zu unterlassen (§ 174 StGB); Kinder bis zu 14 Jahren sollen vor allen sexuellen Handlungen geschützt sein (§ 176 StGB), pornographische Darstellungen und Schriften (§ 184 StGB) sowie die Ausübung der Prostitution (§ 184 b StGB) sind von ihnen fernzuhalten.

5 BT-DS V/4094 zu Nr. 50.
6 RGSt 56, 134.
7 Schönke-Schröder, a.a.O., 1974, § 184 Anm. 1.

Besondere Strafbestimmungen sollen die sexuelle Niederhaltung der Frau befestigen, indem für Mädchen unter 16 Jahren der Beischlaf ausgeschlossen werden soll (§ 182 StGB) und sexuelle Handlungen an unverehelichten Frauen unter 18 Jahren – etwa auf gemeinsamen Reisen – zwar an die Einwilligung der Eltern geknüpft wird, die Einwilligung der Frau dagegen nicht verschlägt (§ 236 StGB).

Homosexuelle Beziehungen Erwachsener sind ebenfalls unter dem Gesichtspunkt von der Strafbarkeit ausgenommen worden, daß ihre Häufigkeit keine Gefahr für die gesellschaftlichen Reproduktionsbedingungen darstellt, sofern nur darauf geachtet wird, daß die »Triebrichtung« junger Menschen an Heterosexualität gebunden wird. Deshalb konzentriert sich die strafrechtliche Verfolgung der Homosexualität auf die Teilnahme Jugendlicher und läßt gleichgeschlechtlichen Umgang von einem Alter an straflos, von dem ab eine »Umformung nicht mehr zu befürchten ist«.[8] Die Reform folgt der wissenschaftlichen Anschauung, welche die Gefahr der ›Homosexualisierung‹ der Gesellschaft bei Fortdauer ihrer jetzigen Struktur und entsprechender Erziehung gering veranschlagt. Wenn der Schutzzweck des neugefaßten § 175 StGB damit bezeichnet wird, die Triebrichtung festzulegen, so nicht deshalb, um den Homosexuellen vor einer leidvollen Existenz zu bewahren oder um die Sittlichkeit ›als solche‹ zu fördern, sondern um den Trieb fortpflanzungsträchtig zu bilden.

Die partielle Liberalisierung des Inzestverbots durch Herausnahme des Verschwägertenbeischlafs aus der Vorschrift des § 173 StGB entspricht der Tatsache, daß Verschwägerte immer seltener eine Wohnung teilen und daß deshalb Geschlechtsbeziehungen zwischen ihnen einen engen Lebenszusammenhang nicht durcheinanderbringen. Bei Fortentwicklung gesellschaftlicher Erziehung, die auch Eltern, Kinder und Geschwister zunehmend seltener zusammenführen wird, könnte das Inzesttabu seine gesellschaftsstiftende Wirkung und somit die Inzestbestrafung auch noch ihre Appellfunktion verlieren, nachdem die Strafnorm ohnehin immer schon ins Leere ging. Dagegen wird die Verhinderung sexuel-

8 BT-DS V/4094 zu Nr. 52.

ler Beziehungen zwischen Erzieher und Zögling zunehmend zum Inzest in Parallele gesetzt[9] und damit der Bedeutungszunahme staatlicher Erziehung Rechnung getragen.

Die Bestimmungen, mit denen die besondere Konstellation Erzieher – Zögling von Sexualität freigehalten werden soll, firmieren im Strafgesetzbuch unter dem neuen Titel »Straftaten gegen die sexuelle Selbstbestimmung«. Damit gerät das Resultat der Inzestforschung, daß die Unmöglichkeit, in der Familie sexuelle Befriedigung zu erlangen, die Orientierung von den Eltern weg zur Gesellschaft psychisch unterbaue, ins staatliche Kalkül. Weil nun der Staat als Erzieher der nachwachsenden Generation die Herstellung gesellschaftlicher Tüchtigkeit zu verantworten hat, müssen die Beziehungen zwischen Erziehern und Kindern von ihm umfassend organisiert werden. Die sexuelle Sublimierungsfähigkeit der Kinder muß indes im täglichen Erziehungsgeschehen seine Anhaltspunkte finden können. Die strafrechtliche Verfolgung leistet hierfür gar nichts und kann wegfallen, da ihre Appellfunktion überflüssig ist, wenn die Erzieherausbildung zureichend erfolgt, und da sie ohnmächtig bleibt, wenn das versäumt wird. Angesichts der gängigen staatlichen Bildungspolitik erscheint allerdings die Verwendung des Strafrechts als sexualpädagogisches Curriculum lediglich als konsequente Verwirklichung einer Konzeption von Erziehungsplanung, die vom Lohnerzieher verlangt und erwartet, daß er nur das tut oder läßt, was er tun oder lassen muß.

c) Liberalisierung von Verhütung und Abtreibung

Nur acht Jahre nach dem Plan der CDU/CSU, ins Strafgesetzbuch eine besondere Bestimmung aufzunehmen, in der das allgemeine Zugänglichmachen von Verhütungsmitteln gesondert bestraft und so §§ 301 f. des StGB-Entwurfs von 1927, der auch unter der NSDAP-Regierung nicht eingeführt worden war, endlich realisiert werden sollte, wobei Volkssitte und Anstand zur Begründung bemüht wurden, liquidierte der BGH, ebenfalls unter Berufung auf das Volk, die Bestrafung solchen Handelns über eine liberale Interpretation des § 184

9 Z. B. §§ 170d, 174 StGB.

StGB: »Die Erwägung, das Feilbieten von Präservativen in Außenautomaten verleihe geschlechtsbezogenen Dingen den Anschein der Unverfänglichkeit und Selbstverständlichkeit, geht ebenfalls fehl. Die Gegenmeinung übersieht, daß die Anschauungen über das, was im Bereiche des Geschlechtlichen Anstand und Sitte verletzt, sich in den letzten Jahren tiefgreifend gewandelt haben. Es ist heute durchaus üblich, daß Fragen der Geburtenkontrolle, Empfängnisverhütung und Verhütung von Geschlechtskrankheiten aus sachlichen Gründen verschiedener Art in öffentlichen Versammlungen sowie in jedermann – auch Jugendlichen – zugänglichen Zeitungen, Zeitschriften, Broschüren, Büchern usw. offen und unbefangen erörtert werden. Daß dabei auch die entsprechenden Verhütungsmittel erwähnt werden, versteht sich von selbst. Hierauf und nicht auf dem Feilbieten solcher Mittel in Außenautomaten beruht es, daß diese Mittel heute zu denjenigen Dingen gehören, die nicht nur den Anschein des Unverfänglichen und Selbstverständlichen haben, sondern allgemein als unverfängliche und selbstverständliche Dinge angesehen werden.«[10] 1973 folgte der Gesetzgeber diesem Urteil, als er den § 184 StGB neu faßte und die Möglichkeit restriktiver Auslegung verbaute. Damit war eine Bestimmung gefallen, die zwar niemals die Anwendung von Verhütungsmitteln versagte, wohl aber ihre Zugänglichkeit erschweren wollte. Inzwischen bereitet die SPD/FPD-Regierung eine Aufklärungskampagne über Schwangerschaftsverhütungsmittel vor und erwägt zugleich, den Zugang zur Pille, abweichend von der Regelung für sonstige Arzneimittel, zu erleichtern, wobei Selbstbedienung, Automaten und Versandhandel ins Auge gefaßt sind.[11] Ebenso wird 1974 die Sterilisation zulässig, wenn das 25. Lebensjahr vollendet ist. Eine frühere Sterilisation soll nur möglich sein, wenn die Frau bereits 4 Kinder geboren hat. Die geburtenpolitische Vorsicht wird allerdings noch verschleiert, wenn es heißt: »Wer schon 4 Kinder geboren hat, verfügt regelmäßig im Hinblick auf die Frage der Sterilisation über jene Reife und Erfahrung, die das Gesetz sonst erst beim Alter von 25 Jahren voraussetzt.«[12]

10 BGH JZ, 1970, 423/424.
11 Vgl. Bundesminister der Justiz (Hrsg.), a.a.O., S. 22.
12 BT-DS 7/375.

Dennoch scheint die allgemeine Freigabe der Sterilisation ab dem 25. Lebensjahr nicht geburtenpolitischer Großzügigkeit, sondern dem speziellen Klima der Abtreibungsdebatte zu entspringen. Obwohl es dabei um Geburtenpolitik geht, wird das werdende Leben ›an sich‹ zum moralischen Prinzip erhoben, um dem Vergleich mit der »unseligen Hitlerzeit« zu entgehen. Dem Vorwurf, bei der Abtreibungsliberalisierung moralisch verwerflich zu handeln, wird die der Abtreibung vorbeugende Freigabe der Sterilisation entgegengehalten.[13] Damit wird die moralisierende Waffe stumpf und das geburtenpolitische Ziel auch indirekt nicht mehr verfolgbar.

Die Reform um die Novellierung des Abtreibungsverbots ist noch nicht abgeschlossen. Unverändert »heftige Auseinandersetzungen [...], Polarisierung [...], Verunglimpfung des Gegners«[14] kennzeichnen die Debatte.[15] Das Spektrum der Argumente, die für eine Liberalisierung des Abtreibungsverbots bis zur völligen Freigabe vorgebracht werden, reduzieren sich letztlich darauf, daß soziale Härten vermieden, die Selbstbestimmung der Frau erreicht, die in der enormen Dunkelziffer der Strafverfolgung enthaltene Ungleichbehandlung aufgehoben, der »Wunschkindgedanke« durchgesetzt und der hohe Legitimationsverlust ausgeglichen werden soll. Die Gegner einer – wenn auch nur zeitlich befristeten – Abtreibungsfreigabe stellen die Schutzwürdigkeit des ungeborenen Lebens direkt in den Mittelpunkt der Argumentation und verwahren sich häufig ausdrücklich gegen geburtenpolitische Motive.[16] Erst der Hinweis auf die Zurücknahme bereits freigegebener Schwangerschaftsunterbrechung in osteuropäischen Ländern legt den Kern der hitzigen Debatte frei: Dort führten nämlich ausschließlich bevölkerungspolitische Erwägungen zur neuerlichen staatlichen Verfolgung der Abtreibung, die aus den gleichen Gründen – nämlich zur Vermeidung von Überbevölkerung – zuvor freigegeben worden war.[17]

13 Dokumentation: S. Ott (Hrsg.), a.a.O.

14 Siehe A. Eser, a.a.O., S. 119.

15 Vgl. den Überblick in: *Reform des § 218. Aus der öffentlichen Anhörung des Sonderausschusses für die Strafrechtsreform des Deutschen Bundestages,* in: *Zur Sache 6/72.*

16 S. etwa Spaemann, a.a.O., S. 114; Begründung der CDU/CSU-Verfassungsklage, a.a.O.

17 Vgl. beinahe alle Beiträge in D. Hofmann (Hrsg.), a.a.O.

Der Streit um die Definition des Lebensbeginns erinnert an die Praxis der christlichen Missionare unter germanischen Stämmen, bei denen Kindestötung und Kindesaussetzung das übliche Verfahren der Geburtenkontrolle waren. Diese thematisierten nicht das Problem der Geburtenkontrolle selbst, sondern versuchten, durch möglichst frühe Taufe eine heilige Scheu vor dem Neugeborenen zu begründen, das nun als Kind des allmächtigen Gottes galt, und so sein Überleben – über eine Definition der Taufe als Lebensbeginn – zu befördern.[18] Das Beispiel der osteuropäischen Staaten indes zeigt zugleich, daß auch eine Freigabe der Abtreibung keineswegs notwendig erhalten bleiben muß, wenn geburtenpolitische Belange – scheinbar – nur über erneute Bestrafung durchzusetzen sind.

Unabhängig vom Ausgang der Reformdiskussion hat diese einmal mehr den rein gesellschaftlichen Charakter des Kindergebärens und der Aufzucht ins Bewußtsein gerückt sowie deutlich gemacht, daß auf dem gegenwärtigen Entwicklungsniveau bestenfalls das gewollte Kind der Zuwendung sicher sein kann, die zur Ausbildung gesellschaftlicher Tüchtigkeit unabdingbar ist und die hohen Kosten für Sonderschulen, psychiatrische Einrichtungen etc. vermeidet. Wer die Freigabe des Schwangerschaftsabbruches als unmenschlichen und leichtfertigen Umgang mit dem Leben deklariert, wie er nur in der NS-Zeit üblich war, will nicht sehen, daß Abtreibungen der Entstehung hilfloser und verelendeter Wesen vorbeugen sollen. Es sei daran erinnert, daß die NSDAP-Regierung diesen Weg ausdrücklich nicht gegangen ist, sondern Abtreibung bis zum Extrem der Todesstrafe verfolgt hat. Vielmehr hat sie das kapitalistische Prinzip der Vermeidung unproduktiver Kosten als Vernichtung »lebensunwerten Lebens« zu seiner grausigen Vollendung geführt, die großenteils Menschen traf, welche mangels konsistenter Zuwendung in früher Kindheit ihre Beschädigung erlitten.

Bereits das *Preußische Landrecht* enthielt »Vorbeugungsmittel« gegen Kindesmord und Abtreibung[19]; soziale und wirtschaftliche Unbill sollte von der außerehelich Geschwängerten dadurch ferngehalten werden, daß der Schwängerer zur Heirat gezwungen wurde oder bei Ehehindernissen, also etwa

18 Siehe Wilda, a.a.O., S. 720.

19 II 20 §§ 888 ff. i. V. m., II 1 §§ 1035 ff. PrALR.

Armut, ein Sechstel seines Vermögens sowie seinen Namen an die Kindesmutter übertragen mußte.

Alle Parteien der Bundesrepublik haben inzwischen »flankierende Maßnahmen« vorgeschlagen, um der »Abtreibungsmassenchirurgie« vorzubeugen; sie reichen von abtreibungskostensparenden Aufklärungskampagnen über Verhütungsmethoden, Beratung bei der Familienplanung, ärztliche Leistungen im Zusammenhang eines Schwangerschaftsabbruchs[20] bis zur Einführung eines Erziehungsgeldes, das dem »Motiv für eine Abtreibung« ökonomisch entgegenwirken will[21] und damit das ökonomische Desinteresse des Lohnarbeiters am Kind berücksichtigt. Keine politische Gruppe will ja mit dem Vorschlag zur Legalisierung der Schwangerschaftsunterbrechung Geburten verhindern, da alle an Nachwuchs interessiert sein müssen. Da die Entfaltung des Kindes von Zuwendung und diese wiederum vom Wunsch nach dem Kind abhängen, soll an die Stelle des Zwangs zur Geburt der Zwang treten, sich den Kindswunsch – z. B. im Rahmen der Schulpflicht[22] oder durch medizinische, psychologische und wirtschaftliche Aufklärung – fördern zu lassen. Aus diesem Grunde schlägt der Alternativentwurf eines Strafgesetzbuches vor, Schwangere zu veranlassen, eine Beratungsstelle aufzusuchen, von der sie zur Geburt überzeugt werden sollen; »daß daraus effektiv der Schutz des werdenden Lebens folgt, wird rechtlich nicht bestimmt, sondern nur erhofft«.[23]

2. Liberalisierung des Bürgerlichen Rechts und Statusänderungen der Familienmitglieder

Die langwierig-widersprüchliche Strafrechtsentwicklung hat bereits ergeben, daß bei entsprechendem Druck eine Liberalisierung durchzusetzen war, nachdem alle bisherigen Versuche, den Verlust der materiellen Basis der Familie durch

20 *Entwurf eines Gesetzes über ergänzende Maßnahmen zum 5. Strafrechtsreformgesetz*, BT-DS 7/376.

21 *Entwurf eines Gesetzes über die Gewährung von Erziehungsgeld*, BT-DS 7/2031.

22 So etwa *Richtlinien für die Sexualerziehung in den Schulen des Landes NRW*, a.a.O.

23 *Alternativentwurf* 1968, a.a.O., S. 37.

Zwangsgesetze auszugleichen und die Bedingungen zur Gattungsreproduktion äußerlich unverändert festzuhalten, sich als ohnmächtig erwiesen. Weniger spektakulär als die unter großer öffentlicher Anteilnahme vollzogene Strafrechtsreform sind seit dem Faschismus für Familienmitglieder tiefgreifende Statusänderungen eingetreten. Auch dieser Reformprozeß kam nur schleppend voran. Besonders CDU/CSU-Regierungen versuchten, ihn – teilweise unter flagranter Verletzung von Grundgesetz-Bestimmungen – aufzuhalten, um die Familie mit Hilfe einer verselbständigten christlichen Moral künstlich am Leben zu erhalten. Mehrfach war das Bundesverfassungsgericht gezwungen, Gesetzesliberalisierungen gegen Parlamentsmehrheiten einzuleiten und so die Rechtsentwicklung auf das Niveau des neuen Entwicklungsstandes der bürgerlichen Gesellschaft zu heben. So mußte das Bundesverfassungsgericht den Gesetzgeber auf die Bestimmung des Art. 117 GG aufmerksam machen, nach dem gegen das Gleichberechtigungsgebot des Art. 3 Abs. 2 GG verstoßendes Recht mit dem 1. 4. 1953 außer Kraft trat.[24] Erst 1957 reagierte der Gesetzgeber auf diese höchstrichterliche Mahnung mit dem Gleichberechtigungsgesetz, das nach wie vor darauf angelegt war, den alten Rechtszustand so weit wie möglich zu konservieren und der Gleichstellung der Ehepartner mit der vorgeschobenen Begründung funktional-biologischer Geschlechtsunterschiede weiterhin Grenzen zu ziehen.[25] Das Bundesverfassungsgericht mußte denn auch sofort einige der »Gleichberechtigungs«-Bestimmungen erneut als gegen Art. 3 II verstoßend kassieren[26]. Die CDU/CSU-Regierungen versuchten aber nicht nur, die Liberalisierung hinauszuzögern, sondern verschärften in Anlehnung an die NS-Gesetzgebung und mit derselben Begründung, »die Ehefrau ins Haus zurückzuführen«[27], die Rollenfixierung der Ehefrau als ›Haushaltsmensch‹: eine Gesetzgebung, die ebenfalls klar gegen den Gleichberechtigungsgrundsatz verstieß.[28]

Das objektive Erfordernis der Auflösung von Familien-

24 BVerfG E 3, 225 (1953).

25 Vgl. den schriftlichen *Bericht des Ausschusses für Rechtswesen und Verfassungsrecht*, BT-DS II/3409.

26 S. z. B. BVerfGE 10, 59 (1959).

27 Nachweis in BVerfGE 6, 55/79 (1957).

28 BVerfGE, a.a.O.

rechtsnormen, die einer vergehenden Eigentumsordnung entstammen, ist auch von der Familienlehre christlicher oder sozialwissenschaftlicher Provenienz in ihrer eigentümlichen Diktion inzwischen bemerkt worden: »Daß [...] eine in der Person des Mannes begründete Führungsrolle in Ehe und Familie ebenfalls nicht *institutionell* ›ungerecht‹ war, ergab schon die Herleitung dieser Werteinschätzung immerhin aus der christlichen Offenbarung, die zwar dem Mann die Rolle als ›Haupt‹ von Ehe und Familie zuweist, ihn aber gleichzeitig zu Liebe und Achtung gegenüber der Frau verpflichtet. Die Ehefrau war und ist in der wahrhaft christlich-patriarchalisch geführten Ehe niemals Sklavin gewesen. In einer nicht mehr ›heilen‹ Welt mußte allerdings die unter anderen Vorzeichen errichtete alte Ehe- und Familienordnung mehr und mehr zu Mißbräuchen des mit mehr Vorrechten ausgestatteten Mannes führen, die einer inzwischen im öffentlichen Leben schon weitgehend emanzipierten Frau Anlaß genug sein mußten, die volle Gleichberechtigung auch in der Familie zu fordern.«[29] In dieser Argumentation wird die Zerstörung der »heilen Welt« als Faktum hingenommen, ohne daß freilich die der Zentralisation des Kapitals entspringende Verallgemeinerung der Lohnarbeit als Quelle des »Unheils« erkannt wird. Diese unaufhaltsame Bewegung sprengt alle Dammbauten rastloser Gesetzesschreiberei und ihres akademischen Gefolges. Sie erscheint als den »Wandlungen des Zeitgeistes«[30] und den »Standards unserer Zeit«[31] geschuldet. Aus seiner Perspektive hat das Familienrecht »allmählich Schimmel an [-gesetzt] oder zeigt manche morsch gewordenen Bestandteile«[32], die seine Neuregelung »dringend erforderlich«[33] machen. Fast alle Begründungen der Reformgesetze greifen über solche stereotypen Hinweise auf das »gewandelte Verständnis unserer heutigen modernen Zeit« nicht hinaus.[34]

29 Maunz-Dürig-Herzog, a.a.O., Dezember 1973, Art. 3, Abs. II, Anm. 4.

30 Schwerdtner, a.a.O., S. 239.

31 Gernhuber, a.a.O., 1973, S. 234.

32 G. Simson, a.a.O., S. 405.

33 *Erstes Gesetz zur Reform des Ehe- und Familienrechts* (1. EheRG), BR-DS 260/73 (13. 4. 73), S. 59.

34 S. etwa *Gleichberechtigungsgesetz*, BT-DS II/3409 (1953); *Entwurf eines Gesetzes zur Neuregelung des Volljährigkeitsalters*, BR-DS 130/72 (1972); *Entwurf eines Gesetzes zur Neuregelung der elterlichen Sorge*, BR-DS 690/73.

Die Ausdehnung der Ehefähigkeit auf die produktionsmittellosen Lohnarbeiter hatte diese unter die bürgerliche Familienform gebracht und ihnen als Zwang aufgebürdet, was für die Eigentümer von Produktionsmitteln Interessengewährleistung war. In der Gleichberechtigung der Ehefrau scheint sich dieser Vorgang zu wiederholen: Die Ehefrau erhält nun neben ihren Rechten auch jene Pflichten, die bisher dem Ehemann auferlegt waren – etwa die der Unterhaltshaftung gegenüber den Kindern (§ 1606 III BGB) oder die aus der elterlichen Gewalt resultierende Pflicht der Sorge für das Kind.[35] Wesentliches Moment der bürgerlichen Familienform war jedoch die hierarchische Stellung der Familienmitglieder zueinander, d. h. per definitionem die eingeschränkte Rechtssubjektivität der Frau. Die Herstellung ihrer vollen Rechtssubjektivität, die »Anhebung an den Status der Männer«[36], löst mit der Verstärkung der weiblichen Pflichten die bürgerlichen Verhältnisse in der Familie auf. Aus der Ehe kann nun niemand mehr ökonomische Vorteile ziehen. Sie stellt sich als lockere, einzig durch emotionale Bande gehaltene Verbindung zweier ökonomisch voneinander unabhängiger Lohnarbeiter dar. Pflichten und ökonomische Belastungen erwachsen ihnen erst dann, wenn sie Kinder haben; allerdings werden auch diese immer früher aus der Familienkonstruktion entlassen und auf das eigene Lohninteresse verwiesen, was in der Lehre von der sukzessiven Grundrechtsmündigkeit seinen juristischen Widerhall findet. Die Familie stellt sich insofern als das Nebeneinander aktiver, latenter oder in Ausbildung befindlicher Lohnarbeiter dar, deren aufeinander bezogene materielle Fürsorglichkeit allein über staatliche Verordnung den Charakter von Notwendigkeit erhält und darüber hinaus noch auf Liebe und Schuldgefühl gegründet sein kann. Für ein solches Nebeneinander ist die Tatsache der Verheiratung der Eltern relativ unwichtig. Die zunehmende rechtliche Gleichstellung des unehelichen Kindes z. B. setzt sich nicht deshalb durch, weil die moderne Zeit »Gerechtigkeit, [...] Humanität sowie das Streben nach einer gesunden Sozialordnung und

35 §§ 1626 ff. BGB, weitere Nachweise bei Maunz-Dürig-Herzog, a.a.O., Anm. 46.

36 BAG JZ 1954, 568/569.

die Zukunft einer geordneten Gesellschaft«[37] entdeckt hat, sondern weil die Ehezwecke wegen ihrer Auflösung davon nicht mehr gestört werden können. Die am Schutz von Ehe und Familie (Art. 6 GG) orientierte Sorge, die mit der Gleichstellung der nichtehelichen Kinder eine Gleichsetzung von Ehe und Konkubinat heraufziehen sieht[38], hat die aus der ökonomischen Entwicklung hervorgetriebene Unterschiedslosigkeit beider Formen des Zusammenlebens lediglich noch nicht erkannt.[38] Die Sorge hat dort ihre Berechtigung, wo sie in diesen unverbindlichen Beziehungen Nachwuchs und seine qualitätsgerechte Aufzucht nicht mehr verbürgt sieht. Bereits seit Jahrzehnten treten neben Privatrechtsformen zur Regelung der Familienbinnenbeziehungen deshalb unmittelbar öffentliche Normen und Maßnahmen, durch die private Beziehungen subventioniert und teilweise ersetzt werden.

a) Etappen der Freisetzung der Ehefrau zur Lohnarbeiterin

Der Rechtszustand der Ehefrau war bis zum Jahre 1953 dadurch gekennzeichnet, daß der Ehemann über das ihm eingeräumte alleinige Entscheidungsrecht für alle »das gemeinschaftliche eheliche Leben betreffenden Angelegenheiten« (§ 1354 BGB a.F.) ihre Lebensführung weitgehend auf seine Interessen ausrichten konnte. Sie hatte den Haushalt zu führen (BGB § 1356 I a.F.), in seinem Erwerbsgeschäft unentgeltlich zu arbeiten (§ 1356 II BGB a.F.) und die tägliche Erziehung zu leisten. Ihr Vermögen unterstand der Nutznießung und Verwaltung des Gatten, dessen Wohnsitz und Namen sie zu teilen hatte.

Die von einer CDU/CSU-Regierung eingeleitete erste Etappe der Gleichberechtigungsgesetzgebung versuchte noch, die Änderungen so gering wie möglich zu halten und nur die offensichtlichen Verletzungen des Art. 3 II GG zu beseitigen. Zwar hob man das alleinige Entscheidungsrecht des Eheman-

37 *Entwurf eines Gesetzes über die rechtliche Stellung der unehelichen Kinder,* BT-DS V/2370, S. 18 (1967).

38 Siehe BT-DS V/2370, S. 21.

39 In der schwedischen Gesetzgebung hat diese Erkenntnis bereits rechtsförmlichen Ausdruck in der Gleichbehandlung verheirateter und unverheirateter Paare oder Gruppen gefunden; vgl. G. Simson, a.a.O., S. 405; s. a. FamRZ 1973, 468.

nes auf, man bemühte sich aber, »ein klares Leitbild zu entwerfen«[40], in dem die Ehefrau unverändert auf den Haushalt verwiesen und für Erwerbstätigkeit nur freigestellt sein soll, wenn »sie ihre Aufgaben als Hausfrau und Mutter nicht vernachlässigen« (a.a.O.) muß. Der Mann bleibt verpflichtet, Frau und Kinder durch Erwerbstätigkeit zu unterhalten, so daß die Erwerbstätigkeit der Frau sich auf Notlagen beschränkt. Dieses Leitbild der Hausfrauenehe sollte nicht nur die überkommene Familie fixieren, sondern formulierte zugleich offen das Konzept einer weiblichen industriellen Reservearmee, die je nach Konjunkturlage (Notlage) eingesetzt und wieder ausrangiert werden kann.

Während die Anforderungen an die Hausarbeit gesetzlich unverändert bleiben, wird diese durch einen reinen Definitionsakt als mit der Erwerbstätigkeit verrechenbare Unterhaltsleistung gleichgesetzt; § 1360 II BGB dekretiert, daß die Ehefrau »ihre Verpflichtung, durch Arbeit zum Unterhalt der Familie beizutragen, in der Regel durch die Führung des Haushalts erfüllt«, während der Ehemann »durch Erwerbstätigkeit die notwendigen baren Mittel bereitstellt. [...] Beide Arten der Unterhaltsleistung stehen gleichwertig nebeneinander und in Beziehung zueinander; denn die Unterhaltsleistung der Frau durch die Haushaltsführung für die ganze Familie ist dadurch bedingt, daß die Barmittel auch für ihren Lebensbedarf vom Mann beschafft werden.«[41]

Dieser von allen Prinzipien überprüfbarer Leistungsmessung bewußt absehende Definitionsakt dient nicht der »längst fälligen« Würdigung der Hausarbeit. Er soll vielmehr zum Zweck der Erhaltung der Familienkonstruktion ihren Beteiligten suggerieren, daß die Familie, nachdem ihre Basis ökonomischer Zweckmäßigkeit nicht mehr besteht, nun den Prinzipien des Äquivalententausches nachgebildet sei. Diese Unterstellung setzt Lohnarbeit, die erst als Vergesellschaftung von Privatarbeit zustande kommt und die Arbeitsproduktivität enorm erhöht, ins Gleichmaß mit den Resten noch nicht vergesellschafteter Privatarbeit: Jede noch so geringe Haushaltstätigkeit wird mit jeder noch so intensiven Erwerbsarbeit vorab als gleichwertig gesetzt. Die Empirie des mit Konsum-

40 BT-DS II/3409, S. 36.
41 BVerfGE 11, 277/279 f. (1960).

gütern – wie Licht, Wasser, Kleidung, Möbeln, Reinigungsmitteln, Fertignahrungsmitteln, Wärme etc. – ausgestatteten Haushalts liefert denn auch den Schein einer der Lohnarbeit gleichwertigen Tätigkeit nur noch dann, wenn sinnlose Arbeiten verrichtet oder wenn Konsumgüter in rückständiger Produktivität wieder selbst erzeugt werden. Dieser Schein vermag indes nur in seltenen Fällen die kinderlose Ehefrau vor der Lohnarbeit zu bewahren.

Alle Berechnungen[42], in denen die tatsächliche Aufenthaltsdauer der Ehefrau im Hause gleichgesetzt wird mit dort notwendiger Arbeitszeit, übersehen, daß gerade durch die kapitalistische Produktion die Hausarbeitszeit ununterbrochen verringert wird und ein weiteres Verbleiben von Frauen im Haushalt nicht aus der dort erforderlichen und auch vom Ehemann in Anspruch genommenen Arbeitsleistung erklärt werden kann. So wird die zur Führung eines kinderlosen Haushalts tatsächlich verrichtete Arbeitszeit mit 3-5 Stunden täglich angegeben, was noch nichts über die existentielle Notwendigkeit dieser Arbeit sagt, sondern nur darüber, wie »fleißig [...] die deutsche Hausfrau« ist.[43] Wenn für die erwerbstätige und zugleich im Haushalt tätige Frau heute ein Arbeitstag von 11-13 Stunden angegeben wird, so dauert er dennoch weniger lange als im 19. Jahrhundert die Erwerbstätigkeit allein.[44]

Eine Frau, die ihren finanziellen Unterhalt vom Manne und nicht aus eigener Lohnarbeit bezieht, wird aufs Gebären und Erziehen von Kindern gestoßen, wie in der Gesetzesbegründung zum Leitbild der Hausfrauenehe ausdrücklich unterstrichen wird.[45] Kinder treiben die im Haushalt erforderliche Arbeitszeit tatsächlich in die Höhe, machen sie aber nicht zu notwendiger Privatarbeit für die Reproduktion des einzelnen Lohnarbeiters, sondern setzen ihr lediglich Gratisarbeit zu, die für die Gesellschaft verrichtet werden muß. In dem Maße, in dem das Bewußtsein, Gratisarbeit zu leisten, sich ausbreitet, muß der Versuch, mit einer definitorischen Gleichsetzung von

42 Siehe W. Secombe, S. 3 ff.; J. Harrison, a.a.O., S. 35 ff.
43 *FAZ* 5. 9. 1974.
44 Vgl. die Studie der Deutschen Gesellschaft für Wirtschafts- und Sozialforschung, zitiert nach *FAZ* vom 5. 9. 1974.
45 BT-DS II 3409, S. 36.

Lohnarbeit und Haushaltsverrichtungen Familien zu stiften, seine ganze Hilflosigkeit erweisen. So geht in § 1356 BGB-E[46] der Gesetzgeber denn auch von der Rollenverteilung der Hausfrauenehe ab; die »Ehegatten« sollen in gegenseitigem Einvernehmen entscheiden, wie der Haushalt zu organisieren ist; dadurch wird der Ehemann zur Haushaltsführung emanzipiert. Entsprechend soll die Schlüsselgewalt[47] nicht mehr einseitig auf die Frau zugeschnitten sein. Die Begriffe »Mann« und »Frau« tauchen infolgedessen im Gesetzentwurf nicht mehr auf, was der vom Geschlecht unabhängigen Gleichheit der Ehepartner als Lohnarbeiter Rechnung trägt. Lediglich durch einen vulgärpsychologischen Versuch, dem zufolge »die Ehe [...] nur denkbar [ist], weil Mann und Frau sich in ihren natürlichen *verschiedenen* Wesenseigenschaften zueinander hingezogen fühlen, um die eigene Welt durch die des anderen zu ergänzen«[48], gelingt es, gleichgeschlechtliche Ehen »theoretisch« abzuwehren.

Die beabsichtigte Entwicklung der Rechtsformen zur völligen juristischen Gleichsetzung von Mann und Frau entspringt mithin nicht einer »geistig-politischen Strömung«[49] oder der humanen Absicht, »der Ehefrau zur Selbständigkeit und zum Selbstbewußtsein« zu verhelfen, wie der Gesetzgeber[50] in Übereinstimmung mit Teilen der Frauenemanzipationsbewegung meint; sie drückt vielmehr die Tatsache aus, daß durch die vorangetriebene Ausbreitung der Lohnarbeit nur noch wenige Frauen einen unterhaltswilligen Ehemann finden werden und deshalb – um den Preis ihrer Existenz – selber zum Erwerb ihres Unterhalts gezwungen sind.

Anders als eine Position, die auch nach der – erst im Sozialismus erwarteten – totalen Gleichberechtigung von Mann und Frau die Fortpflanzung der Gattung für ein natürliches Resultat der »rücksichtslose[n] Hingabe eines Mädchens an den geliebten Mann«[51] hält, schreckt der bürgerliche Staat, der die Wirksamkeit und Notwendigkeit von Verhütungsmit-

46 BR-DS 260/73.
47 Siehe § 1357 BGB-E, a.a.O.
48 Maunz-Dürig-Herzog, a.a.O., Art. 3, Abs. II, Anm. 20.
49 Dölle, a.a.O., 1964, S. 20.
50 BR-DS 260/73, S. 78.
51 F. Engels, *MEW* 21, S. 77.

teln kennt, vor den möglichen Folgen seiner Gesetzgebung zurück. Das wird deutlich, wenn in der Begründung der §§ 1356 ff. BGB-E, in welcher der Zusammenhang von Ehe und Kindern nur noch als zufälliger erscheint, die Ehefrau gleichwohl noch einmal[52] auf Mutterschaft und Haushalt orientiert und damit hinter die radikale Gesetzesformulierung (§ 1356 II, BGB-E) zurückgegangen wird. Dieser Rückfall spiegelt die Befürchtung, daß die Fortpflanzung der Gattung gefährdet erscheint, wenn die Gleichberechtigung verwirklicht, bis dahin aber nicht absehbar ist, in welchen Formen Nachwuchs nunmehr gezeugt und aufgezogen werden kann. Noch wurde keine zureichende Organisation gesellschaftlicher Gattungsreproduktion geschaffen, durch welche die weitgehend verschwundene Basis privater Nachwuchsgewinnung zu ersetzen ist. In dieser Ungleichzeitigkeit von Gleichberechtigungsverwirklichung und gesellschaftlicher Fortpflanzungssicherung rächt sich die anarchische Entwicklung bürgerlicher Gesellschaften, die sie immer wieder an den Rand der Barbarei zu drängen droht.

Die gesetzlich verordnete Gleichbewertung von Haushaltstätigkeit und Erwerbstätigkeit hat auch die Neuformulierung der ehelichen Güterstände in der Gleichberechtigungsgesetzgebung von 1957 bestimmt. Nach dem normalen gesetzlichen Güterstand der Zugewinngemeinschaft (§§ 1363 ff. BGB) behält jeder Ehegatte sein Vermögen selbst, das er auch selbständig nutzt und verwaltet. Das individuelle Nutzungsrecht findet allerdings dort seine Grenze, wo ein Ehegatte über seine, jedoch gemeinsam benutzten, Haushaltsgegenstände (§ 1369 BGB) – wie Möbel, Fernseher, Küchenmaschinen, Wäsche etc. – oder über sein Vermögen im ganzen (§ 1365 f. BGB) verfügen will. Mit dieser Vorschrift wird noch einmal eine »wirtschaftliche Grundlage der Familie«[53] gesucht, die sich allerdings auf das Zusammenhalten toter Gegenstände beschränkt und gerade die Lebensprozesse gewährleistenden Eigentumsverhältnisse und Familienbeziehungen nicht wiederzuerschaffen vermag. Der zivilrechtliche Versuch, der Verschleuderung von Familienhabe zu begegnen, hat ebensowenig praktische Wirkung wie ihre strafrechtliche Verfol-

52 BR-DS 260/73, S. 18.
53 BGHZ 43 174 (1965).

gung, die 1943 von der NSDAP-Regierung ins Gesetz eingebracht wurde. Die auf eine »wirtschaftliche Betrachtungsweise«[54] gestützte Interpretation des § 1365 bleibt entsprechend diffus und willkürlich. Einerseits wird das Vermögen so gefaßt, daß bereits einzelne besonders bedeutsame Gegenstände seine Definition erfüllen, um so den Familienschutz weit auszudehnen, andererseits wird die Unkenntnis des Käufers solcher Gegenstände geschützt und so der Flüssigkeit des Warentausches gegenüber dem Schutz der Familie ein Vorrang eingeräumt.[55]

Die dekretierte Gleichwertigkeit von Haushaltstätigkeit und Erwerbsarbeit führt erst bei Auflösung der Ehe zu Konsequenzen. Während beim Tode eines Ehepartners der Erbteil des anderen um ein Viertel aufgestockt (§ 1371 BGB i.V.m. § 1931 BGB) und so pauschaliert sein Beitrag zur Vermögensmehrung des anderen ausgewiesen wird, erfolgt bei Scheidung ein Zugewinnausgleich in der Weise, daß das während der Ehe von den Partnern jeweils angesammelte Vermögen addiert und dem, der weniger angesammelt hat, ein Ausgleich zuerkannt wird, der zu einer Endverteilung von je 50% führt (§ 1373 ff. BGB). Wie sorgsam der Gesetzgeber seiner Gleichwertigkeitsfiktion bei der Errechnung der Ausgleichsforderung nachgeht, wird deutlich, wenn die während der Ehe durch Erbfall oder Schenkungen erfolgte Vermögensmehrung eines Ehegatten und das in die Ehe eingebrachte Vermögen (§ 1374 BGB) außer Ansatz bleiben. Der Ausgleichsanspruch kann vom haushaltsführenden Ehepartner dadurch verscherzt werden, daß er seine Verpflichtungen schuldhaft vernachlässigt, wobei allerdings einmaliges statt sechsmaliges Putzen pro Woche den Tatbestand der Pflichtverletzung nicht erfüllen dürfte[56] und so das Fiktive der Gleichbewertung neuerlich deutlich wird.

Daß unter der äußerlich bürgerlichen Rechtsform der Ehe ganz verschiedene ökonomische Interessen zueinanderkommen, wird daran sichtbar, daß der auf Geschlechtsrollenfixierung der Lohnarbeiterfamilie angelegte Güterstand der Zugewinngemeinschaft in freiem Vertragsschluß ersetzt werden

54 BGHZ, a.a.O., S. 176.
55 S. insgesamt BGHZ, a.a.O., mit weiteren Nachweisen.
56 Vgl. BT-DS II/3409, S. 13.

kann durch den der Ehe von Produktionsmitteleigentümern angemessenen Güterstand der Gütertrennung (§ 1414 BGB) oder durch die – praktisch jedoch kaum relevante – Gütergemeinschaft (§§ 1415 ff. BGB).

b) Wohnort

Mit der Gleichberechtigungsgesetzgebung von 1957 sind die beiden die Wohnsitznahme der Ehefrau vorschreibenden Bestimmungen gefallen. § 10 BGB alter Fassung hatte bestimmt, daß die Frau den Wohnsitz des Mannes automatisch teilte; § 1354 BGB alter Fassung hatte dem Mann zusätzlich eingeräumt, die Wahl des tatsächlichen Aufenthaltortes der Ehefrau festzulegen. Seit der Novellierung ist die Ehefrau zum ersten Mal in der Lage, wirksam für sich selbst Wohnsitz und Aufenthalt zu wählen (§ 7 BGB). Zwar besteht nach wie vor über § 1353 BGB die Verpflichtung der Ehepartner zum Zusammenleben; jedoch kann der Mann die Modalitäten nicht mehr einseitig, d. h. insbesondere mit Rücksicht auf die räumlichen Erfordernisse seiner Erwerbstätigkeit, festlegen, da »im Zuge der jüngeren sozialen Entwicklung, insbesondere durch die häufiger werdende berufliche Tätigkeit beider Ehegatten«[57] einseitige Bestimmungsrechte zur Bedrohung der Existenzsicherung führen können. Die einseitige Wohnungsnahme durch die Ehefrau wird deshalb nicht mehr berührt. Mit dem ebenfalls von persönlichen Fesseln gelösten Recht der Ehefrau, selbständig Arbeitsverträge zu schließen, ist nun ihre Freisetzung zur Lohnarbeiterin vollendet und damit die für die bürgerliche Ehegattin konstruierte Abhängigkeit durch den bürgerlichen Staat selbst aufgehoben.

c) Name

Der Widerwille gegen die Namenspreisgabe bei der Eheschließung, die ursprünglich nur von der Frau gefordert war, nach dem Reform-Entwurf[58] aber auch für den Mann möglich werden soll, dürfte der animistischem Denken verhafteten Gleichsetzung von Name und Person entspringen. Mit dem

57 Soergel-Siebert-Lange, a.a.O., § 1353 Anm. 6.
58 § 1355 BGB-E, BR-DS 260/73.

Hinweis, daß die einzige Aufgabe des Namens in seiner Ordnungs- und Unterscheidungsfunktion bestehe[59], kann daher das Unbehagen an der Namensabgabe nicht beseitigt werden, weil »der Name [...] in tiefere Bezüge weist«.[60] Diese wurden von der Psychoanalyse aufgedeckt. Sie hat gezeigt, daß die verbreitete Fehlleistung des Namenvergessens regelmäßig als unbewußte Aggression gegen den Träger des Namens bzw. eine andere Person gleichen Namens zu deuten ist.[61] Die gesetzlich erzwungene Abgabe des eigenen Namens, den die Ehefrau erst seit 1957 an den des Mannes anhängen kann, wird deshalb auch als Bedrohung der eigenen »Individualität«[62] erfahren. Die »Verhaustierung« der Ehefrau hat insofern in der scheinbar harmlosen Namensregelung eine Verstärkung gefunden.

d) Scheidung und privater Unterhalt

Bürgerlich- und kommunistisch-revolutionäre Gesetzgebungen haben jeweils die Scheidung auf den Wunsch eines Ehepartners hin ermöglicht. Das gilt sowohl für die bürgerliche französische Revolution[63], die keine vom freien Vertrag abweichenden Beziehungen mehr zulassen wollte, als auch für die kommunistische russische Revolution von 1917[64], die Geschlechtsbeziehungen vollständig ›entökonomisieren‹ wollte. Diese Gesetze wurden jeweils wenige Jahre nach ihrer Einführung als Bedrohung der gesellschaftlichen Entwicklung gewertet und wieder rückgängig gemacht.[65]

Die Geschichte des Scheidungsrechts in Deutschland ist, seit ihm die bürgerliche Familienkonstruktion zugrunde liegt, durch den engen Zusammenhang von Dauerhaftigkeit der Ehe, Unterhalt der Ehefrau und Existenz von Nachwuchs gekennzeichnet. Sie bewegt sich zwischen dem Prinzip, das auf das Verschulden des nicht die Eheaufhebung begehrenden

59 Jemolo, a.a.O., S. 473.
60 Gernhuber, a.a.O., 1971, S. 136.
61 Vgl. S. Freud, a.a.O., *GW* IV und XI.
62 S. Maunz-Dürig-Herzog, a.a.O., Abs. II, Art. 3, Anm. 32.
63 S. Gesetz vom 20. 9. 1792.
64 S. Erlaß vom 19. 12. 1917 sowie die Familien-Gesetze von 1918 und 1926; vgl. J. Gorecki, a.a.O., S. 490 ff.
65 Vgl. W. Reich, a.a.O., S. 222 ff.

Partners zielt, und einer Ausnahmeregelung, die Zerrüttung zu ihrem Ausgangspunkt macht und so tendenziell den einseitigen Scheidungswunsch dennoch zu erfüllen erlaubt. Das *Preußische Landrecht* geht vom Verschuldungsgrundsatz aus, durchbricht ihn aber zugunsten der Konventionalscheidung kinderloser Ehepartner.[66] Das *Badische Landrecht* sah in Anlehnung an den *Code Civil* von 1804[67] die Scheidung aufgrund beiderseitigen Einverständnisses vor. Zur gleichen Zeit in Deutschland gültiges protestantisches Scheidungsrecht ließ die Scheidung nur bei Ehebruch und ähnlichen Handlungen zu. In Ländern mit kanonischem Eherecht war bis 1875 die Ehescheidung grundsätzlich verboten. Das Bürgerliche Gesetzbuch von 1900 durchbrach das Verschuldensprinzip lediglich für den Fall der Geisteskrankheit (§§ 1565-1574 BGB). Das Ehegesetz von 1938 ermöglichte die Scheidung bei Verweigerung der Fortpflanzung (§ 38 EheG) und bei Unfruchtbarkeit (§ 53 EheG). Das Kontrollratsgesetz Nr. 16 vom 20. 2. 1946 entfernte diese »typisch nationalsozialistischen«[68] Vorschriften, die in der Gesetzeskommentierung jedoch weitgehend beibehalten werden.[69] Die Gleichberechtigungsgesetzgebung von 1957 änderte an diesem Rechtszustand nichts und belegt so, daß sie die identischen Ursachen von Gleichberechtigung und Auflösung bürgerlicher Ehen nicht zur Wirkung kommen lassen und möglichst auch die Gleichberechtigung eindämmen wollte.

Sollte dies für die Gleichberechtigung durch das Leitbild der Hausfrauenehe gelingen, so wurde die Scheidung 1961 zusätzlich durch die Neufassung des § 48 EheG erschwert und so der Zusammenhang von Lebenslänglichkeit, Unterhalt und Kindern künstlich zu erhalten gesucht.[70] Die Gesetzesnovelle kodifizierte lediglich die Rechtsprechung des von prominenten Katholiken besetzten IV. Senats des Bundesgerichtshofes, der das in § 48 EheG grundsätzlich angelegte Zerrüttungsprinzip außerordentlich restriktiv auslegte und die Ehefortsetzung praktisch an den nicht legitimierungspflichtigen

66 II 1 § 716 PrALR.
67 Art. 233/275 CC.
68 BR-DS 260/73 S. 64.
69 Hoffmann-Stephan, a.a.O., Anm. zu §§ 43 und 32.
70 S. dazu Haensch, a.a.O., S. 86 f.

Widerspruch eines Ehepartners band. Die Entschlossenheit, der Erschwernis Nachdruck zu verleihen, wird an Urteilen des BGH sichtbar, in denen selbst bei mehr als dreißigjähriger Trennung die Scheidung verwehrt wurde, wenn nur ein Ehegatte widersprach und ungeprüft beteuerte, er empfinde eine innere Bindung, wo es allein um die Versorgung ging.[71]

Trotz der seit 1900 in Deutschland eingeschränkten und zu Zeiten zusätzlich behinderten Möglichkeit der Ehescheidung hat sich die wirkliche Scheidungsentwicklung in der Tendenz vom Gesetz unbeeindruckt gezeigt und seither fast verzehnfacht, wie aus folgender Tabelle ersichtlich ist. Unter der bisher strengsten, seit 1961 geltenden Fassung hat sich die Zahl der Scheidungen auf einen absoluten Rekord noch einmal beinahe verdoppelt.[72]

Gerichtliche Ehelösungen vor dem Zweiten Weltkrieg

Jahr	Zahl der Scheidungen	Scheidungen auf 10 000 Einwohner
1900	7 928	1,6
1905	11 215	1,9
1910	15 016	2,3
1913	17 835	2,7
1920	36 542	5,9
1925	35 451	5,7
1930	40 722	6,3
1935	50 259	7,5
1938	49 497	7,2
1939	61 789	8,9

Versuche des Staates, die Familie unbeeinträchtigt vom Verlust ihrer ökonomischen Basis zu erhalten, sind bisher stets von der wirklichen Entwicklung zum Scheitern gebracht worden und nötigen zu anderen Bemühungen, die bisher in der Familie erfolgte Nachwuchsgewinnung und Erziehung sicherzustellen.

71 Nachweise etwa bei Wiethölter, a.a.O., S. 217 ff., E. Wolf, a.a.O., 1967, S. 659.

72 Vgl. WiSta 7/74, S. 488, und BR-DS 260/73, S. 240.

Gerichtliche Ehelösungen seit 1950

Jahr	Rechtskräftige Urteile auf Ehelösungen insgesamt	darunter Ehescheidungen		Ehescheidungen auf 10 000	
	Anzahl		1956 100	Einwohner	Ehen
1950	86 341	84 740	*184*	*16,9*	*67,5*
1951	65 078	64 009	*139*	*12,7*	·
1952	58 750	57 933	*126*	*11,4*	·
1953	54 578	53 876	*117*	*10,5*	·
1954	51 200	50 670	*110*	*9,8*	·
1955	48 860	48 277	*105*	*9,2*	·
1956	46 636	46 101	*100*	*8,7*	·
1957	46 855	46 352	*101*	*8,6*	*32,7*
1958	48 537	48 050	*104*	*8,9*	*33,6*
1959	49 326	48 848	*106*	*8,9*	*33,7*
1960	49 325	48 874	*106*	*8,8*	*35,7*
1961	49 651	49 271	*107*	*8,8*	*35,9*
1962	49 894	49 508	*107*	*8,7*	*35,1*
1963	51 152	50 833	*110*	*8,8*	*34,6*
1964	55 995	55 698	*121*	*9,5*	*37,5*
1965	59 039	58 718	*127*	*10,0*	*39,2*
1966	59 014	58 730	*127*	*9,8*	*38,7*
1967	63 116	62 835	*136*	*10,5*	*41,0*
1968	65 498	65 264	*142*	*10,8*	*42,3*
1969	72 517	72 300	*157*	*11,9*	*46,9*
1970	76 711	76 520	*166*	*12,6*	*50,9*
1971	80 619	80 444	*174*	*13,1*	*51,7*
1972	86 734	86 614	*188*	*14,0*	*55,2*

Der in den steigenden Eheauflösungsraten offen zum Ausdruck gelangte Basisverlust von Ehe und Familie ergreift endlich auch das Gesetz, nachdem es die gesellschaftliche Reproduktion längst inhaltlich nicht mehr faßte. Die radikal-bürgerlichen Maximen von der individualvertraglichen Substanz der Ehe, die in der Französischen Revolution nur eine kurze

Verwirklichung erfahren hatten und auch in Frankreich erst 1974 wieder zur Debatte stehen, werden von neuem formuliert und stoßen auf eine gesellschaftliche Situation, die ihre »ordentliche«, gesetzlich vollzogene Einlösung erlaubt. Die alte Erkenntnis bürgerlicher Theoretiker[73] von der Gleichartigkeit der Frau erlebt ihre mit rechtsverändernder Wirksamkeit vorgetragene Neuauflage in der »realen«[74], rein vertraglichen Konzeption der Ehe, die den privaten Willen zur Geschlechtsgemeinschaft in den Vordergrund rückt: insbesondere mit der Konsequenz, daß ein Festhalten am Vertrag gegen den Willen auch nur eines der Vertragspartner tendenziell systemwidrig wird. Die Entwicklung der Produktionsweise zum kapitalistischen Warentausch, die sich oberflächlich darstellt als eine »from status to contract« (H. S. Maine), wird nun als für die Geschlechtsbeziehungen längst überfällige propagiert; Ehe und Familie werden als »gleichermaßen zartes wie alle Beteiligten mehr als je zuvor in ihrer Sozialität bestimmendes und prägendes Band«[75] charakterisiert, die auf »Liebe« und »Intimsublimierung«[76] allein gegründet sind. Ein solches, auf »freie Vereinbarung« gegründetes Zusammenleben[77] ist prinzipiell wie jedes Vertragsverhältnis einseitig, durch contrarius actus – widerrufbare Willenserklärung – lösbar. Besonderheiten z. B. gegenüber Miet- und Arbeitsverträgen rechtfertigen sich allein daraus, daß, um der »Persönlichkeitsentwicklung willen, eine Sicherheit vor jederzeitiger Trennung erforderlich ist«.[78] Scheidungserschwernisse schützen vor der »humana fragilitas«[79], um zu verhindern, daß »eine Ehe [...] wegen eines augenblicklichen Streits oder einer Meinungsverschiedenheit mit unwiderruflichen Folgen für die ganze Familie getrennt werden« könnte.[80]

Erst seit die bürgerliche Ehe ihrer materiellen Basis weitgehend verlustig ist, kann die Rechtsprechung des BGH, die das

73 S. nach der Französischen Revolution insbesondere die 1868 erstmals veröffentlichte Schrift von J. S. Mill, a.a.O.
74 So besonders E. Wolf, JZ 1970, 441.
75 Wiethölter, a.a.O., S. 209.
76 Wiethölter, a.a.O.
77 Vgl. T. Ramm, a.a.O., S. G 655.
78 Ramm, a.a.O., S. G 655.
79 Müller-Freienfels, a.a.O., S. 59.
80 W. Friedmann, a.a.O., S. 217.

Erlöschen der wechselseitigen Zuwendung der Partner übergeht und ganz auf die Versorgungsansprüche der Ehefrau ausgerichtet ist (allerdings ohne die Entscheidung in dieser Weise offen zu begründen), auf Unverständnis und Widerspruch stoßen. Die Normalität der bürgerlichen Ehekonstruktion wird erst anstößig, als die gesellschaftliche Entwicklung ihre soziale Adäquanz vernichtet hat; und erst dann bemächtigt sich die längst vorhandene theoretische Einsicht der Realität. Nicht »die Entwicklung hat Vorurteile, Tabus, Sakralrelikte, Ideologien entlarvt und entzaubert«[81], nicht ein neues Eheverständnis hat »die Institution Ehe [als] ein leeres Wortsymbol und Instrument für weltanschaulich eingekleidete Willkür-Entscheidungen«[82] mit »religiöser oder kirchlicher, mit liberaler oder sozialistischer, mit nationalsozialistischer oder transpersonalistischer Substanz«[83] offengelegt, sondern Ehe und Familie bedürfen ideologischer sowie zwangsgesetzlicher Absicherung, sobald sie nicht mehr ausschließlich für den Reproduktionszusammenhang von Eigentümern an Produktionsmitteln die verbindliche und funktionale Verkehrsform sind. Erst nachdem die kapitalistische Entwicklung die sozialen Verhältnisse und persönlichen Beziehungen umgewälzt hat und die Familie nicht mehr die Versorgung von Vater, Mutter und Kindern gewährleistet, wird sie zur zeitenthobenen Institution stilisiert, um ihre künstliche Erhaltung zu legitimieren. Erst so wird zureichend erklärbar, wann und warum es möglich ist, die vollständige Privatheit und Staatsunabhängigkeit nicht nur fortgesetzt zu propagieren, sondern auf Verwirklichungschancen der Propaganda zu hoffen. Die Institution will ja nicht aus ideologischer Bosheit Personen verschiedenen Geschlechts zusammenzwingen, deren »Widerwille [...] tief eingewurzelt ist«[84], sondern sie wird in der Hoffnung auf die »Zwecke des Ehestandes«[85] hochgehalten, daß in ihr Nachwuchs so billig wie möglich hervorgebracht und qualitätsgerecht aufgezogen werde. Solange diese Hoffnung besteht, übt der Staat als Wahrer des gemeinschaftlichen

81 Wiethölter, a.a.O., S. 208.
82 E. Wolf, a.a.O., 1967, S. 445.
83 Wiethölter, a.a.O., S. 209.
84 Siehe II 1 § 718a PrALR.
85 Siehe II 1 § 718a PrALR.

Interesses »Zwang zur Ehe« aus. Ihr Schwinden, das in sinkenden Eheschließungs-, wachsenden Ehescheidungs- und rückläufigen Geburtenraten nachdrücklich dokumentiert wird, macht die Notwendigkeit anderer Lösungen des Problems einer qualitätsgerechten Gattungsreproduktion offenkundig und erlaubt die staatliche Vernachlässigung des Eherechts, ohne daß allerdings auszuschließen ist, daß neuerlich Zuflucht bei der staatlichen Stiftung von Familien gesucht wird, wobei der dazu erforderliche Gewaltapparat die Legitimationskraft eines bürgerlich-demokratischen Systems übersteigen dürfte.

Wenn gesagt wird, daß bei der Ehegestaltung »staatliche Belange von Rang überhaupt nicht betroffen sind«[86], dann ist damit bestenfalls staatliche Nichteinmischung ins Auge gefaßt, die selber nur von den jüngsten Auswirkungen der Lohnarbeitsverallgemeinerung her verständlich wird. Da der Verzicht auf staatliche Einmischung als endlicher Erfolg des Kampfes gegen faschistische oder klerikale Regelungszwänge erscheint, wird im Eifer des Liberalisierungskampfes übersehen, daß das in diesen Zwängen verkörperte Problem der ›qualitätsgerechten Nachwuchsgewinnung‹ ja weiterhin ungelöst bleibt. Der bloße Hinweis auf die »Freuden und Pflichten einer Elternschaft, [die] dem größeren materiellen Komfort und der größeren Bewegungsfreiheit der Kinderlosigkeit« von »Millionen moderner Ehepaare« vorgezogen werden[87], ist in einer liberalen Argumentation sicherlich konsequent; er benennt aber keine dauerhafte und verläßliche Lösung des Problems, wie die bestürzten Aussagen der Bevölkerungsstatistiker belegen, die gerade den »Wunschkindgedanken« für das dramatische Sinken der Geburtenraten verantwortlich machen.[88] So kontrastiert auch die Hoffnung scharf mit der gleichzeitigen Warnung desselben Autors, daß »kein anderes Problem [...] neben dem der totalen Vernichtung durch nukleare Waffen so schicksalsschwer für die Zukunft der Menschheit« ist wie »die Tatsache der Geburtenkontrolle«.[89]

86 Wiethölter, a.a.O., S. 219; s. auch W. Friedmann, a.a.O.; T. Ramm, a.a.O.
87 W. Friedmann, a.a.O., S. 258.
88 Vgl. K. Schwarz, a.a.O.
89 W. Friedmann, a.a.O., S. 234.

Der politische Streit um die staatliche Beschränkung der Ehescheidung erscheint als verfassungsrechtliche Debatte darüber, ob der in Art. 6 GG gefaßte Schutz der Familie die einseitige Auflösbarkeit der Ehe, wie sie potentiell im Zerrüttungsprinzip angelegt ist, als verfassungswidrig verbietet[90] oder ob im Gegenteil die Einschränkung der Ehescheidung auch gegen den nachhaltigen Willen schon eines Partners als verfassungswidrige Verletzung der freien Entfaltung der Persönlichkeit (Art. 2 GG) und der Würde des Menschen (Art. 1 GG) zu betrachten ist.[91]

Die gesellschaftliche Bewegung hatte bereits unter dem geltenden Recht faktisch wenigstens die Konventionalscheidung als eine Verkörperung des Zerrüttungsprinzips durchgesetzt und den Anteil der Scheidungen nach dem grundsätzlich allein zulässigen Schuldprinzip zu einer schwindenden Größe reduziert. Dies vollzog sich unter Umfunktionierung des § 43 EheG in der Weise, daß einer der scheidungswilligen Ehepartner – in der Regel der Mann – eine »schwere Eheverfehlung« bekannte und eine vor dem Scheidungsprozeß privat ausgehandelte Unterhaltsvereinbarung dem Gericht nur noch unterbreitet wurde. Die Tabelle auf Seite 140 dokumentiert diese Praxis.

Die bevorstehende Novellierung des Scheidungsrechts nimmt den offensichtlich unabänderlichen Tatbestand hin und in der Weise auf, daß in Zukunft die Ehescheidung verschuldensunabhängig ausgesprochen wird, wenn die Partner das Scheitern der Ehe durch eine bestimmte Trennungsfrist bewiesen haben. Da jeder Ehepartner die Trennung individuell – auch gegen den Willen des anderen – vollziehen kann, wird im Prinzip die Möglichkeit einseitiger Eheauflösung zugestanden. Im politischen Kampf um die Fristendauer, mit der die scheidungsbegründende Zerrüttung nachgewiesen werden soll, lebt freilich das Bestreben, Ehen und Familien durch staatliche Macht zu verbürgen, fort. Dabei ist es ganz gleichgültig, ob man sich mit einer dreijährigen Frist[93] fort-

90 So Maunz-Dürig-Herzog, a.a.O., Art. 6, Anm. 17.
91 So E. Wolf, a.a.O., 1967, S. 661.
92 *WiSta* 7/74, S. 489.
93 So der SPD/FDP-Regierungsentwurf, BR-DS 260/73 § 1566 BGB-E.

Tabelle: Ehescheidungen nach Gründen.

Jahr	Ehescheidungen insgesamt[1]	§ 42	§ 43	auf Grund von § 42 in Verbindung mit § 43	§ 48	übrige[2]
			Anzahl			
1950	84740	8681	62884	2047	10369	759
1956	46101[3]	2133	38882	758	3874	452
1961	49280	1354	43507	737	3250	432
1962	49521	1313	44419	634	2726	429
1967	62855	1028	57749	898	2800	380
1968	65264	909	60226	915	2848	266
1969	72300	895	67260	918	2826	401
1970	76520	892	71416	815	2967	430
1971	80444	786	75703	402	3181	390
1972	86614	609	82144	198	3312	351
			Prozent			
1950	*100*	*10,2*	*71,2*	*2,4*	*12,2*	*0,9*
1956	*100*	*4,6*	*84,3*	*1,6*	*8,4*	*1,0*
1961	*100*	*2,7*	*88,3*	*1,5*	*6,6*	*0,9*
1962	*100*	*2,7*	*89,7*	*1,3*	*5,5*	*0,9*
1967	*100*	*1,6*	*91,9*	*1,4*	*4,5*	*0,6*
1968	*100*	*1,1*	*92,3*	*1,4*	*4,4*	*0,6*
1969	*100*	*1,2*	*93,0*	*1,3*	*3,9*	*0,6*
1970	*100*	*1,2*	*93,3*	*1,1*	*3,9*	*0,6*
1971	*100*	*1,0*	*94,1*	*0,5*	*4,0*	*0,5*
1972	*100*	*0,7*	*94,8*	*0,2*	*3,8*	*0,4*

1) Einschließlich der wenigen Scheidungen nach fremdem Recht.
2) §§ 44 bis 46 und sonstige Kombinationen von Paragraphen.
3) Einschließlich der unbekannten Fälle.

schrittlich gegen Befürworter einer fünfjährigen Wartefrist[94] absetzt. Jede staatliche Verzögerung einer Scheidung macht die Ehe zu einer Falle, in der unfreiwillig festgehalten wird, wer ›ungezwungen‹ in sie hineingeraten ist. Dies wird deut-

94 So die CDU/CSU, vgl. die Rede von Mikat, a.a.O.

lich, wenn auch die einverständliche Scheidung um volle zwölf Monate von Gesetzes wegen aufgeschoben werden soll.[95]

Hilflos ist diese Politik deshalb, weil ihre Folgen von potentiell Ehewilligen kalkuliert und durch nichteheliches Zusammenleben unterlaufen werden können. Die schwedische Regierung, die in ihrem Einflußbereich zwischen 1966 und 1971 einen Rückgang der Eheschließungen um 35% konstatieren mußte, ist deshalb auf eine Politik verfallen, die gerade die Gründe der Ehelosigkeit in Rechnung stellt: »Alle diese Jungen vertreten die Auffassung, daß das Scheitern der Beziehungen, der Schiffbruch ihrer Gemeinschaft, das freundschaftliche oder feindselige Auseinandergehen zweier Menschen etwas ist, das nur diese, aber nicht Staat und Gesellschaft angeht. Sie wählen diese Gemeinschaftsform gerade auch deshalb, weil sie es ganz entschieden ablehnen, daß sich das Gericht zwangsläufig in eine etwaige Auflösung einmischt.«[96] Da jedoch auch der schwedische Staat immer noch seine Bürger dazu bringen will, »lebenslang in Harmonie ein glückliches und einträchtiges Familienleben zu schaffen«[97], beseitigt er bei Einverständnis der trennungswilligen Partner die Wartefrist ganz und erhält eine Bedenkzeit von lediglich 6 Monaten bei Widerspruch eines Ehepartners oder wenn unterhaltsberechtigte Kinder vorhanden sind. Er hofft so, »die ›Scheu‹ der jungen Menschen vor der Eheschließung [zu] verringern«.[98]

Die unterschiedlichen Vorgehensweisen des schwedischen und des bundesdeutschen Staates verdeutlichen die Sackgasse, in der die Familiengesetzgebung inzwischen angelangt ist. Entweder wird versucht, in die Ehe hineinzutreiben, indem sie leicht gelöst werden kann, oder in der Ehe einzufangen, ohne noch hineintreiben zu können. Diese Beliebigkeit setzt sich in einer gewissen Beliebigkeit – der Berufung auf zufällige Mehrheiten zufälliger Gremien und das Rechtsgefühl – fort, mit der für die unterschiedlich langen Wartefristen in der

95 Vgl. § 1566 Abs. 2 BGB-E, a.a.O.
96 Simson, a.a.O., S. 407.
97 Simson, a.a.O., S. 406, der den Inhalt der schwedischen Trauungsformel referiert.
98 Simson, a.a.O., S. 407.

Bundesrepublik wesentlich gefochten wird: »In der Eherechtskommission hat eine knappe Mehrheit von acht Mitgliedern eine Frist von fünf Jahren vorgeschlagen [...], während sich sieben Mitglieder für eine kürzere Frist eingesetzt haben. [...] Vom 48. Deutschen Juristentag wurde 1970 mit einer knappen Mehrheit der Teilnehmer empfohlen, schon nach einer Trennung der Ehegatten von zwei Jahren immer zu scheiden. Teilweise wird auch empfohlen, die erforderliche Trennungsfrist nach der Ehedauer zu staffeln. Der Entwurf schlägt eine Frist von drei Jahren vor, die mit der Trennungsfrist des § 48 EheG übereinstimmt. In dieser Zeit der Trennung können die Ehegatten die persönlichen und rechtlichen Folgen der Trennung eingehend erleben und überdenken. Leben die Ehegatten in dem Bewußtsein, daß die Ehe zerrüttet ist, mehr als drei Jahre getrennt, so muß angenommen werden, daß jedenfalls bei einem der Ehegatten die eheliche Gesinnung endgültig erloschen ist. Die Wiederherstellung der ehelichen Lebensgemeinschaft ist dann nicht mehr zu erwarten. Dieses Ergebnis entspricht den Erfahrungen in der gerichtlichen Praxis. Damit lehnt der Entwurf den Vorschlag des Juristentages ab, eine häusliche Trennung von zwei Jahren genügen zu lassen, und schließt sich der Meinung einer starken Minderheit in der Eherechtskommission an. Zwar muß gegenüber den Befürwortern einer kürzeren Frist eingeräumt werden, daß die Unheilbarkeit der Zerrüttung einer Ehe regelmäßig schon nach einer erheblich kürzeren als einer dreijährigen Trennung eintritt. Die Voraussetzung für die Vermutung soll aber so gestaltet sein, daß sie auch in Sonderfällen zu einer richtigen Entscheidung führt. Eine Frist von drei Jahren stellt aber als Grundlage für die Feststellung des Scheiterns der Ehe eine hochgegriffene Grenze dar. Eine längere Frist würde zu einer sachlich nicht gerechtfertigten Erschwerung der Scheidung über den Vermutungstatbestand führen und den scheidungswilligen Ehegatten veranlassen können, das Scheitern der Ehe über den Grundtatbestand des § 1565 E nachzuweisen.«[99]

Mit der gleichen Begründung gelangt die CDU zu einer fast doppelt so langen Frist: »Unsere Ablehnung des Fristensche-

99 BR-DS 260/73, S. 110.

matismus bedeutet freilich nicht, daß wir damit *Fristen als Scheidungsindiz* überhaupt ablehnen. Was die Dauer der Frist des Getrenntlebens bei streitigen Ehescheidungen anbelangt, so wird in den Ausschußberatungen sorgfältig zu überlegen sein, für welche Fristenregelung die besseren Argumente sprechen; es sei in diesem Zusammenhang daran erinnert, daß sowohl der Vorschlag der Eherechtskommission als auch der im Bundesrat abgelehnte Vier-Länderantrag von Bayern, Rheinland-Pfalz, Saarland und Schleswig-Holstein in Anlehnung an fast alle ausländischen Regelungen die Fünf-Jahres-Frist fordert.«[100]

Einer der Grundpfeiler der bisher im Scheidungsrecht anerkannten Familienkonstruktion war die lebenslange Versorgung der den Haushalt besorgenden Ehefrau. Sie konnte in der Regel bei untadeligem Leben die Scheidung völlig blokkieren und die Lebenslänglichkeit verteidigen oder doch wenigstens, falls sie in die Scheidung einwilligte, den lebenslänglichen Unterhaltsanspruch sichern. Mit der Novellierung fällt dieses Prinzip, das in der bürgerlichen Familie den Interessenausgleich der Ehegatten verbürgt hatte. Sie nimmt die Tatsache auf, daß der Lohnarbeiter grundsätzlich nur Einkommen zu seinem Selbstunterhalt bezieht und verweist somit alle Ehefrauen auf eigene Lohnarbeit, was 1971 für mehr als ein Drittel aller Ehefrauen und mehr als zwei Drittel aller ledigen Frauen zwischen 15 und 65 Jahren ohnehin zutraf.[101] Damit ist das 1957 noch einmal konzipierte Leitbild der Hausfrauenehe nachhaltig zerstört. Folgerichtig überläßt § 1356 BGB-E die Haushaltsführung freier Übereinkunft und gewährleistet ausdrücklich das Recht auf Erwerbstätigkeit für beide Ehepartner. Zwar wird die Haushaltsführung als Unterhaltsleistung der Erwerbstätigkeit weiterhin gleichgestellt, was durch die Pläne einer Rententeilung im Alter zusätzlich unterstrichen wird, aber die Versorgung nach einer Scheidung vor dem Rentenalter wird nicht mehr durch private Unterhaltsansprüche gewährleistet und somit jeder Ehepartner von vornherein auf Qualifikation und kontinuierliche Erwerbstätigkeit verwiesen, wenn er seine Lebensperspektive sichern

100 Paul Mikat, a.a.O., s. auch Stellungnahme des Bundesrates zum Entwurf des Gesetzes BT-DS 7/650, S. 260.

101 Quelle: *Die Frau in der offenen Gesellschaft* 2/74, S. 11.

will. Die Gründe, aus denen zur Milderung von Übergangshärten in Zukunft privater Unterhalt noch in Anspruch genommen werden kann, sind so genau als Ausnahmen gekennzeichnet, daß sie vom geltenden Recht noch gewährte Versorgungsillusionen nicht tradieren; die Ehefrau soll »grundsätzlich den Weg zum Arbeitsmarkt beschreiten«.[102] Privater Unterhalt soll nur noch gewährt werden:

»1. Wenn von dem geschiedenen Ehegatten wegen der Pflege oder Erziehung eines gemeinschaftlichen Kindes eine Erwerbstätigkeit nicht erwartet werden kann (§ 1571 E),

2. wenn von dem geschiedenen Ehegatten wegen seines Alters eine Erwerbstätigkeit nicht erwartet werden kann (§ 1572 E),

3. wenn von dem geschiedenen Ehegatten wegen Krankheit eine Erwerbstätigkeit nicht erwartet werden kann (§ 1573 E),

4. solange der geschiedene Ehegatte, der während der Ehe nicht erwerbstätig war, nach der Scheidung keine angemessene Erwerbstätigkeit zu finden vermag (§ 1574 E),

5. solange ein geschiedener Ehegatte, der in Erwartung der Ehe oder während der Ehe eine Ausbildung nicht aufgenommen oder abgebrochen hat, diese nach der Scheidung fortsetzt oder sich einer Fortbildung oder Umschulung unterzieht (§ 1576 E).«[103]

Auch eine das Zerrüttungsprinzip ausnahmsweise durchbrechende Scheidungsverweigerung kann, unabhängig davon, ob sie wirtschaftliche Gesichtspunkte einschließt[104], nicht darüber hinwegtäuschen, daß vor dem Rentenalter prinzipiell keine materielle Sicherung ohne Selbstunterhalt besteht.

Offensichtlich treffen die reduzierten Unterhaltspflichten vorrangig Männer der Mittelschicht[105], die ihren Frauen Beihilfe zur Erreichung einer sozial angemessenen, nicht »untergeordneten Tätigkeit«[106] leisten müssen. Diese Benachteiligung könnte die soziale Selektion des Ehepartners weiter auf-

102 Simson, a.a.O., S. 408.

103 BR-DS 260/73, S. 122.

104 S. zu der entsprechenden Kontroverse BR-DS 260/73, S. 114 ff., einerseits und BT-DS 7/650, S. 261, andererseits; vgl. auch Simitis, a.a.O., S. 40 f.; Bürgle, a.a.O., S. 512 f.

105 S. § 1574 BGB-E.

106 BR-DS 260/73, S. 61.

rechterhalten, da der Mittelschichtangehörige von vornherein versuchen wird, durch die Heirat eines ihm gleichwertig ausgebildeten Partners die Unterhaltsbedrohung zu unterlaufen. Die Benachteiligung höherer Schichten ließe sich so erklären, daß unverändert von der Tatsache ausgegangen wird, die Mittelschicht brauche für sich qualifizierten Nachwuchs, der nur durch zur Erziehung qualifizierte Mütter garantiert werden könne, die wiederum für dieses Erziehungsgeschäft nur durch lebenslangen Schutz vor Lohnarbeiterkonkurrenz zu gewinnen sind. Eine solche Annahme findet indes in der Empirie keine Stütze, da die Lohnabhängigen mit höherem Einkommen bei den kinderlosen Ehepaaren überrepräsentiert sind.

Die bereits 1957 mit der formal bleibenden Begründung des Verstoßes gegen die Gleichberechtigung erfolgte Aufhebung des Aussteueranspruchs der Braut (§§ 1620 ff. BGB a. F.) nimmt allerdings materiell den richtigen Aspekt auf, daß an die Stelle der finanziellen Hilfe bei der Erlangung einer lebenslangen ehelichen Versorgung die Finanzierung der Ausbildung treten muß.

Wenn der Staat mit der geplanten Reform des Eherechts die vollständige juristische Gleichberechtigung der Frau vollzieht, so kann das nur Verwirklichung formaler Rechtssubjektivität und Gleichheit heißen. Diese umfassen wohl das Verbot geschlechtspezifischer Diskriminierung im Arbeitsprozeß wie die Bildung von Frauenlohngruppen und frauenexklusiven Leichtlohngruppen[107], garantieren aber nicht inhaltliche Konkurrenzfähigkeit. Die Gleichberechtigung bringt also nicht schon die Gleichstellung der Frauen, schafft ihnen jedoch das Terrain, auf dem sie darum kämpfen können. Ihr Kampfplatz ist vorab der Arbeitsmarkt, auf dem nur der vom Käufer erwartete Leistungseffekt des Lohnarbeiters über seinen Erfolg entscheidet. Die Frauen konkurrieren auf diesem Markt nun mit solchen Lohnarbeitern, die ihn schon sehr viel länger bevölkern. Daß es sich dabei um Männer handelt, ist für den Verkauf prinzipiell gleichgültig; im Kampf um bessere Positionen und Arbeitsplätze überhaupt erscheinen sie lediglich als vorerst qualifiziertere Lohnarbeiter, und nur als solche stehen sie den vorerst weniger qualifizierten, die Frauen sein

107 Vgl. etwa Maunz-Dürig-Herzog Art. 3 Abs. II Anm. 51 FN 2.

mögen, feindlich gegenüber, es sei denn, alle Lohnarbeiter schalteten die Konkurrenz untereinander durch Zusammenschluß aus. Diskriminierte Rassen, die, unabhängig von ihrer Qualifikation, wegen ihrer Hautfarbe benachteiligt werden, befinden sich in einer ähnlichen Lage wie weibliche Lohnarbeiter, die ebenfalls qualifikationsunabhängig, als Geschlecht diskriminiert werden können.[108] Wie es den US-Negern gelungen ist[109], auf allen Qualifikationsstufen in bestimmten Quoten Arbeitsplätze garantiert zu bekommen, so sind vergleichbare Kämpfe um Frauenquoten als eine Stufe zum Erwerb spezieller Qualifikationen denkbar. Die Einführung des Gesetzes über die Beschäftigungsquoten ist während der Regierungszeit J. F. Kennedys und L. B. Johnsons nur nach harten Rassenauseinandersetzungen und nach der Öffnung der Demokratischen Partei zur Bürgerrechtsbewegung erfolgt. Obwohl der rassenemanzipatorische Gehalt der Gesetze den Unternehmen durchaus ein neues Arbeitskräftereservoir erschloß, mußten sie gegen ihren Widerstand durchgesetzt werden, da kurzfristig Produktivitätseinbußen und damit Konkurrenznachteile befürchtet wurden. Die begleitenden Verordnungen ergänzten denn auch den gesetzlichen Befehl durch ein Überwachungssystem[110] mit Sanktionsgewalt.[111]

Es scheint eine Stärke der chinesischen Kulturrevolution gewesen zu sein, spezielle Frauenfabriken trotz unterdurchschnittlicher Produktivität vor der Schließung durch solche Kräfte zu bewahren, die Konkurrenzfähigkeit auf dem Weltmarkt zum alleinigen Maßstab der industriellen Entwicklung Chinas machen wollten. Diese Fabriken schufen den Frauen so viel Lebensraum und Lernzeit, daß sie allmählich die gleichen Fähigkeiten ausbilden konnten wie männliche Arbeiter. Der Ausbildungsprozeß wäre gescheitert, wenn nur hochproduktive Fabriken mit sehr viel weniger Arbeitsplätzen gedul-

108 Vgl. S. de Beauvoir, a.a.O.

109 *Civil Rights Act*, 78 Stat. 253, 42 U.S.C. § 200 et seq. (1964) und *Executive Order* 11246 – *Equal Employment Opportunity*, in: M. J. Sovern, a.a.O., S. 227 ff.; s. auch die Zusammenfassung in: R. Bardolph (Hrsg.), a.a.O., S. 409 ff.

110 Equal Employment Opportunity Commission – vgl.: *The Civil Rights Act of 1964*, Appendix o.

111 Vgl. systematisch zu diesem Problem: W. Müller / C. Neusüß, a.a.O.

det und die dann leer ausgehenden Frauen in die Familien zurückgetrieben worden wären. Um dies definitiv zu verhindern, hat die chinesische Gesellschaft das Eheschließungsalter so hochgesetzt, daß die Zeit zwischen Schulabschluß und Mutterschaft nur durch Qualifikation und Arbeit überbrückt werden und auch subjektiven Fluchtwünschen in die Ehe nicht nachgegangen werden kann.[112]

e) Öffentliche Versorgung

Wer Einkommen aus dem Verkauf seiner Arbeitskraft beziehen muß, kann für seine Existenzsicherung nicht auf leibliche Verwandte rechnen. Wenn er aufgrund von Arbeitslosigkeit, Krankheit, Invalidität und Alter seine Arbeitskraft nicht verkaufen kann, muß sein Risiko temporärer Unversorgtheit durch kollektiv angesparte Fonds ausgeglichen werden. Diese kollektive Risikoversicherung muß der Lohnabhängige eingehen, da er über keinerlei materielle Mittel verfügt, mit denen er andere Private zu Unterhaltsleistungen bewegen kann – wie der Produktionsmitteleigentümer seine enterbbaren Erben.

Unterhält nun die/der Lohnabhängige einen Partner, so ist das sein jederzeit widerrufbarer Privatentschluß, den er aus seinem deshalb nicht steigenden Lohn finanzieren kann. Stellt sie/er sich zusätzlich mit diesem Partner unter die Rechtsform der Ehe, so handelt sie/er sich Folgepflichten ein: Der aufgrund privater Übereinkunft nichterwerbstätige Ehepartner hat private Unterhaltsansprüche und ist bei Unfall, Krankheit und Alter durch die Erwerbstätigkeit des anderen gesichert, weil er aus den kollektiven Sicherungsfonds Leistungen bezieht. Allerdings hat er nach geltendem Recht grundsätzlich nur abgeleitete Versorgungsansprüche aus den entsprechenden Versicherungen des Erwerbstätigen, d. h. im Versicherungsfall werden die Zahlungen an den Versicherten geleistet (s. § 537 ff. [Unfall], § 205 ff. [Krankheit] und § 1245 ff. [Alter] Reichsversicherungsordnung [RVO]). Wie wichtig der öffentliche Versorgungsanspruch ist, ergibt sich aus der Tatsache, daß er bereits von 90% aller Alten in

112 Vgl. für diese unter kapitalistischen Konkurrenzbedingungen kaum denkbaren Emanzipationsversuche C. Broyelle, a.a.O.

Anspruch genommen wird.[113] Eine Ausnahme besteht für Unfälle in landwirtschaftlichen Haushalten, die als Teil des Gesamtunternehmens gelten. Die in ihm beschäftigte Hausfrau hat eigene Ansprüche gegen die Unfallversicherung (§ 777, Satz 1 RVO). Diese Bestimmung erkennt die fortbestehende Produktionsgemeinschaft Familie im ländlichen Betrieb an und wertet konsequent die Hausarbeit wie eine Erwerbstätigkeit.

Die abgeleiteten Ansprüche werden bei bestehender Ehe allein vom Versicherten geltend gemacht. Ihre familieninterne Verteilung bleibt der Absprache der Ehepartner überlassen, so daß der nichtversicherte Partner sich individuell also immer in der Position des »Bittstellers« befindet. Bei Auflösung der Ehe durch Tod des versicherten Ehepartners erhält der verwitwete Partner eine Witwenrente aus dem Versicherungsanspruch des Verstorbenen in Höhe von 60% aus dessen Altersruhegeld (§§ 1264 ff. RVO). Bei Auflösung der Ehe durch Scheidung entfallen für den nichterwerbstätigen Ehepartner alle abgeleiteten Ansprüche. Am Altersruhegeld partizipiert sie/er nur über die Geltendmachung des verschuldensabhängigen privaten Unterhaltsanspruchs nach §§ 58 ff. Ehegesetz. Im Falle des Todes des unterhaltspflichtigen geschiedenen Ehepartners realisiert sich dieser private Unterhaltsanspruch als Geschiedenenwitwenrente – wiederum in Höhe von 60% des Altersruhegeldes des Versicherten (§ 1256 RVO). Existieren mehrere Rentenberechtigte – z. B. nach mehreren Ehescheidungen –, so wird der Gesamtbetrag nach jeweiliger Ehedauer geteilt (§ 1268, Satz 4 RVO). Erlischt der Rentenanspruch wegen Wiederverheiratung des Geschiedenen, so lebt er bei Auflösung dieser neuen Ehe wieder auf (§ 1291 RVO); auf diese Weise sollen Rentenkonkubinate bekämpft und der Ehegedanke hochgehalten werden.

Der Unterhaltsanspruch ist von besonderen Voraussetzungen abhängig, die infolge des Grundsatzes des Selbstunterhalts der einzelnen Partner in der Eherechtsreform noch verschärft werden. Ohnehin ist die bisherige verfassungskonforme Auslegung des § 58 Ehegesetz[114], nach der ein schuldlos

113 Vgl. Blume, a.a.O., F. 40.
114 S. dazu Soergel-Siebert, § 58 EheG, Anm. 2 ff.

geschiedener Mann nun in Angleichung an die bisherige Situation der Frau Unterhalt beanspruchen kann, ohne stets zur Erwerbstätigkeit verpflichtet zu sein, nicht auf der Höhe der gesellschaftlichen Entwicklung und stellt insofern eine nichtgerechtfertigte Ungleichbehandlung des zur Zahlung Verpflichteten dar. Diese wird allerdings durch die Eherechtsreform überwunden.

Die prekäre Versorgungssituation von Rentenempfängerehepaaren, von denen nur ein Ehepartner Versorgungsansprüche erworben hat, wird nach Trennung der Ehe augenfällig, da die geringen Teilungsbeträge oftmals Sozialhilfe erforderlich machen, die von der Allgemeinheit aufgebracht werden muß. Mit der Rentenreform von 1972/73 ist zwar der freiwillige Aufbau eines Altersruhegeldanspruchs für Nichterwerbstätige eingerichtet worden, dessen Beiträge in der Regel vom erwerbstätigen Ehepartner aufzubringen sind.[115] Offensichtlich ist aber über diese freiwillige Versicherung eine eigenständige soziale Sicherung des nichterwerbstätigen Partners wegen mangelnder Bereitschaft oder Fähigkeit des anderen, die hohen Beiträge zu erbringen, nicht zu erreichen.[116] Einen Kernpunkt der Eherechtsreform stellt deshalb der in den §§ 1587 ff. BGB-E[117] begründete, neuartige Versorgungsausgleich zwischen geschiedenen Ehegatten dar. Diesem zufolge werden »Anrechte oder Aussichten auf eine Versorgung wegen Alters oder Berufs- oder Erwerbsunfähigkeit« (§ 1587 Satz 1 BGB-E) geteilt (Rentensplitting). Den Erwerbstätigen bleibt die Möglichkeit, beide Ansprüche jeweils bis zu 100% der Ursprungssumme durch die Entrichtung persönlicher Beiträge aufzustocken. Die Eigenständigkeit des Rentenanspruchs entsteht für den nichterwerbstätigen Ehepartner mithin erst nach der Scheidung – nicht schon bei einer Trennung.

Über diese Reformvorschläge geht die offiziöse Eherechtskommission noch hinaus, wenn sie eine obligatorische Versicherung des nichterwerbstätigen Ehepartners fordert. Sie soll 30% des Rentenanspruchs des erwerbstätigen Partners aus-

115 Siehe § 10 RRG. Gemäß Art. 2, § 49a RRG kann der Anspruch rückwirkend bis 1956 aufgebaut werden.

116 Siehe F. Pappai, a.a.O., S. 163, und H. F. Zacher, a.a.O., S. 7 ff.

117 BR-DS 260/73.

machen und von ihm privat aufgebracht werden. Der aus dieser Pflichtversicherung entspringende Anspruch des Nichterwerbstätigen wird dem Anspruch des erwerbstätigen Partners zugeschlagen, so daß bei Fortbestehen der Ehe sich eine Rente von insgesamt 130% ergeben würde. Für den Fall der Scheidung betrüge der Versicherungsanspruch nach Rentensplitting für jeden Partner 65%. In der Reform soll die Geschiedenenwitwenrente wegfallen, da der nichterwerbstätige Ehepartner dann ja eigene Rentenansprüche hat.[118]

Die Vorschläge der Eherechtskommission, die die prekäre Versorgungssituation des nichterwerbstätigen Partners nach Auflösung der Ehe durch einen eigenständigen Anspruch auf soziale Sicherung ausräumen wollen, gehen jedoch von der historisch überholten Annahme aus, daß die Ehe immer eine partnerschaftliche »Verbindung gleichberechtigter und gleichverpflichteter Personen«[119] sei. Dieser Gleichberechtigungsvorstellung liegt die Konstruktion zugrunde, daß die hauswirtschaftliche Tätigkeit eine existentiell notwendige Ergänzung der außerhäuslichen Erwerbstätigkeit ist. Daß die/der Lohnabhängige und sein nicht erwerbstätiger Ehepartner keineswegs gleichverpflichtet sind, zeigt sich – wie oben ausgeführt – empirisch daran, daß der nicht erwerbstätige Partner zunehmend längst vergesellschaftete Hausarbeit wie Konservieren, Backen etc. wieder – hinter die Entwicklung der Produktivkräfte bewußt zurückgehend – selbst verrichtet, um so Pflichten zu suggerieren, die seine Gleichberechtigung, d. h. wesentlich seinen Anspruch auf Versorgung, erst begründen könnten. Der selbständige Rentenanspruch der Ehefrau, der aufgrund der Erwerbstätigkeit und als angesparter Lohnteil des Mannes gewährt wird, könnte darauf hindeuten, daß ihre Versorgung stets im Lohn des Mannes enthalten ist. Die Rentenreform, die erst lange nach dem Zeitpunkt eingeleitet wird, in dem die geringe Arbeitsproduktivität den Unterhalt der Dienste leistenden Frau billiger machte als ihren Kauf als Waren, ruht allerdings gerade auf der durchgängigen Fiktion, daß die Frau durch die Haushaltstätigkeit immer noch notwendig Arbeit leistet und deshalb ihr Rentenanteil einen Teil des unterstellten Lohnes darstellt. Die

118 *Vorschläge der Eherechtskommission*, 7. Teil, 1972, S. 13 ff.
119 Eherechtskommission, a.a.O., S. 19; s. auch Pappai, a.a.O., S. 163.

Übernahme von Pflichten kann der nichterwerbstätige Ehepartner des Lohnabhängigen noch verstärken, indem er – entgegen ökonomischer Notwendigkeit – Kinder privat aufzieht, damit eine für die »Allgemeinheit wesentliche Funktion«[120] fortgesetzt individuell betreibt und so die Verzögerung staatlicher Erziehungsmaßnahmen mitbewirkt.

Wenn der Staat in der Reformgesetzgebung Versorgungsansprüche des nichterwerbstätigen Partners garantiert, ihre Finanzierung aber allein dem erwerbstätigen Partner über Rentensplitting und Pflichtversicherungsbeiträge aufzwingt, so bekundet er damit indirekt, daß ihm solche Ehen in Wirklichkeit für reines Privatvergnügen gelten. Dennoch bringt er auch den nicht Lohnarbeit verrichtenden Ehepartner in den Genuß der Gleichberechtigungsgesetzgebung, die gerade aus der Verallgemeinerung der Lohnarbeit den Frauen erst zugebilligt werden mußte. Die Eheführung der nicht erwerbstätigen Ehepartner wird mithin vom Staat wertmäßig der Lohnarbeit gleichgesetzt. Die Vorteile der Gleichberechtigungsgesetzgebung kommen so auch Personen zugute, auf die die historischen Voraussetzungen dieser Gesetzgebung, nämlich die Lohnarbeit, individuell noch nicht zutreffen.

Wenn der Staat die Versorgungsleistung weder dem einzelnen Arbeitgeber noch der Solidargemeinschaft der Versicherten, noch der Allgemeinheit, sondern ausschließlich dem erwerbstätigen Ehepartner aufherrscht, bringt er zum Ausdruck, daß er solche Lebensformen weder für subventionswürdig hält noch als den »typischen Ablauf des Lebens einer Ehefrau und Mutter [...], das durch den Wechsel zwischen Erwerbstätigkeit vor sowie während der Ehe und Nichterwerbstätigkeit während bestimmter Zeiten der Ehe geprägt ist«, ansieht.[121] Lediglich für diese bestimmten »Zeiten«, in denen nämlich Kinder aufgezogen werden, ist der Staat bereit, Versorgungsansprüche eines nichterwerbstätigen Ehepartners zu finanzieren und sich so noch ein kleines Stück an der Ehegestaltung zu beteiligen. Er dokumentiert damit, daß die Entscheidung zur Fortpflanzung nicht ausschließlich ein privatvergnüglicher Vorgang, sondern zugleich notwendige Bedingung der Reproduktion der Gesellschaft ist und von die-

120 Eherechtskommission, a.a.O., S. 24.
121 Eherechtskommission, a.a.O., S. 23.

ser – d. h. wiederum nicht vom einzelnen Arbeitgeber oder von der Solidargemeinschaft der Versicherten[122] – gewährleistet werden muß. Für den Fall also, daß der nichterwerbstätige Ehepartner Kinder aufzieht, soll sein obligatorischer Versicherungsbeitrag aus »gesellschaftspolitischen Gründen« zur Erreichung des 30%-Anspruchs vom Staat aufgebracht werden, da Kinderaufzucht »für die Allgemeinheit von hervorragender Bedeutung«[123] sei. Ist die aufziehende Person gleichzeitig erwerbstätig, so soll der Beitrag dennoch vom Staat aufgebracht, ihre Beitragspflicht verringert und daher die Erziehungsleistung von der Allgemeinheit – unabhängig von ihrem Einkommen – honoriert werden. Der erhöhte Verschleiß infolge der Doppelbelastung durch Lohnarbeit und Kindererziehung würde somit gewürdigt und entgolten.[124] Damit wäre die Auflösung von Familien durch Honorierung der Erwerbstätigkeit der Frau befördert.

Die Übernahme der Beiträge durch die Allgemeinheit wird bis zum Eintreten der Kinder in die staatliche Erziehung (Schulpflicht) empfohlen, allerdings nur bis zum 3. Lebensjahr der Kinder für finanzierbar gehalten, was bei Einführung des allgemeinen Kindergartens jedoch ebenfalls bereits den Beginn staatlicher Erziehung kennzeichnen würde.[125]

f) Emanzipation des unehelichen Kindes

Solange der bürgerliche Staat in der Weise Geburtenpolitik betreibt, daß er die produktionsmittellosen Bürger in Ehen leitet und ihre Fortpflanzung zu erzwingen sucht, stellen nichteheliche Kinder ein Problem dar. Einerseits sind sie Teil des Nachwuchses, den man benötigt, andererseits stehen sie in Verhältnissen, in denen ihr Überleben nur dann gewährleistet ist, wenn der Staat die Aufzucht übernimmt, da eine Familie nicht existiert und die Mutter wegen des Zwanges, sich selbst unterhalten zu müssen, keine Gratisarbeit für die Erziehung des Kindes abzweigen kann. Dieser Gesichtspunkt und die Tatsache, daß die uneheliche Mutter nicht »das gleiche Inter-

122 S. dazu Pappai, a.a.O., S. 161 ff.
123 Eherechtskommission, a.a.O., S. 17.
124 Vgl. Pappai, a.a.O., S. 165.
125 Eherechtskommission, a.a.O., S. 125.

esse und die gleiche hingebende, das Beste des Kindes im Auge habende Liebe, wie die eheliche Mutter« fühle, erkennen die *Motive zum Bürgerlichen Gesetzbuch* als Gründe dafür, daß »uneheliche Kinder in körperlicher wie in geistiger Hinsicht nur zu oft verwahrlost werden«.[126] Damit ist – allerdings unbegriffen – die Verknüpfung von ökonomischem Interesse und Zuwendung für das Kind gesehen, denn nicht das »auf der natürlichen Verbindung beruhende Band der Liebe«[127] unterscheidet die nichtehelichen von den ehelichen Müttern, sondern die Tatsache, daß diese mit der fürsorglichen Aufzucht des Kindes ihren Anspruch auf lebenslängliche Versorgung begründen, während jene gerade dadurch ihre Selbsterhaltung beeinträchtigen. (Die ökonomische Grundlage der Mutterliebe wird besonders grell beleuchtet durch die Märchenfigur der bösen Stiefmutter, die ihre eigenen Kinder zu fördern und zu lieben und die vor ihr erbberechtigten auszuschalten genötigt ist: »›Und wenn die Frau ihre Tochter ansah, dann hatte sie sie so lieb, aber wenn sie den kleinen Jungen ansah, dann gab es ihr einen Stich durchs Herz, und es kam ihr so vor, als stünde er ihr überall im Weg, und sie dachte dann immer, wie sie ihrer Tochter all das Vermögen zuwenden könnte, und der Böse gab ihr ein, daß sie dem kleinen Jungen ganz gram wurde und ihn herumstieß und ihn buffte und knuffte, so daß das arme Kind immer in Angst war.‹ Sie wird immer unfreundlicher zu ihm und faßt dann den raffinierten Mordplan mit dem Truhendeckel.«[128])

Um einerseits Familien zu stiften und so die zentrale Fortpflanzungs- und Erziehungsinstanz zu garantieren und um andererseits die »Entfesselung aller wirtschaftlich produktiven Kräfte«, d. h. die Verfügbarkeit über möglichst viele Arbeitskräfte, zu gewährleisten[129], suchen bürgerliche Gesetze, Ehen zu stiften durch die Diskriminierung »von liederlichen Frauenpersonen«[130] bis hin zur Ausübung direkten Ehezwanges auf die nichtehelichen Eltern[131], und gleichzeitig den

126 Mugdan, a.a.O., S. 456.

127 Mugdan, a.a.O., S. 453.

128 Zitiert nach J. Weber-Kellermann, a.a.O., S. 32 f., s. dort auch weiteres anschauliches Material zur Stiefmutterproblematik.

129 S. o. Kapitel I.

130 Mugdan, a.a.O., S. 479.

131 S. etwa II 2 §§ 592 ff. PrALR.

Unterhalt der nun einmal Geborenen so lange zu gewährleisten, bis sie in der Produktion verwendbar werden und »das Kind sich selbst unterhalten kann«.[132] Bis tief ins 20. Jahrhundert hinein galt deshalb die Vollendung des 14. Lebensjahres, nach der in der Regel eine Erwerbstätigkeit aufgenommen werden konnte, als die angemessene Obergrenze, die sich erst mit den allgemein erhöhten Qualifikationsanforderungen verschob.

Weil nun dem BGB-Gesetzgeber für die Begründung von Unterhaltspflichten des unehelichen Kindes die familiengesättigte Moral nicht zur Verfügung steht, gerät er in auffällige Widersprüche. Er spricht der Mutter das Kind zu, weil die »Einheit des Blutes« ihre natürliche Liebe zum Kind begründet[133], während die »Natur zwischen dem unehelichen Kind und seinem Erzeuger [nur] in den wenigsten Fällen zu einer innigeren Verbindung« führt.[134] Zugleich aber konstatiert er fehlende Liebe und Unfähigkeit der Mutter[135] bei der Unterhaltsleistung. Um »dem Rechtsgefühl und dem Interesse der öffentlichen Armenpflege«[136] gerecht zu werden, entdeckt er schließlich doch noch die »natürliche und sittliche Pflicht für den Vater [...], für den Unterhalt des Kindes zu sorgen«[137], und erhält sich so die Voraussetzung für elterliche Gratisarbeit bei der Aufzucht von Kindern, die »zu nützlichen Gliedern der menschlichen Gesellschaft erzogen werden« sollen.[138]

Seit der Französischen Revolution ist das Bewußtsein formuliert, daß die Ungleichbehandlung unehelicher Kinder gegen das bürgerliche Prinzip der Gleichheit verstößt. Bürgerlich-revolutionäre Anstrengungen, die vollständige Gleichheit gesetzlich festzusetzen[139], wurden selbst in der sozialistischen Literatur als »Übertreibung« getadelt[140] und im Laufe der Konsolidierung bürgerlicher Herrschaft tatsächlich zurückge-

132 Mugdan, a.a.O., S. 474.
133 Mugdan, a.a.O., S. 453.
134 Mugdan, a.a.O., S. 451.
135 A.a.O., S. 456.
136 Mugdan, a.a.O., S. 479.
137 Mugdan, a.a.O., S. 460.
138 Mugdan, a.a.O., S. 456.
139 Vgl. das französische Gesetz vom 12. Brumaire II (= 2. 11. 1793).
140 A. Menger, a.a.O., S. 73.

nommen. Wenn der lange, durch ein Urteil des Bundesverfassungsgerichts seinen letzten Anstoß erhaltende[141] Kampf um die juristische Gleichberechtigung der unehelichen Kinder in der Bundesrepublik inzwischen mit dem beinahe genau 200 Jahre nach dem revolutionären französischen Gesetz erlassenen *Gesetz über die rechtliche Stellung der nichtehelichen Kinder* von 1969 weitgehend zum Erfolg geführt hat, so sind dafür nicht neuentdeckte »Gründe der Humanität«[142] verantwortlich, sondern der Umstand, daß die besonders von der Erbfolge lebende Familie durch die kapitalistische Enteignung der meisten Produktionsmitteleigentümer nahezu verschwunden ist. So ist der wesentliche Grund für die gegen alle Gleichheitsprinzipien verteidigte Vorrangstellung der ehelichen Kinder, die nicht »auf lange Zeit in der Disposition und Verwertung des ganzen Nachlasses beschränkt« sein sollten[143], weggefallen. Die erst mit der »Umbildung der Eigentumsordnung«[144] nach der Abschaffung des Kapitalismus für möglich und angemessen gehaltene Gleichstellung aller Kinder war an die weit vorangetriebene Verallgemeinerung der Lohnarbeit geknüpft. Ohnehin hing die Diskriminierung des unehelichen Kindes nicht am Privateigentum an Produktionsmitteln allein, sondern hat die zusätzliche Voraussetzung männlicher Erbfolge. Mutterrechtliche Kulturen mit ihrer ungefesselten weiblichen Sexualität kennen deshalb auch nicht die Diskriminierung ihrer unehelichen Kinder, die erst in patriarchalischen Gesellschaften »die Mutter [trifft] und [...] sogar ursprünglich nur der Mutter gegolten zu haben«[145] scheint. Aus dem Übergang zum männlichen Privateigentum an Produktionsmitteln und der damit verbundenen Unterdrückung der weiblichen Sexualität folgt die Notwendigkeit der abgeleiteten Diskriminierung als eines Beweises der mütterlichen »Unmoral«. Das Fehlen von Verhütungsmitteln, die harte Bestrafung von Kindestötung sowie Abtreibung in patriarchalischen Eigentumsverhältnissen und die Gefährdung der wirtschaftlichen Existenz der nun enteig-

141 BVerfGE 25, 167 (1969).
142 So *Begründung des Regierungsentwurfs* BT-DS V/2370, S. 18.
143 Mugdan, a.a.O., S. 479.
144 Menger, a.a.O., S. 73; s. auch F. Engels, *MEW* 21, S. 77 ff.
145 Vaerting, a.a.O., S. 25.

neten Frauen durch uneheliche Kinder bilden die erst vom Kapitalismus zersetzten Bedingungen einer keuschen weiblichen Sexualmoral. – Wenn vererbtes Eigentum aus nicht produktiv genutzten Gegenständen besteht, dann ist der dem nichtehelichen Kind, sind eheliche Kinder vorhanden, nun eingeräumte Erbersatzanspruch, der einen Geldanspruch in Höhe des Erbteils gegen die Erben begründet (§§ 1934 a ff. von Vater *und* Mutter berechnet wird (§ 1615 c BGB), wenn BGB), so gut wie der Erbteil selbst. Wenn die Höhe des Unterhalts seit dem Nichtehelichengesetz nach der Lebensstellung Geldunterhaltsansprüche ehelicher Kinder nach den Mindest-Regelsätzen gewährt werden, die für nichteheliche Kinder aufgestellt sind[146] und wenn öffentliche Versorgungsansprüche für alle Kinder in gleicher Weise bestehen[147], dann ist die klassen- und schichtenspezifische Niederhaltung des Nichtehelichen, die wesentlich die Kapital- und Grundeigentümer schützte[148], zugunsten der Konkurrenzgleichheit aller Lohnabhängigen aufgehoben.

§ 1705 BGB räumt der Mutter eines nichtehelichen Kindes die elterliche Gewalt zu einem Zeitpunkt ein, zu dem diese selbst durch staatliche Erziehungsgewalt immer stärker durchbrochen wird, weil das Erziehungsrecht erst in Verbindung mit dem existentiellen Interesse an einem Erben qualitätsgerechte Erziehung nahelegt und ohne dieses zu einem Mißbrauch führen kann, der durch staatliche Intervention abgewehrt werden muß. Obwohl schon die Motive zum BGB das ökonomisch bestimmte Desinteresse und das Fehlen der zähmenden Wirkung der Ehe zum Anlaß nahmen, der Mutter einen Vormund (der Vormund wird ersetzt durch einen Pfleger, der die Mutter nur noch in der Auseinandersetzung mit dem Erzeuger vertreten soll [§§ 1706 ff. BGB]) zuzugesellen, und sich an ihrer Lage objektiv nichts geändert hat, gerät sie nun unter ein für interessierte Eigentümer konzipiertes Recht, das jedoch gleichzeitig durch eine umfassende Erziehungsrechtsreform abgelöst wird. Und wenn dem Vater des nichtehelichen Kindes nach langem Zusammenleben gegen § 1711

146 § 1615f BGB i. V. m. der in regelmäßigen Abständen geänderten Regelunterhaltsverordnung, jetzt gültig in der Fassung vom 13. 6. 1973.

147 Vgl. etwa BVerfGE 17, 148 (1963).

148 Vgl. Menger, a.a.O., S. 58 ff.

BGB ein Recht auf persönlichen Verkehr eingeräumt wird, das dem des ehelichen Vaters nach der Scheidung nachgebildet ist[149] und somit die tatsächliche Beziehung über die rechtliche Konstruktion siegt, dann ist der Unterschied zur Ehe als behördlich legalisierter Geschlechtsgemeinschaft vollends aufgehoben und auf Lebensformen vorgegriffen, die durch staatliche Förderung noch zunehmen werden.

3. Rechtszuwachs für die Minderjährigen

Noch vor einem halben Jahrzehnt hatte die zentrale These von der ungebrochenen elterlichen Gewalt für die »Herausbildung grundlegender Strukturen gesellschaftlichen Verhaltens«[150] bei Kindern den Anschein von Plausibilität für sich: Das Grundgesetz räumt der Familienerziehung in Art. 6 einen herausragenden und vorrangigen Platz ein, zu dem sich staatliche Hilfe nur subsidiär und im Sinne eines Wächteramtes verhält; der Minderjährige hatte kaum Selbstbestimmungsrechte, seine zunehmende Grundrechtsmündigkeit war erstmals zwar zaghaft gefordert, aber von der herrschenden Meinung und Rechtsprechung noch abgelehnt, so daß das elterliche Erziehungsrecht, das die Wahl der Ausbildung und Berufswahl des Kindes ebenso umfaßte wie die Bestimmung des (geschlechtlichen) Verkehrs, weder durch staatliche Eingriffe noch durch kindliches Mitspracherecht gebändigt schien. Unterstützt wurde der Entwurf eines solchen Bildes durch »Horror«-Urteile auch hoher Gerichte zur Schulwahl, zur Züchtigung, zur sexuellen Betätigung. Kurz, die Familie schien die Entwicklung der »autoritären Persönlichkeit« (Horkheimer), von psychischen Dispositionen, deren die kapitalistische Produktion immer schon bedurfte und für die nach wie vor Bedarf bestehe[151], ja auf deren Herstellung die Eltern kraft ihres »natürlichen Rechts« zu beharren schienen, optimal zu gewährleisten. Zwar wurde der staatliche Einfluß auf die Erziehung nicht geleugnet, der Fortbestand der elterli-

149 Siehe LG Köln MDR 1973, 586.
150 B. G. Westermann, a.a.O., S. 355.
151 Dies ist erst kürzlich wieder von G. Vinnai, a.a.O., 1973, bekräftigt worden.

chen Herrschaft aber durch eine Funktionenteilung erklärt. Nicht die gesamte Erziehung, sondern allein die Herausbildung der autoritären Persönlichkeitsstruktur bleibe ihr vorbehalten, zu der allerdings – nicht vollständig schlüssig – Ausbildungs- und Berufswahlentscheidungen gerechnet werden.

Diese Einschätzung spiegelt den Stand der Familienpolitik der Wiederaufbauphase in der Bundesrepublik, die durch spezifische Bedingungen wie die Verfügbarkeit über besonders qualifizierte Arbeitskräfte gekennzeichnet war. Diese Politik und ihre Beurteiler überschätzen jedoch die Möglichkeit einer klaren Trennung zwischen der »Herausbildung grundlegender Strukturen« und der »Vermittlung politischer Inhalte«: beide bedingen einander; d. h., die Herausbildung einer autoritären Persönlichkeitsstruktur ist nicht ohne Einfluß auf die »Meinungs- und Willensbildung«[152]; oder um es auf die Anforderungen der Produktion hin zu formulieren: Die Herausbildung der autoritären Persönlichkeit ist nicht ohne Einfluß auf die Mobilität des Arbeiters und kann schließlich mit den für die Erfordernisse des aktuellen Arbeitsprozesses angemessenen Dispositionen in Widerspruch geraten.

Freilich ist sogar noch für diese Phase der Nachkriegs-Familienpolitik die Familiensuprematie überzeichnet und positivistisch verkürzt, d. h. verfangen in der Argumentationsweise von Gerichten und Literatur, die immer wieder den hohen Wert der Familie beschwören, ohne je ihre Autonomie voll zu gewährleisten. Bezeichnend ist diese Haltung für die Rechtsprechung des Bundesverfassungsgerichtes, die wiederholt den Staat, d. h. wesentlich das Vormundschaftsgericht, scheinbar hinter die Familie zurücksetzt, ihm tatsächlich aber in den jeweiligen Entscheidungen Kompetenzen zuspricht. So entschied es, daß bei Meinungsverschiedenheiten der Eltern bei der Ausübung der elterlichen Gewalt der nach § 1628 BGB angeordnete Stichentscheid des Vaters verfassungswidrig sei und wies dem Vormundschaftsgericht die endgültige Entscheidung zu[153]; es bescheinigte die verfassungsmäßige Unbedenklichkeit der Ersetzung der elterlichen Einwilligung zur

152 Westermann, a.a.O., S. 355.
153 BVerfGE 10, 59 (1959).

(Inkognito-)Adoption unter den Voraussetzungen des § 1747 Abs. 3 BGB[154] und hielt die gerichtliche Regelung des Verkehrsrechts für unproblematisch[155] – alle diese Urteile enthalten ausführliche Angaben über die Bedeutung des Schutzes der Familie.

Spätestens mit der Bildung der ersten sozial-liberalen Koalition gerät die bis dahin »repressive Familienpolitik«[156] in Bewegung. Inzwischen ist der *Referentenentwurf eines Jugendhilfegesetzes*[157] veröffentlicht, ist das Volljährigkeitsalter herabgesetzt (§ 2 BGB i. d. F. von 1974), soll sich die »elterliche Gewalt« in einer Novellierung des Kindschaftsrechts zur »elterlichen Sorge« verdünnen.[158] Die Bestimmungen dieser Entwürfe treffen unmittelbar und wesentlich das Verhältnis der Eltern zu ihren Kindern. Seit der Herabsetzung des Volljährigkeitsalters können bereits Achtzehnjährige privatautonom am Rechtsverkehr teilnehmen, sie können Kauf- und Arbeitsverträge schließen und frei ihren Wohnsitz wählen. Für das noch minderjährige Kind ist die Geltung von Grundrechten auch im Binnenbereich der Familie ausdrücklich anerkannt[159] und so eine Neuerung als selbstverständlich durchgesetzt, die noch 1969 mit gewichtigen Argumenten und Literaturbelegen ausgeschlossen wurde.[160] Die Mitbestimmungsrechte des Kindes werden verstärkt – vor wesentlichen Entscheidungen bestehen Anhörungs- und Diskussionspflichten der Eltern, die nicht nur als unverbindliche Programmsätze aufgefaßt werden sollen, obwohl das Kind keine Außeninstanz zur Entscheidung von Meinungsverschiedenheiten anrufen kann (§ 1626 BGB-E mit Begründung); verstärkt werden soll das Mitbestimmungsrecht des Kindes bei der Ausbildungs- und Berufswahl, bei Meinungsverschiedenheiten zwischen Kind und Eltern ist der Rat eines Bildungs- und Berufsberaters einzuholen (§ 1626 Abs. II BGB-E). Versagen

154 BVerfGE 24, 119 (1968).

155 BVerfGE NJW 1971, 1447.

156 So D. Haensch, a.a.O., 1969; ders., a.a.O., 1973, S. 363.

157 Hrsg.: Der Bundesminister für Jugend, Familie und Gesundheit 1974.

158 *Regierungsentwurf eines Gesetzes zur Neuregelung des Rechts der elterlichen Sorge*, BR-DS 690/73.

159 S. Begründung des Reg.-Entwurfs; Begründung des Referentenentwurfs eines JHG.

160 Westermann, a.a.O.

die Eltern bei der Erziehung, so soll unabhängig von dem bisher für § 1666 BGB praktizierten Schulderfordernis der Staat zum Eingriff berechtigt sein – ein Zustand, der im Bereich der Jugendhilfe seit längerer Zeit gilt und im Jugendhilfegesetzentwurf nur übernommen zu werden braucht. Intensiver als bisher sollen auch die Träger der Jugendhilfe am vormundschaftsgerichtlichen Verfahren beteiligt sein (§§ 69 ff. JHG-E).

Der Entwurf zur Neuregelung der elterlichen Sorge fällt trotz der Verbesserung hinter liberale Reformwünsche zurück. Insbesondere das Fehlen einer unabhängigen Entscheidungsbefugnis des Kindes im Rahmen der Berufsausbildung, der Bestimmung des Wohnortes, der sexuellen Betätigung, der Mangel eines positiven Pflichtenkatalogs von Erziehungsgrundsätzen, der den Eltern oder dem Staat aufzuerlegen wäre, sind kritisierte Schwächen; ein Referent des Bundesjustizministeriums äußerte die Ansicht, daß die »Zeit einfach noch nicht reif ist für eine moderne, grundlegende Reform, die den Namen Reform auch verdiente«.[161] An dieser Kritik ist richtig, daß die Kleinfamilie nicht »zerschlagen« ist: unverändert bleibt der Säugling in der Regel allein der elterlichen Obhut unterworfen, d. h. aber in einer Lebensperiode, die entscheidend für die Ausprägung psychischer Strukturen ist. Allerdings sieht der Jugendhilfegesetzentwurf bereits für die 3-6jährigen Kinder ein umfassendes Kindergartenangebot vor. Nach wie vor haben die Eltern die Möglichkeit, den persönlichen Verkehr des Kindes weitgehend zu überwachen und zu bestimmen; die gebotene, aber nicht sanktionsbewehrte Rücksichtnahme auf die Interessen und Wünsche des Kindes bedeutet hier keine große Änderung.

Wer als wesentliche Bestimmung der Eltern-Kind-Beziehungen das »Elternrecht« heraushebt, könnte die Entwurfsformulierungen lediglich als verbale Konzessionen an den »Zeitgeist« deuten. Doch schon bei der Betrachtung der Situation in der Ausbildungs- und Berufswahl zeigt sich: trotz der gegenteiligen Beteuerung, die Familienautonomie weitgehend zu schonen[162], verpflichtet der Entwurf, bei Meinungs-

161 Berroth, a.a.O., S. 39/41.
162 *Begründung des Reg.-Entwurfs* zu § 1626.

verschiedenheiten einen Sachverständigen zu hören, eine Verfahrensvorschrift, die in ihrer praktischen Wirkung nicht unterschätzt werden kann. Insgesamt läßt sich sagen – und hier sind die aus der Gleichberechtigungsgesetzgebung stammenden Novellierungen einzubeziehen –, daß der ökonomische Abbau der zentralen Vaterstellung für die Familie sich langsam in rechtlichen Kategorien nachvollzieht. Die »patria potestas« noch des 19. und beginnenden 20. Jahrhunderts ist gekennzeichnet durch eine eigentumsähnliche Position gegenüber den Familienangehörigen, eine Stellung, die jedoch bereits gebrochen wird durch die Pflicht zur Rücksichtnahme auf das individuelle Wohl des der Gewalt Unterworfenen.[163]

Die Gleichberechtigung der Frau wirkt sich auf die Kinderaufzucht aus. Es ist nicht allein der Vater, der die Befehlsgewalt hat, sondern beide Eltern, und nachdem der Stichentscheid zugunsten des Vaters als verfassungswidrig aufgehoben ist, ergibt sich aus dieser Konstellation die Möglichkeit der Außenentscheidung durch den Staat bei Meinungsverschiedenheiten in den Familien. Dies ist insbesondere einschneidend für jene, die meinen, daß es wesentlich der Vater sei, der – in Weitergabe seiner Erfahrungen im hierarchisch organisierten Arbeitsprozeß – die autoritäre Persönlichkeitsstruktur anerziehe. Das Bild wird überdies variiert durch die jetzt vorgesehenen Mitspracherechte des Kindes, wobei die Anwendung seiner Arbeitskraft mit der Einschaltung des Berufsberaters sowie mit der Herabsetzung des Volljährigkeitsalters im Vordergrund stehen. Immerhin bleiben bei einer weiteren Verlängerung der Schulpflicht nur noch etwa 2 Jahre bis zur Volljährigkeit, innerhalb deren Eltern relativ uneingeschränkt Einfluß auf ihre Kinder nehmen können.

Bereits 1968 argumentiere das Bundesverfassungsgericht mit der Grundrechtsmündigkeit des Kindes[164], eine Annahme, die in der Literatur ausgiebig behandelt worden war.[165] Es gab nicht nur den Vorschlag, das Schuldprinzip in § 1666 BGB aufzulösen, sondern auch den Nachweis, daß bereits die alte Fassung des § 1666 BGB dieses Erfordernis nicht enthielt, son-

163 W. Friedmann, a.a.O., S. 213; J. Gernhuber, a.a.O., 1973, S. 229.
164 BVerfGE 24, 119 (1968).
165 Gernhuber, a.a.O. (1973); ders. noch vorsichtiger, a.a.O., 1962, S. 89; Reuter, a.a.O.; E. Schwerdtner, a.a.O., S. 227; Neuhaus, a.a.O., S. 279.

dern eine von der Rechtsprechung selbstangelegte Fessel sei. Die Vorverlegung der Volljährigkeit folgte der Einsicht, »daß sich die Teilnahme am Rechts- und Wirtschaftsleben vorverlagert hat«.[166] Ihre Begründung und Rechtfertigung erfährt die Reform durch einen weitgehend unausgeführten, die historischen Bedingungen nicht aufnehmenden »Modernitätsanspruch«. Die Gesetzesmaterialien verlassen sich auf einen weder qualitativ noch quantitativ geklärten »heutigen Bewußtseinstand und das Selbstverständnis der Eltern-Kinder-Beziehungen«[167], ein Bewußtsein, das sich dennoch wiederum nur im Kampf durchsetzen konnte.[168] Die vorbereitende und begleitende Literatur geht diesem Selbstverständnis, das zum Selbstverständnis der Jugend[169] sich mausert, eine Strecke Wegs nach. Wiederkehrende Figuren sind »Standards unserer Zeit«[170], »Humanisierung«[171] oder »humanitärer Individualismus«[172]; die Orientierung am Kindeswohl entspreche den »Wandlungen des Zeitgeistes«[173], sei Folge der »allgemeinen Krise«, »Verwirrung und Resignation«, aber auch der »Spuren eines neuen Selbstverständnisses« bei den Jugendlichen.[174] Konkreter heißt es, daß die »jahrhundertelang« als Selbstverständlichkeit hingenommene elterliche Herrschaftsgewalt nicht zur »politischen Mündigkeit«, sondern zu »Fehlentwicklungen repressiver Gesellschaftsstrukturen« geführt habe, da im »traditionellen Familienzusammenhang zwangsläufig immer wieder verklemmte Individuen« hervorgebracht worden seien.[175] Die Möglichkeit zur Freisetzung des Jugendlichen deutet endlich ein Bundesverfassungsrichter und »katholischer Christ« an, der auf den zerstörten wirtschaftlichen »Zusammenhang« der Familienmitglieder verweist[176], aber gerade trotz dieser Tendenz für eine gesetzlich verordnete starke Familie plädiert.

166 Berroth, a.a.O., S. 53.
167 *Begründung des Reg.-Entwurfs*, a.a.O.
168 So die Einschätzung von Berroth, a.a.O., S. 53.
169 Schwerdtner, a.a.O., S. 227.
170 Gernhuber, a.a.O., 1973, S. 234.
171 Gernhuber, a.a.O., S. 230.
172 Schwerdtner, a.a.O., S. 239.
173 Schwerdtner, a.a.O.
174 Schwerdtner, a.a.O., S. 227.
175 Schwerdtner, a.a.O., S. 248.
176 W. Geiger, a.a.O., S. 225; ebenso Friedmann, a.a.O.

Ungeklärt bleibt in der Literatur, warum der jahrhundertealte Zustand der Objektstellung des Kindes erst jetzt ins Wanken geraten und jener Gleichheit, Freiheit und Selbstbestimmung weichen soll, die zu den zentralen Kampfformeln der bürgerlichen Emanzipation gegenüber der feudalen Herrschaft gehörten. Deren Aufhebung war erforderlich, um den Lohnarbeiter frei zu machen und ihn den Verwertungsbedürfnissen des Kapitals ohne Rücksicht auf persönliche Fesseln und unter Wahrung der privatautonomen Entscheidung disponibel zuzuordnen. In der Tat erfüllt erst die »Grundrechtsmündigkeit« des Kindes seine Qualität als bürgerliches Rechtssubjekt, das nicht mehr in seiner konkreten Lebenssituation gesehen, sondern als freier Lohnarbeiter gesetzt wird.

Die nun installierte Grundrechtsmündigkeit des Kindes beseitigt nicht den Zwang zum Verkauf der Arbeitskraft; allerdings verändern sich seine Modalitäten zugunsten erhöhter Disponibilität und Mobilität. Freie Wahl des Wohnsitzes durch den mit 18 Jahren Volljährigen heißt nichts anderes als territoriale, Mitsprache bei Ausbildung und Berufswahl nichts anderes als Erhöhung der sektoralen Beweglichkeit. Indem jetzt der Jugendliche seine »Neigungen und Begabungen« artikulieren kann und die Interessen der Eltern in den Hintergrund zu rücken scheinen, wird – systematisch betrachtet – nicht ein unausweichlicher Konflikt zweier gegenläufiger Interessen zugunsten des »Kindeswohls« gesetzlich entschieden, sondern das ökonomisch nicht vorhandene und real nachlassende Interesse lohnabhängiger Eltern an der Erziehung ihrer Kinder kompensiert. Die Berücksichtigung der Interessen der Jugendlichen selbst folgt daher nicht dem Wunsch nach Pazifizierung einer aufbegehrenden Jugend, sondern beabsichtigt gerade die Konstituierung des subjektiven Lohnarbeiterinteresses, das auf optimalen Verkauf der eigenen Arbeitskraft gerichtet sein muß. Es widerspräche den Notwendigkeiten der Kapitalverwertung, den Jugendlichen beim Verkauf seiner Arbeitskraft als Objekt eines fremdbestimmten und nicht selbst interessierten Erziehungsplans festzuhalten. Der loyalitätstiftende Aspekt zunehmender Autonomie stellt sich so als erwünschter Zusatzeffekt der Reform dar, nicht als ihre Ursache. Dies betrifft sowohl die Hoffnung auf sich steigernde Leistungsbereitschaft, deren Schwinden gerade in der Jugend mit wachsendem Unbehagen registriert wird, als auch das auf der Oberfläche alle Eigentümer von Boden, Kapital und Arbeit einigende Interesse an der Erhaltung der vorhandenen Bedingungen ungehinderten Wirtschaftsflusses.[177]

Freilich bleiben bei der Forderung nach Grundrechtsmündigkeit Widersprüche ungelöst. Die wachsende Freisetzung des Kindes von der Fremdbestimmung durch die Eltern schafft ja keineswegs den »freien, lustbetonten, emanzipierten, glücklichen neuen Menschen«[178], sondern den freien Lohnarbeiter, der seine Arbeitskraft verkauft und sich einem wiederum fremdbestimmten Arbeitsprozeß unterwirft.[179] Insofern ist der geforderte »aufrechte Gang«[180] nicht so sehr den Ideen Ernst Blochs als vielmehr Henry Ford I. verpflichtet, der zur Steigerung der Arbeitsproduktivität Fließbänder in Brusthöhe einrichten ließ.[181] Der emanzipatorische Aspekt der liberalen Argumentation reicht deshalb nicht weiter – aber auch nicht weniger weit – als bis zur Freisetzung des Lohnarbeiters von »feudalen« Fesseln. – In der Forderung der Anerkennung des Kindes als selbständigem Rechtssubjekt erfüllt sich das Prinzip der bürgerlich-rechtlichen Privatautonomie, ebenso wie es sich in der Gleichberechtigungsgesetzgebung für die Frau verwirklicht hatte. Die in der Lohnabhängigkeit begründete Fremdbestimmung wird freilich nicht beseitigt, sondern nur jener der ebenfalls fremdbestimmt arbeitenden Eltern angeglichen. So bleibt die Forderung begrenzt, ohne freilich vollständig obsolet zu sein. Jedoch ist sie selbst noch in ihrer Durchsetzungskonkretisierung unzulänglich, da sie außer Formeln, die an humanistische Werttraditionen anknüpfen, keine Erziehungsgrundsätze angibt. Im Gefolge dieser Tradition verstellt sie sich den Zusammenhang von Produktion und Erziehung und beharrt auf einem Blickwinkel, der verhindert, auf Qualifikation zielende staatliche

177 Zur Ableitung der hier verwendeten Kategorie des Interesses, wie es sich an der Oberfläche der bürgerlichen Gesellschaft darstellt, verweisen wir auf die Arbeit von S. v. Flatow / F. Huisken, a.a.O., S. 83/105 ff./108.

178 Schwerdtner, a.a.O., S. 249.

179 S. dazu etwa: *Mitbestimmung im Unternehmen. Bericht einer Sachverständigenkommission,* BT-DS VI/334 (»Biedenkopf-Bericht«).

180 Schwerdtner, a.a.O.

181 Henry Ford I., a.a.O., insbes. S. 89 ff.

Erziehungsmaßnahmen wie die Schulpflicht, die Kindergarteneinrichtung und die Jugendhilfe zum Familienrecht in Beziehung zu setzen. Die Hoffnung auf einen politisch mündigen Bürger bleibt schal, wenn sie durch nichts anderes gespeist ist als die Institutionalisierung sukzessiver Grundrechtsmündigkeit. Sie verhält sich quasi umgekehrt proportional zur Persönlichkeitsentwicklung: während das Recht zur freien Entscheidung zunehmen soll, nimmt die Erziehbarkeit tatsächlich ab, so daß die endgültige, mehr oder minder autonome Berufsentscheidung der bisherigen Familienprägung kaum zu entkommen vermag. Aus diesem Grunde bleibt eine Familienrechtsreform, die sich auf die Ausgestaltung des Mitspracherechts beschränkt und Fortschrittlichkeit am Grad seiner Formalisierung mißt, auf halbem Wege stehen. Selbst die liberale Konzeption, die Existenz der Klassengesellschaft anzuerkennen, sie aber als offen und durch Leistung individuell durchbrechbar[182] zu befürworten, kann sich auf diese Weise nicht durchsetzen, weil so verstandene Offenheit Qualifikationsmöglichkeiten voraussetzt. Die Konzession, jeden und auch den Jugendlichen möglichst nach seiner Façon selig werden zu lassen, beweist einmal mehr das Elend des voraussetzungslosen Liberalismus. Seine Forderungen an die Familienrechtsform gehen von Prinzipien aus, deren Entstehung der Epoche der Aufklärung zugewiesen wird, die aber nur Ausdruck der Tauschbeziehungen der jungen an die Familienrechtsreform gehen von Prinzipien aus, die Binnenbeziehungen der Familie nicht diesen Prinzipien entsprechen, und konsequent gefordert, endlich auch dort Privatautonomie durchzusetzen. Daß sie im bestehenden Familienrecht fehlen, wird ausschließlich als eine jahrhundertealte Prinzipienverletzung gerügt, die »unserem« Streben »nach unbedingter Rechtssubjektivität des Menschen«[183] zuwiderläuft. Es gehe darum, »veraltete Vorstellungen im Familienrecht abzubauen«.[184] So kommt es gar nicht zu der Frage, was denn Familienrecht bisher geleistet und – wenn auch deutlich modifiziert – in Zukunft zu leisten hat. Befangen in Naturrechtsprinzipien, bleibt der existenzsichernde Nutzen aus der

182 S. etwa F. Böhm, a.a.O., S. 11.
183 Schwerdtner, a.a.O., S. 230.
184 Schwerdtner, a.a.O., S. 239.

gescholtenen Prinzipienverletzung im Familienrecht verborgen. Wenn das Kind als gewissermaßen von »illegalen« Fesseln des Familienrechts endlich zu befreiender Lohnarbeiter proklamiert und wenn vom Staat verlangt wird, daß er diese Fesseln abschaffe, so folgt der Gesetzgeber zwar liberalen Forderungen, ohne sich indes mit der Familienrechtsreform zu begnügen. Er bringt mit Kindergartengesetzen und einem neuen Jugendhilferecht ein viel umfassenderes Gesetzgebungswerk in Gang, das zusätzlich zur engeren Familienrechtsreform unerläßlich ist, da die Befreiung der Kinder von Fesseln ja keineswegs schon deren Unterhalt und Qualifikation enthält.

4. ›Enthaustierung‹ der Frau – Andauern von Fortpflanzung und Ehe

Die auffällige Beschwörung von Mütterlichkeit, Wärme und Aufopferungsbereitschaft fürs Kind weist darauf hin, daß es sich bei diesen Erziehungseigenschaften um hergestellte und nicht um naturgegebene handelt, mithin darauf, daß auch Kälte und Haß auf Kinder weibliche Verhaltensweisen sein können. Wird nämlich mit der Verallgemeinerung der Lohnarbeit die bürgerliche Familie aufgehoben, dann verschwindet auch die besondere Funktion Hausfrau-Mutter, zu der die Mädchen von klein auf domestiziert werden müssen und in der sie als Ehefrauen lebenslang ökonomisch abgesichert waren. Das Eintreten der Frauen in die Erwerbstätigkeit erfordert die Ausbildung subjektiver Strukturen, mit denen die Lohnarbeit bewältigt werden kann. Da die Erwerbstätigkeit der Frauen sich aber über die allgemeine Konkurrenz realisiert, müssen sie jedes Ansinnen, erhebliche Arbeitszeit für Geburt und Aufzucht von Kindern dem Verkauf zu entziehen, als Beeinträchtigung ihrer Konkurrenzfähigkeit und Existenzsicherung zurückweisen. Die weibliche Emanzipationsbewegung ist demnach zunächst der notwendige Reflex auf den objektiven Prozeß der Verallgemeinerung der Lohnarbeit; sie ist zu erklären als der Versuch, alle Zwangsgesetze und Behinderungen endgültig abzustreifen, die eine Benachteiligung der Frau in der Konkurrenz der Lohnarbeiter untereinander zur Folge haben. Die Auflösung historisch gewordener Strukturen von Weiblichkeit ist mithin eine Konsequenz des In-die-Konkurrenz-Geworfenseins. Damit ist der Bestimmung der Kindererzieherin als ›mütterliches Wesen‹ nach der ökonomischen Basis auch die subjektive Bereitschaft entzogen. Mit zunehmender Zerstörung bürgerlich-weiblicher Geschlechtsrollenidentität stellt deshalb die blind auf eine Gratisproduktivkraft ›Mütterlichkeit‹ setzende Auslieferung der Kinder an Frauen keine zureichende Bedingung konsistenter Zuwendung für die nachfolgende Generation mehr dar.

Während die Frauen das Abstreifen für sie hinderlich gewordener Strukturen forcieren müssen, die Funktion des ›mütterlichen Wesens‹ also gar nicht mehr monopolisieren können wollen, sind bei den Männern keineswegs die Eigenschaften vorhanden, die für das Gelingen der frühkindlichen Erziehung erforderlich sind. Jede Lohnarbeitergesellschaft muß daher für die Erziehung ihres Nachwuchses – soweit es ihr gelingt, die notwendigen Geburtenraten zu erlangen – einen gesellschaftlichen Ort schaffen, an dem die Sozialisation der Kinder ungestört von der allgemeinen Konkurrenz erfolgen kann. – Da das mit gewaltigen Kosten verbunden ist, wird in kapitalistischen Gesellschaften – insbesondere unter Anwendung völkischer oder klerikaler Ideologien – immer wieder versucht, die Frauen entgegen ihren Existenzsicherungsinteressen in Mutterschaftsfunktionen zurückzutreiben. Diese Versuche treffen nun aber auf eine Frau, die nach ihrer Freisetzung zur Lohnarbeit aufgrund des Zugangs zu perfekten Verhütungsmitteln zusätzlich die Freiheit gewonnen hat, ihre Geschlechtslust zu befriedigen, ohne Schwangerschaften in Kauf nehmen zu müssen. Diese in der Patriarchatsgeschichte bisher nicht gekannte Kombination ökonomischer Eheunabhängigkeit und Verhütungsfähigkeit setzt die Frau instand, sich gegen neuerliche Fesselung ans Haus und privat-verantwortliche Kinderproduktion zur Wehr zu setzen.

Die Unangewiesenheit auf private Fortpflanzung und Kindererziehung mag dem einzelnen Lohnarbeiter als Gipfelpunkt individueller Freiheit erscheinen, sie läuft aber als »asoziale« Haltung dem Staat als Wahrer der gesellschaftlichen Interessen zuwider. Schließlich muß jede Gesellschaftsform zur Sicherung ihres Fortbestandes die weiblichen Mitglieder zur Mutterschaft erziehen. Diese Erziehung mag sich zwar auf den Geburtsakt konzentrieren wollen, kommt aber nicht umhin, die gesamte Persönlichkeit zu beeinflussen. Es ist ein zur Zeit ungelöster Widerspruch, die Mutterschaftserziehung als exklusiv weibliche Sozialisation und die Befähigung zur Erwerbsfähigkeit als geschlechtsunspezifischer Sozialisation so miteinander zu verbinden, daß eine Benachteiligung der weiblichen Gesellschaftsmitglieder ausgeschlossen ist. Patriarchalische Gesellschaften haben die Erziehung zum Gebärakt mit der Erziehung zur Pflegebereitschaft stets in der Weise verkoppelt, daß die weibliche Sexualpotenz unterdrückt und zu mütterlicher Zärtlichkeit sublimiert wurde – allerdings meist um den Preis hysterischer Persönlichkeitsanteile. Die unabdingbaren Voraussetzungen für eine solche Sozialisation waren einerseits die unangefochtene Vormachtstellung des Mannes in der Familie, andererseits das Heraushalten der Frau aus dem Bereich der deutlich konkurrenzbestimmten Erwerbstätigkeit. Mit dem Eintritt der Frau ins Lohnverhältnis, der Erlangung voller formaler Rechtssubjektivität, wird auch der Anspruch auf sexuelle Befriedigung wieder freigesetzt. In der Durchsetzung des Zerrüttungsprinzips bei der Ehescheidung findet diese Entwicklung ihre juristische Absicherung; es ermöglicht der erwerbstätigen Frau bei fehlender sexueller Befriedigung die Scheidung und räumt ihr ein, was bislang dem Mann vorbehalten war. Somit sind die historischen Voraussetzungen der Zurichtung der Frauen zur Kinderpflegebereitschaft als zur Mütterlichkeit sublimierter Sexualität ausgelöscht. Gerät die qualifikatorische Gleichstellung von Männern und Frauen in Widerspruch zu der notwendigen Mutterschaft, so tritt die bloße Tatsache der Erwerbstätigkeit der Frau ganz unabhängig von ihrer Qualifikationshöhe und Benachteiligung gegenüber den Männern in Widerspruch zur Kinderpflegebereitschaft.

Empirisch scheinen in der jungen Generation vorerst nur die weiblichen Oberschüler auch subjektiv die volle Gleichstellung mit Männern zu erstreben und entsprechend die traditionellen Bedingungen der Kinderaufzucht abzulehnen. Von ihnen votierten 1970 nur 10% »für die herkömmliche Rollenverteilung Mann = Beruf, Frau = Haushalt und Kinder«[185], während durchschnittlich 20% der Mädchen und 34% der Jungen diese Rollenverteilung bevorzugten.[186] Die gesetzlich vorgesehene voll gleichberechtigte Eheform faßten 1970 nur 44% der männlichen, allerdings 57% der weiblichen Jugendlichen im Alter von 16 und 17 Jahren für sich ins Auge.[187] Im Bewußtsein der Jugendlichen, die häufig noch in der Ausbildung stehen, halten sich somit Ideale von Lebensformen, die durch die gesellschaftlichen Bedingungen und das sie aufnehmende Recht bereits nicht mehr gedeckt sind. Die konservative Haltung der Jungen könnte der mit der Hausfrauenrolle verbundenen Domestizierungshoffnung geschuldet sein.

Von der Führung der Russischen Revolution, die für die Gleichstellung der Frau eine epochale Wende brachte und sie politisch bewußt forcierte, ist der Widerspruch zwischen Gleichstellung der Geschlechter und Mutterschaft erstmals in seiner ganzen gesellschaftlichen Bedeutung formuliert worden: »Die Mutterschaft ist die Kernfrage aller anderen Fragen. Hier treffen sich alle Stränge, und von hier weisen sie in alle Richtungen. [...] Die Mutterschaft steht im Mittelpunkt aller Probleme. Deshalb müssen alle neuen Maßnahmen, jedes Gesetz, jeder praktische Schritt im ökonomischen und gesellschaftlichen Aufbau auch unter der Fragestellung geprüft werden, wie sie auf die Familie einwirken, ob sie das Los der Mutter verschlimmern oder erleichtern und ob sie die Stellung des Kindes verbessern.«[188]

Wenn auch in der bürgerlichen Gesellschaft die Geburtenraten sinken[189], aber immer noch Kinder geboren und aufgezogen werden, ohne die staatliche Vollfinanzierung abzuwarten und so deren Verwirklichung weiter hinauszuschieben, und wenn 1973 von den 16 bis 29 Jahre alten Bundesbürgern 63% vorrangig an einem glücklichen Familienleben interessiert waren[189a], können dafür verschiedene Gründe angeführt werden:

185 Sigusch/Schmidt, a.a.O., S. 44.

186 A.a.O., S. 56.

187 A.a.O., S. 56.

188 L. Trotzki, a.a.O., *Za Novyi*, Dez. 1925; vgl. auch M. Horkheimer, a.a.O., S. 269 ff.

189 *WiSta* 6/74, 317.

189a Vgl. Emnid-Bielefeld, *Junge Staatsbürger 1973*, zit. n. *FAZ* v. 10. 9. 1974, S. 10.

Eheschließungen, Geborene und Gestorbene[1])

Jahr Land	Ehe-schlie-ßungen	Lebendgeborene männlich	Lebendgeborene weiblich	Lebendgeborene insgesamt	darunter nicht-ehelich	Totgeborene	Gestorbene[2]) männlich	Gestorbene[2]) weiblich	Gestorbene[2]) insgesamt	und zwar im ersten Lebensjahr	und zwar in den ersten 7 Lebens-tagen	Überschuß der Gebo-renen (+) bzw. Gestor-benen (−)
1938	405 432			828 175	54 698	19 141			485 937	49 226	.	+ 342 638
1946	500 399	380 409	352 589	732 998	120 084	17 291	313 620	274 711	588 331	66 537	.	+ 144 667
1947	482 193	404 759	376 662	781 421	92 602	17 010	301 535	273 093	574 628	66 293	.	+ 206 793
1948	525 160	418 617	387 457	806 074	82 448	17 853	266 297	218 795	515 092	55 105	.	+ 290 982
1949	506 199	431 414	401 389	832 803	77 503	18 708	263 122	254 072	517 194	49 120	.	+ 315 609
1950	535 708	420 944	391 891	812 835	79 075	18 118	266 895	261 852	528 747	45 252	.	+ 284 088
1951	522 946	410 582	385 026	795 608	76 703	17 790	277 072	266 825	543 897	42 372	.	+ 251 711
1952	483 358	413 043	386 037	799 080	72 140	17 145	278 394	267 569	545 963	38 624	.	+ 253 117
1953	462 101	410 184	385 912	796 096	69 055	16 456	295 620	282 407	578 027	37 069	.	+ 218 069
1954	453 168	420 866	395 162	816 028	68 733	16 779	285 182	270 277	555 459	35 171	.	+ 260 569
1955	461 818	423 235	396 893	820 128	64 427	16 558	299 280	282 592	581 872	34 284	19 699	+ 238 256
1956	478 352	441 115	414 772	855 887	63 954	16 129	310 037	289 376	599 413	33 098	18 780	+ 256 474
1957	482 590	460 820	431 408	892 228	64 172	15 911	319 043	295 973	615 016	32 479	18 470	+ 277 212
1958	494 110	666 861	437 604	904 465	61 914	15 082	309 174	288 131	597 305	32 589	19 190	+ 307 160
1959	503 981	490 791	461 151	951 942	63 716	14 951	313 690	291 814	605 504	32 642	19 466	+ 346 438
1960	521 445	498 182	470 447	968 629	61 330	15 049	332 503	310 459	642 962	32 724	20 137	+ 325 667
1961	529 901	520 590	492 097	1 012 687	60 269	14 704	324 300	303 261	627 561	32 108	20 342	+ 385 126
1962	530 640	523 801	494 751	1 018 552	56 648	14 361	335 082	309 737	644 919	29 807	19 353	+ 373 733
1963	507 644	541 812	512 311	1 054 123	55 120	13 991	347 717	325 352	673 069	28 473	18 793	+ 381 054
1964	506 182	547 979	517 458	1 065 437	53 131	13 590	333 879	310 249	644 128	26 948	18 090	+ 421 309

Jahr Land	Ehe-schlie-ßungen	Lebendgeborene				Totgeborene	Gestorbene[2]					Überschuß der Geborenen (+) bzw. Gestorbenen (−)
		männlich	weiblich	insgesamt	darunter nichtehelich		männlich	weiblich	insgesamt	und zwar im ersten Lebensjahr	in den ersten 7 Lebenstagen	
1965	492 128	536 930	507 398	1 044 328	48 977	12 901	347 968	329 660	677 628	24 947	17 342	+ 366 700
1966	484 562	539 492	510 853	1 050 345	47 854	12 174	351 301	335 020	686 321	24 803	17 121	+ 364 024
1967	483 101	523 634	495 825	1 019 459	46 964	11 422	350 517	336 832	687 349	23 303	16 317	+ 332 110
1968	444 150	498 202	471 623	969 825	46 209	10 702	371 391	362 657	734 048	22 110	15 205	+ 235 777
1969	446 586	464 430	439 026	903 456	45 498	9 693	377 260	367 100	744 360	21 162	14 552	+ 159 096
1970	444 510	416 321	394 487	810 808	44 280	8 351	369 975	364 868	734 843	19 165	13 301	+ 75 965
1971	432 030	400 423	378 103	778 526	45 263	7 674	366 740	363 930	730 670	18 141	12 239	+ 47 856
1972	415 132	360 337	340 877	701 214	42 410	6 557	367 382	336 882	731 264	15 907	10 377	− 30 050
1973[1])	394 544	326 181	309 453	635 634	39 839	5 685	365 702	365 330	731 032	14 570	9 184	− 95 398
					1973[3]) nach Ländern							
Schleswig-Holstein	15 194	13 570	12 828	26 398	1 689	255	16 105	16 214	32 319	573	328	− 5 921
Hamburg . . .	11 162	6 907	6 759	13 666	1 264	89	12 585	13 288	25 873	328	175	− 12 207
Niedersachsen . .	45 276	40 335	38 644	78 979	4 330	762	44 755	43 011	87 766	1 838	1 138	− 8 787
Bremen	4 598	3 511	3 249	6 760	530	50	4 833	4 679	9 512	153	85	− 2 752
Nordrhein-Westf.	113 702	88 720	83 715	172 435	9 746	1 657	101 742	97 992	199 734	4 261	2 708	− 27 299
Hessen	34 402	28 701	26 802	55 503	2 905	461	31 940	31 441	63 381	1 224	786	− 7 878
Rheinland-Pfalz .	25 641	19 052	17 949	37 001	2 117	340	22 355	21 831	44 186	911	552	− 7 185
Baden-Württemb.	55 849	52 577	50 298	102 875	5 683	800	46 272	46 646	92 918	2 022	1 318	+ 9 957
Bayern	66 321	58 800	55 858	114 658	8 763	1 022	61 730	61 926	123 656	2 639	1 755	− 8 898
Saarland	8 121	5 027	4 818	9 845	622	90	6 828	6 064	12 892	228	153	− 3 047
Berlin (West) . .	14 278	8 981	8 533	17 514	2 190	159	16 557	22 238	38 795	393	186	− 21 281

Jahr Land	Auf 1 000 Einwohner und 1 Jahr: Eheschließungen	Auf 1 000 Einwohner und 1 Jahr: Lebendgeborene	Auf 1 000 Einwohner und 1 Jahr: Gestorbene[2])	Auf 1 000 Einwohner und 1 Jahr: Überschuß der Geborenen (+) bzw. Gestorbenen (−)	Auf 1 000 Lebendgeborene Gestorbene: im ersten Lebensjahr[4])	Auf 1 000 Lebendgeborene Gestorbene: in den ersten 7 Lebenstagen[5])	Von 1 000 Lebendgeborenen waren nichtehelich Lebendgeborene	Von 1 000 Lebend- und Totgeborenen waren Totgeborene	Knaben auf 1 000 lebendgeborene Mädchen
1938	9,5	19,5	11,4	+ 8,0	60,2	.	66,0	22,6	
1946	8,8	16,1	13,0	+ 3,2	97,1	.	163,8	32,0	1 079
1947	10,1	16,4	12,1	+ 4,5	86,3	.	118,5	21,3	1 075
1948	10,7	16,5	10,5	+ 6,0	68,9	.	102,3	21,7	1 080
1949	10,2	16,8	10,4	+ 6,4	59,6	.	93,1	22,0	1 075
1950	10,7	16,2	10,5	+ 5,7	55,3	.	97,3	21,8	1 074
1951	10,3	15,7	10,5	+ 5,0	53,0	.	96,4	21,9	1 066
1952	9,5	15,7	10,7	+ 5,0	48,4	.	90,3	21,0	1 070
1953	9,0	15,5	11,3	+ 4,2	46,5	.	86,7	20,3	1 063
1954	8,7	15,7	10,7	+ 5,0	43,5	.	84,2	20,1	1 065
1955	8,8	15,7	11,1	+ 4,5	41,9	24,0	78,6	19,8	1 066
1956	9,0	16,1	11,3	+ 4,8	38,9	21,9	74,7	18,5	1 064
1957	9,0	16,6	11,5	+ 5,2	36,6	20,7	71,9	17,5	1 068
1958	9,1	16,7	11,0	+ 5,7	36,2	21,2	68,5	16,4	1 057
1959	9,2	17,3	11,0	+ 6,3	34,4	20,4	66,9	15,5	1 064
1960	9,4	17,4	11,6	+ 5,9	33,8	20,8	63,3	15,3	1 059
1961	9,4	18,0	11,2	+ 6,9	32,0	20,1	59,5	14,3	1 058
1962	9,3	17,9	11,3	+ 6,6	29,3	19,0	55,6	13,9	1 059
1963	8,8	18,3	11,7	+ 6,6	27,1	17,8	52,3	13,1	1 058
1964	8,7	18,2	11,0	+ 7,2	25,3	17,0	49,9	12,6	1 059
1965	8,3	17,7	11,5	+ 6,2	23,8	16,6	46,9	12,2	1 058

1966	8,1	17,6	11,5	+ 6,1	23,6	16,3	45,6	11,5	1 056
1967	8,1	17,0	11,5	+ 5,5	22,8	16,0	46,1	11,1	1 056
1968	7,4	16,1	12,2	+ 3,9	22,6	15,7	47,6	10,9	1 056
1969	7,3	14,8	12,2	+ 2,6	23,2	16,1	50,4	10,6	1 058
1970	7,3	13,4	12,1	+ 1;3	23,4	16,4	54,6	10,2	1 055
1971	7,0	12,7	11,9	+ 0,8	32,1	15,7	58,1	9,8	1 059
1972	6,7	11,3	11,8	− 0,5	22,4	14,8	60,5	9,3	1 057
1973[3])	6,4	10,3	11,8	− 1,5	22,7	14,4	62,7	8,9	1 054
				1973[3]) nach Ländern					
Schleswig-Holstein	5,9	10,3	12,6	− 2,3	21,5	12,4	64,0	9,6	1 058
Hamburg	6,3	7,8	14,7	− 6,9	23,7	12,8	97,5	6,5	1 022
Niedersachsen. .	6,3	10,9	12,1	− 1,2	23,0	14,4	54,8	9,6	1 044
Bremen.	6,3	9,2	13,0	− 3,8	22,4	12,6	78,4	7,3	1 081
Nordrhein-Westf.	6,6	10,0	11,6	− 1,6	24,4	15,7	56,5	9,5	1 060
Hessen	6,2	10,0	11,4	− 1,4	21,9	14,2	52,3	8,2	1 071
Rheinland-Pfalz .	6,9	10,0	12,0	− 1,9	24,4	14,9	57,2	9,1	1 061
Baden-Württemb.	6,1	11,2	10,1	+ 1,1	19,5	12,8	55,2	7,7	1 045
Bayern	6,1	10,6	11,4	− 0,8	22,8	15,3	76,4	8,8	1 053
Saarland	7,3	8,8	11,6	− 2,7	22,9	15,5	63,2	9,8	1 043
Berlin (West) . .	7,0	8,5	18,9	− 10,4	22,3	10,6	125,0	9,0	1 053

Siehe Fachserie A, Reihe 2/1

1) Geburten und Sterbefälle nach dem Wohnort; Eheschließungen nach dem Registerort − 2) Ohne Totgeborene, nachträglich beurkundete Kriegssterbefälle und gerichtliche Todeserklärungen. − 3) Vorläufiges Ergebnis. − 4) Unter Berücksichtigung der Geburtenentwicklung in den vorangegangenen 12 Monaten. − 5) Bezogen auf die Lebendgeborenen des Berichtzeitraums.

– Immer noch existieren Privateigentümer, die etwas vererben wollen und teilweise mit Kindern ihre geringe Alterssicherung aufbessern können.

– Ideologische und moralische Formen (Tradition), die auch nach Verlust ihrer ökonomischen Basis fortbestehen und durch staatlichen Schutz der entsprechenden Institutionen (z. B. Kirchen) gestützt werden, können noch eine Weile in der Psyche der Lohnabhängigen fortwirken. So bekannten sich noch 1973 65% der Männer und 70% der Frauen zu den stark familienorientierten christlichen Kirchen. Insbesondere die Volksschulabsolventen ohne Lehre, die überwiegend Fabrikarbeiter sind und überdurchschnittlich viele Kinder haben, waren mit 84% unter den Gläubigen überrepräsentiert.[190]

– Desinformiertheit über Möglichkeiten der Empfängnisverhütung und Schwangerschaftsunterbrechung dürften ebenfalls einen beträchtlichen Teil der Geburten verursachen.

– Der Wunsch von Männern, eine Frau über Kinder an sich zu binden, kann zur Fortpflanzung ebenso beitragen wie die Bereitschaft von Frauen, sich für Unterhalt in die Hausfrauen- und Mutterrolle zähmen zu lassen, um nicht in die Lohnarbeiterkonkurrenz geworfen zu werden.

– Eine Motivation, eine Ehe (und Familie) zu gründen, kann aber auch aus der erworbenen Unfähigkeit erwachsen, durch häufigen Arbeitsplatzwechsel erforderlichen Kontakt mit neuen Freunden herstellen zu können, das heißt, in der Gefahr der Kontaktlosigkeit zu schweben. Familie erweist sich dann als eine Chance, »Freunde« immer schon bei sich zu haben und tendenziell von neuen Beziehungen unabhängig zu sein. Das gelingt jedoch bestenfalls bei Gutverdienenden, die einen Ehepartner mit unterhalten können, oder bei Paaren, deren Berufe hohe Mobilität, also gemeinsamen Wohnortwechsel, erlauben. Jedoch ist die von Erwerbszwängen verursachte Mobilität gerade auch eine Ursache der Ehescheidungszunahme und erweist solche Motivation zugleich als Illusion.

– Keineswegs gering zu veranschlagen ist der Versuch, Liebesbeziehungswünsche mit Kleinkindern zu befriedigen, die insbesondere im ersten Lebensjahr regressive Bedürfnisse aus-

190 Quelle: Infas-Umfrage, zitiert nach *FR* vom 17. 4. 1973.

zuleben erlauben, die in freier Konkurrenz ausgeschlossen und im Umgang mit älteren Kindern und Erwachsenen nur noch schwer einzubringen sind.

– Der Wunsch, mit dem Kind ein eigenes Produkt zu bilden, ist insbesondere für die Identitätsbestätigung von Frauen, die nur auf die Mutterrolle hin Lebensperspektiven entwickeln konnten, von großer Bedeutung. Dieser Kindeswunsch ist auch bei Männern vorhanden, die noch für eine Beschützer- und Ernäherrolle erzogen worden sind und Kinderlosigkeit ebenfalls als Identitätsbedrohung erfahren können.

– Die Absicht, mit Kindern dem Leben in der Weise einen Sinn zu geben, daß man einen Mitkämpfer für eine bessere Zukunft heranzieht und damit gesellschaftliche Verantwortung übernimmt, scheint unter politisch aktiven Menschen eine Rolle zu spielen.

Alle diese Gründe und der in Umfragen noch erscheinende massenhafte Familien- und Kindswunsch, die hoffnungsvoll für das weitere Gelingen der Gattungsreproduktion herangezogen werden, müssen zugleich als verselbständigtes Resultat schwindender Familienvoraussetzungen und äußerlicher Subventionen gesehen werden. Sie sagen noch nichts über die Qualität der Wunschrealisierung – also Ehe und Kinderaufzucht selbst – aus. Erst die Geburt konfrontiert den sozial hergestellten Kindswunsch mit einer anderen sozialen Realität und kann ihn nachträglich sehr schnell zerstören. Das muß sich nicht nur in weniger Geburten äußern, als vorab von den Ehepartnern geplant wurden, sondern auch in der Vernachlässigung des Wunschkindes selbst, das plötzlich als Parasit und Störenfried erscheint. Frühere Berufswünsche der in den Haushalt gestrebten Frauen werden gerade nach Geburt eines Kindes wieder lebendig, bestärkt durch die geplante Aufhebung der lebenslangen Unterhaltsgarantie durch den Mann. Häufig wird die Ausbildung schon im zuwendungsintensiven Alter des Kindes von neuem aufgenommen und der Vernachlässigung zugearbeitet. Deshalb ist ein Schluß vom Kindswunsch auf den wirklichen und gelingenden Umgang mit den Kindern unzulässig.

Nun werden die meisten Kinder unverändert in Ehen geboren, und auch ohne den Wunsch, Kinder zu haben, schließen viele Menschen Ehen im juristischen Sinne. Wenn es heißt:

»Keine Propaganda [kann] die Ehe [...] davor bewahren, selber zu einem pragmatischen Verhältnis zu werden. Sie wird immer mehr zu einer Zweckbeziehung. Kinder werden nicht aufgezogen, weil die Aufgaben des eigenen Lebens ohne sie nicht erfüllt werden könnten, sondern aus mehr oder weniger äußerlichen Gründen. Sie erfahren selten die Wärme jenes zweiten Mutterschoßes, den die Familie in bestimmten sozialen Schichten dargestellt hat«[191], so wird übersehen, daß die Quelle jener Wärme in der Zweckbeziehung zwischen Eltern und Kindern bestand. Gerade die Lohnarbeiterehe ist von Zwecken frei, und der beklagte Verlust an »Wärme« scheint erst die Folge dieser Entwicklung zu sein. Allerdings bleibt das vor der Konkurrenz geschützte »Wärmebedürfnis« von Erwachsenen – unabhängig von Kindern – Zweck genug, eine Bindung einzugehen. Wenn aber das liebevolle Zusammenleben (mit Hausarbeitsteilung, billigerem Wohnen etc.) auch unehelich möglich ist und bei einem Zerwürfnis jederzeit eine rechtlich unkomplizierte Trennung stattfinden kann, dann bleibt zu fragen, warum die bescholtene Zwangsinstitution Ehe (das »pragmatische Verhältnis«), zu der die übergroße Mehrzahl der Bürger nicht mehr ökonomisch gezwungen, die also reine Privatsache ist, auch ohne Kindswunsch immer neu eingegangen oder aufrechterhalten wird. Die oben dargestellte schwedische Politik setzt ihr Vertrauen darein, daß die jederzeit mögliche Lösung des Bündnisses dazu beitragen wird, die Ängste vor einer Eheschließung zu beseitigen. Sie kann dann schon wegen geringer materieller Vorteile wie zinsloser Ehestandsdarlehen, minimaler Steuererleichterung und besserer Karriereaussichten[192] eingegangen werden.

Immer noch stellt die Ehebereitschaft einen überragenden Liebes- und Treuebeweis dar, der dazu eingesetzt werden kann, ein Liebesobjekt gegen Konkurrenten zu gewinnen. Die Eheschließung kann allerdings auch als Appell an die Umwelt verstanden werden, die Bindung mit zu stützen, die man für die psychische Gegenwarts- und Alterssicherung zu brauchen glaubt, von der man aber befürchtet, immer wieder aus ihr ausbrechen zu müssen und sie so zu zerstören. Dafür muß der Umwelt deutlich sichtbar durch Hochzeit, Namensgebung,

191 M. Horkheimer, a.a.O., S. 279.
192 Vgl. dazu *Die Zeit* vom 22. 2. 1974, a.a.O.

Eheringe, Festlichkeiten und Annoncen demonstriert werden, daß man eine solche schutzbedürftige Bindung eingegangen ist: »Die Ehe ist somit individualrechtlich zu verstehen. Sie ist eine Form der Persönlichkeitsentfaltung der Ehegatten. Ihre Besonderheit liegt darin, daß, um dieser Persönlichkeitsentfaltung willen, eine Sicherheit vor jederzeitiger Trennung erforderlich ist, sie ist daher auf Dauer angelegt.«[193] Diese Dimension der Eheschließung bleibt unberücksichtigt, wo es heißt: »Ist nur die auf Liebe gegründete Ehe sittlich, so auch nur die, worin die Liebe fortbesteht. Die Dauer des Anfalls der individuellen Geschlechtsliebe ist aber nach den Individuen sehr verschieden, namentlich bei den Männern, und ein positives Aufhören der Zuneigung, oder ihre Verdrängung durch eine neue leidenschaftliche Liebe, macht die Scheidung für beide Teile wie für die Gesellschaft zur Wohltat.«[194] Diese Orientierung der Ehe wurde von der jungen Sowjetunion in die Rechtspraxis umgesetzt, aber später sukzessive wieder zurückgenommen.[195] Die Erfahrungen der revolutionären Gesetzgebung werden in der Erkenntnis reflektiert, daß die Abschaffung äußerer Ehezwänge nur dann gesellschaftlich vertretbar ist, wenn ein funktionales Äquivalent an ihre Stelle tritt: »Ohne Hebung des kulturellen Standards des einzelnen Arbeiters und der einzelnen Arbeiterin gibt es keine neuen Familien höheren Typs, denn in dieser Domäne können wir nur von innerer Disziplin und nicht von äußerem Zwang sprechen. Die Stärke dieser inneren Disziplin des Individuums in der Familie ist durch den Tenor des inneren Lebens, die Blickweite und die Werte der Bindungen, die Mann und Frau vereinen, bedingt.«[196] Die Herstellung dieser inneren Stabilität wird analog dem psychoanalytischen Sublimierungskonzept erhofft: »Aber die Hauptaufgabe, ich wiederhole, ist die Hebung der menschlichen Persönlichkeit. Je höher ein Mensch geistig steht, gemessen an der Natur seiner Interessen, desto mehr wird er von sich und seinen Freunden verlangen: Je wechselseitiger die Forderungen sind, desto stärker ist die Verbindung, desto schwieriger ist es, sie zu brechen. D. h., daß

193 Ramm, a.a.O., G 655; s. auch W. Friedmann, a.a.O., S. 217.
194 Engels, *MEW* 21, S. 83.
195 Vgl. W. Reich, a.a.O., S. 191 ff.
196 Trotzki, a.a.O., *Prawda*, Moskau vom 13. 7. 1923.

die Hauptaufgabe gelöst wird in allen Gebieten unserer sozialen Arbeit durch die Entwicklung der Industrie, der Landwirtschaft, Wohlfahrt, Kultur, Aufklärung. All dies führt nicht zu chaotischen Beziehungen, sondern im Gegenteil zu stabileren, die schließlich keine gesetzliche Regulierung brauchen werden.«[197] Offen bleibt, welche Impulse die doch zugleich gewollte Bindung immer wieder zu durchbrechen drohen und deshalb äußerer Fesseln oder »innerer Stabilität« bedürfen.

Polygamische Neigungen und überlegene männliche Potenz konnten als entscheidende Bindungsbedrohung von dauerhaften Zweierbeziehungen gelten, solange mit der Unterdrükkung der weiblichen Sexualpotenz auch deren Wahrnehmung verschüttet blieb. Diese Einschätzung sitzt dem Schein überlegener männlicher Potenz auf, indem sie die ökonomische Überlegenheit und die daran geknüpfte Möglichkeit sexueller Treulosigkeit des Mannes zu seiner Potenzüberlegenheit mystifiziert. Häufiger Partnerwechsel des Mannes scheint der Unfähigkeit der einzelnen Frau geschuldet zu sein, seinen überlegenen Sexualtrieb zu befriedigen. Erst die psychoanalytische Forschung hat häufigen Partnerwechsel nicht aus überschäumender Potenz, sondern auch als Ausdruck von Impotenzangst interpretiert. So motivierter Frauenwechsel kann dem Versuch entspringen, die Angst vor der gegenüber einer Frau aufkommenden Impotenz durch andere geschlechtliche Beziehungen zu überwinden, die nicht einmal heterosexuell sein müssen. Die Zunahme manifester männlicher Homosexualität in den Lohnarbeitermassierungen der großen Städte könnte als ein Ausweg aus der Impotenzangst gedeutet werden, der verbaut blieb, solange die eigene Existenzsicherung noch unlösbar an die Familiengründung geknüpft war. – Die Überschätzung der männlichen Potenz erscheint noch im weiblichen Vorwurf, daß der Geschlechtsverkehr nur stattfinde, wenn der Mann will. Dieser Vorwurf projiziert die weibliche Fähigkeit, jederzeit sexuelle Befriedigung erlangen zu können, auf den Mann. Die Bewußtsein und Recht in der patriarchalischen Gesellschaft beherrschende Vorstellung[198] der weib-

197 Trotzki, a.a.O., S. 30, aus *Prawda*, Moskau vom 17. 12. 1925.

198 Vgl. zuletzt noch das Urteil des BGH zu § 1300 BGB, das bei Vorhandensein perfekter Verhütungsmittel und trotz der Gleichberechtigungsgesetzgebung nach Entlobung allein der Frau einen Geldanspruch bei Geschlechtsver-

lichen Sexualität als einer nicht aktiven, sondern passiv-hingebungsvollen ist der Ausdruck dafür, daß die Frau in der Einehe Sexualkontakt nicht haben kann, wann sie will, sondern wann der Mann eine Erektion zustande bringt. Da er dazu und mithin zum Orgasmus sehr viel seltener imstande ist als die Frau und dies als Unterlegenheit oder Versagensangst erfährt, versucht er, durch Verleugnung der weiblichen Sexualität der Bedrohung zu entkommen. Der Preis der Verleugnung ist die Vorstellung, daß die ›nicht-sexuelle‹ Frau die Sexualität als Opfer gewährt, für das sie entschädigt werden muß. Die Frauen konnten den so begründeten Anspruch auf materielle Gegenleistung für die »Hingabe« nur sichern, indem sie an der Mystifikation ihrer sexuellen Unterlegenheit und Genußunfähigkeit mitwirkten. Auf den im Umgang der Geschlechter zentralen Vorwurfsmechanismus – die Frau wird sexuell ausgenutzt, der Mann hat Schuldgefühle, die Frau erhält Entschädigung –, wird von den Frauen ungern verzichtet. Das mag die negative Reaktion vieler Frauen auf E. Vilar[199] mit hervorgerufen haben, die die Waffe des Vorwurfs sexuellen Ausgebeutetseins – wie er etwa in *Sexus und Herrschaft*[200] richtunggebend erhoben wurde – spektakulär aus der Hand gelegt hat. Es mag auch erklären, warum die seit 1960[201] vorliegenden wissenschaftlichen Analysen überlegener weiblicher Orgasmusfähigkeit, mit der männlicher Überlegenheitsdünkel abgewiesen werden könnte, so wenig verwendet werden.[202]

Die Eheunabhängigkeit der Lohnarbeiterin hebt nicht nur die ökonomische Dominanz des Mannes auf, sondern zerstört zugleich die Mystifikation seiner sexuellen Überlegenheit; die Sexualpotenz der Frau findet nun die gesellschaftlichen Bedingungen ungestrafter Erfüllung vor. Die Folge ökonomischer Emanzipation ist deshalb nicht die endlich mögliche »rücksichtslose Hingabe eines Mädchens an *den* geliebten Mann«[203], sondern potentiell an viele Männer oder Frauen,

kehr mit dem Verlobten wegen Unbescholtenheit mit der Begründung zubilligt, sie setze beim Geschlechtsverkehr mehr ein: *NJW* 1974, S. 1506.

199 E. Vilar, a.a.O., 1971.
200 K. Millet, a.a.O., 1971.
201 W. H. Masters, a.a.O., S. 57-72.
202 Siehe als Zusammenfassung dieser Forschung: M. J. Sherfey, a.a.O.
203 So Engels, a.a.O., *MEW* 21, S. 77.

was von jenen zunächst einmal als schwere Bindungsbedrohung empfunden wird. Die oft beobachtete, aber nicht begriffene »Brutalität gegen Frauen« in Proletarierfamilien, wo dem Rest der Männerherrschaft der Boden entzogen schien[204], konnte als Versuch interpretiert werden, mit Hilfe der letzten – ebenfalls historisch hergestellten – männlichen – der körperlichen – Überlegenheit Bindungen zu erzwingen. Ähnlich wenig aussichtsreich wie mit Prügeln scheint der Versuch von Männern, eine Bindung durch Geld zu erkaufen. Die Bereitschaft des Mannes, den Lebensunterhalt zu bezahlen, bewirkt lediglich, daß die Frau zu ihrer stärkeren Sexualpotenz noch den Vorteil der Ausgeruhtheit einhandelt, ohne daß ihre sexuelle Treulosigkeit weiterhin zu sozialer Vernichtung führt: Unterhalts- und Versorgungsansprüche werden in Zukunft ja ohne Rücksicht auf Verschulden gewährt. Erst wenn diese Eheform von der kinderlosen Frau parasitär wahrgenommen wird, paßt auf sie die Charakterisierung Prostitution, die undifferenziert schon der bürgerlichen Frau angehängt worden war, die als Gebärerin der Erben doch notwendige Dienste für ihren Mann leistete. Solange Frauen auch heute noch wie selbstverständlich fordern, daß ein Mann, mit dem sie sexuelle Beziehungen eingehen, sie heiraten und unterhalten solle, verlängern sie zwar die Mystifikation ihrer sexuellen Objekthaftigkeit und umfassenden Unterlegenheit, bieten aber zugleich an, Kinder zu gebären und aufzuziehen. Nur wo die Ehe- und Unterhaltsforderung dieses Angebot enthält, kann sie ohne Heuchelei und durchaus frei vom Bewußtsein gestellt werden, sich zu prostituieren. Unter verallgemeinerter Lohnarbeit, in der jeder nur sich selbst unterhält, können diese Versorgungsforderung und das in sie eingegangene Kinderaufzuchtsangebot bloß verächtlich gemacht (»Die Frau als Hobby«)[205] und tendenziell ausgelöscht, nicht aber aufgehoben werden. In dieser eindimensional ökonomischen Befreiung der Frau wird also »das Kind mit dem Bade ausgeschüttet«.

Wieweit mit der freigesetzten Sexualpotenz der Frau eine zivilisatorische Bedrohung einhergeht oder ob diese nur zur Rationalisierung männlicher Impotenz- und Trennungsängste

204 Engels, a.a.O., S. 74.
205 *Frauenfeindlichkeit,* a.a.O.

vorgeschoben wird, bleibt offen. Es kann allerdings als historisch wahrscheinlich gelten, daß hohe zivilisatorische Standards mit weiblicher sexueller Freiheit in vorpatriarchalischen Verhältnissen einhergegangen sind.[206] Inwiefern die mit der Auflösung des Privateigentums verknüpften Bindungsschwierigkeiten und Trennungsängste neuerlichen staatlichen Zwangsmaßnahmen zur Familienstiftung entgegenkommen und so die Kontrolle über die Treue wieder zur Institution heranwachsen kann, ist schwer einzuschätzen. Angesichts der Zurücknahme des traditionellen Verzichts auf die Regulierung persönlicher Beziehungen in planwirtschaftlichen Gesellschaften wird abzuwarten sein, ob es sich dabei um einen staatlichen Verzweiflungsakt oder um die Einleitung einer ›höheren‹ Entwicklungsstufe menschlichen Zusammenlebens handelt.

206 Vgl. Bachofen, a.a.O.; Vaerting, a.a.O.

V. Warum der Staat für die Fortpflanzung der Gattung und die Aufzucht der Kinder aufkommen muß

Die Gefahr der Entvölkerung und damit des Zusammenbruchs der Kapitalverwertung führte zur staatlichen Schaffung der Lohnarbeiterfamilie. Dem Lohnarbeiter wurde die bürgerliche Rechtsform der Ehe geöffnet, zugleich die außereheliche Betätigung seines Sexualtriebes strafrechtlich verfolgt. Während also durch die Konzentration des Kapitals immer mehr Eigentümer von Produktionsmitteln enteignet, tendenziell familien- und nachwuchsunabhängig wurden, versuchte der Staat, die alten und die neuen Produktionsmittellosen in Anknüpfung an ihre Geschlechtslust dennoch in Ehen zu treiben. Mit Hilfe weiterer Strafgesetze suchte er die Äußerung des Sexualtriebes so zu steuern, daß es zur Schwängerung kam und diese Schwängerung auch zur Geburt von Kindern führte. Andere Strafgesetze sollten die aktive oder passive Tötung des Kindes verhindern und in Kombination mit den zuvor genannten Gesetzen den gesellschaftlich erforderlichen Nachwuchs garantieren. Alle diese Maßnahmen erforderten im wesentlichen lediglich Justiz- und Polizeikosten, die mithin zu allen anderen staatlichen Ausgaben für die Reproduktion der Arbeitskraft immer schon hinzugerechnet werden müssen, allerdings im engeren Sinne nicht unter die Subvention privater Kinderaufzucht oder die volle staatliche Erziehung gehören. Systematisch betrachtet, wird jedoch schon durch diese Gesetze der bürgerliche Staat mit Hilfe seiner Strafgewalt zum familienstiftenden »Vater«.

Die so gestiftete Lohnarbeiterfamilie konnte zwar zur Produktion von Kindern gezwungen werden, niemals aber zu ihrer fachgerechten Erziehung. Diese wurde zwar vom Staat in verschiedenen Gesetzen immer wieder gefordert, sie entzog sich jedoch der Kontrolle. Angesichts der geringen Anforderungen an die Fähigkeit und Beweglichkeit des Lohnarbeiters, wie sie für lange Epochen der kapitalistischen Entwicklung kennzeichnend waren, erwuchs aus der Kindesvernachlässigung in den Lohnarbeiterfamilien zwar Unbill für den Familienzusammenhalt, aber noch nicht für den Kapitalverwertungsprozeß selbst. Die ersten Bewahranstalten für Kleinkinder, die mit kommunaler und staatlicher Förderung in Fabrikregionen errichtet wurden, hatten denn auch vorrangig das bloße Überleben der bewahrten Kinder im Auge und nicht so sehr ihren Schutz vor unsachgemäßer Erziehung.

Die entscheidende Leistung der vom bürgerlichen Staat erfundenen Lohnarbeiterfamilie bestand im wesentlichen in der – meist unfreiwilligen – Bereitstellung von Nachwuchs und dessen leidlicher Existenzsicherung. Die einzig nennenswerte staatliche Hilfeleistung – die im Deutschen Reich 1878 begonnenen Mutterschutzmaßnahmen – galt vorab der Fortpflanzung, noch nicht der Qualität des Nachwuchses. Erst die allmählich wachsende Fähigkeit der Lohnarbeiter, Schwangerschaftsverhütung ohne sexuelle Enthaltsamkeit zu betreiben und so tendenziell alle staatlichen Strafgesetze ins Leere laufen zu lassen, brachte eine entscheidende Veränderung der Bevölkerungspolitik. Hatte die frühe Sozialdemokratie auf die Propagierung der Geburtenkontrolle unter den Arbeitern verzichtet und sich ihren Sieg auch von der schnellen Vermehrung der Arbeiter durch Kinderreichtum erhofft, so kamen nach 1900 subversive Broschüren über Schwangerschaftsverhütung in Umlauf und fanden theoretische Unterstützung in einer Position, die dem Kapitalismus auch mit Geburtenboykott begegnen wollte.[1] »In [Aufklärungs-]Schriften war bis dato für den Arbeiterstand Verständliches noch nicht erschienen und so blieb dem Verfasser nichts anderes übrig, als das Ausland [...] zu bereisen, um dort Erkundigungen bei Leuten einzuholen, welche landesüblich nicht viel Kinder bekommen und mit Prüderie nicht sehr belastet sind.«[2] Gingen aus den 1899 und früher geschlossenen Ehen im Deutschen Reich durchschnittlich fünf lebendgeborene Kinder hervor, so aus den zwischen 1900 und 1912 geschlossenen nur noch 3,5 und aus den zwischen 1913 und 1918 geschlossenen nur noch 2,5 Kinder. In lediglich zwanzig Jahren hatten sich die Geburtenraten halbiert. Die Lohnarbeiter waren nun eher imstande, ihr Elend, das mit Kindern, deren Aufzucht sie gratis für die

1 So E. Bernstein, vgl. Mackenroth, a.a.O., S. 317.
2 W. Leißner, a.a.O., 1910, S. 21.

Gesellschaft zu besorgen hatten, notwendig sich einstellte, auch durch Vermeidung zu vieler Kinder zu bekämpfen.[3]

Der Staat antwortete zunächst wiederum mit Polizeimaßnahmen: Nichtaufhebung des § 218 StGB trotz scharfer Proteste der Arbeiterparteien und Strafverschärfung für das öffentliche Anbieten von Schwangerschaftsverhütungsmitteln. Diese Mittel selbst mußten zugelassen werden, da der Bedarf nach übergroßen industriellen Reservearmeen mit der Entwicklung der Produktivkräfte so weit zurückgegangen war, daß allzu zahlreicher Nachwuchs eine unnötige Verschärfung der sozialen Spannungen mit sich gebracht hätte. Die Verhütungsmittel, ursprünglich dazu gedacht, die Kinderzahl pro Familie deutlich zu begrenzen, konnten, einmal in die Hand der Familien gegeben, von diesen dazu genutzt werden, Kinder überhaupt zu vermeiden. Die Bestrafung des öffentlichen Anbietens von Schwangerschaftsverhütungsmitteln erwies sich schließlich als unwirksame staatliche Maßnahme. Sie konnte den Fall der Geburten pro Ehe auf 2,2 im Jahre 1935 trotz der gewaltigen Fortpflanzungspropaganda der Faschisten und Katholiken nicht verhindern. Dieses Maß stabilisierte sich für einige Jahrzehnte und wurde erst Mitte der sechziger Jahre – als die mechanischen Verhütungsmittel durch elektronische Kontrolle der Präservative perfekt wurden und die ersten oralen Verhütungsmittel auf dem Markt erschienen – nochmals erheblich unterboten.

Die 1967 geschlossenen Ehen lassen nur noch jeweils 1,8 Kinder erwarten; die ab 1972 geschlossenen Ehen, die inzwischen auch absolut zurückgehen, dürften noch einmal deutlich verringerte Geburtenzahlen aufweisen. Dieser Prozeß wird um so schneller verlaufen, je mehr Frauen auch subjektiv begreifen, daß sie auf Versorgung durch einen Mann nicht mehr rechnen können, da der Lohnarbeiter das Kind, den Erben, nicht mehr benötigt und deshalb auch nicht mehr die ihn aufziehende Mutter. Je mehr Frauen also die notwendige Berufsausbildung aufnehmen, desto höher steigt das durchschnittliche Eheschließungsalter und desto stärker sinkt die objektive Möglichkeit, überhaupt noch Kinder zu bekommen.[4] Zugleich kann die ja jederzeit lösbare Ehe immer

3 Zahlennachweise in *WiSta* 6/74, S. 404 ff. Vgl. *WiSta* 9/74, S. 635.
4 Vgl. *WiSta* 6/74, S. 406.

wieder dazu zwingen, einen neuen Partner suchen zu müssen, wofür die Bedingungen dann am günstigsten sind, wenn man nicht durch ein oder mehrere Kinder in seiner Beweglichkeit behindert wird.[5]

Das Problem der Gewinnung des Nachwuchses stellt sich mithin für den bürgerlichen Staat in der gegenwärtigen Situation komplizierter als je zuvor in seiner Geschichte – und zu einem Zeitpunkt, in dem nicht Ersatzleute irgendwelcher Art für den gesellschaftlichen Produktionsprozeß bereitgestellt werden müssen, sondern in erheblicher Zahl hochqualifizierte. Dieses Problem, also Nachwuchs nicht mehr lediglich durch Polizei- und Justizkosten verursachende Maßnahmen erzwingen zu können und ihn zugleich optimal erziehen zu müssen, erfordert gewaltige Aufwendungen und läßt neben dem individuellen Kreislauf der Reproduktion der sich bereits verkaufenden Arbeitskraft einen zweiten – staatlichen – Kreislauf treten, der die langfristige Bereitstellung von Arbeitskräften erst gewährleistet. Dieser staatliche Anteil an der Reproduktion läßt die Masse des gesellschaftlich erforderlichen variablen Kapitals so sehr anschwellen, daß die Gewinnraten in einer Weise geschmälert werden, die auf erbitterten Widerstand des Kapitals treffen muß, solange es mit dem Kapital anderer Nationen konkurriert, in denen die Herstellung der Arbeitskraft viel geringere Kosten erfordert als hierzulande. Aus diesem Grunde kann es eine große staatliche Lösung der Reproduktion der Arbeitskraft auf einen Schlag nicht geben; vielmehr versucht der Staat, jede noch mehr oder weniger freiwillig erbrachte Gratiserziehung zu begünstigen – sei es durch weitere Förderung der familienorientierten Kirchen, sei es durch eigene staatliche Werbemaßnahmen zur Familienbindung etc. Er bedient sich so des Kindswunsches und erleichtert seine Verwirklichung. Gerade mit diesen noch kostengünstigen Erleichterungsmaßnahmen fördert er aber das Bewußtsein der Eltern, gesellschaftlich unbedingt notwendige Leistungen zu erbringen, und damit zugleich ihre Bemühung, sich diese auch entlohnen zu lassen bzw. sie zurückzuhalten, solange nicht die für sie entstehenden Kosten vom Staat getragen werden. Dieser Bewußtwer-

5 Vgl. *WiSta*, a.a.O.

dungsprozeß kommt in der Bundesrepublik erst allmählich in Gang und erklärt das Kontinuum staatlicher Maßnahmen, bisher nur einen Teil der fürs Kind zu erwerbenden Waren zu bezahlen – Kindergeld – bis hin zu den Plänen, auch die fürs Kind aufgewendete Arbeitszeit zu entlohnen bzw. es ab einem bestimmten Lebensalter tagtäglich vom Staat selbst erziehen zu lassen. Erst die fortgeschrittenen Frauengruppen, die – wie ›Brot und Rosen‹ – in ihrem Kampf um gleiche Konkurrenzbedingungen mit den Männern jede speziell weibliche Belastung zurückzuweisen beginnen, haben den Bewußtseinsstand erreicht, einen Gebärboykott auszurufen, bis den Gebärenden die materielle Belastung und jegliche Beeinträchtigung gegenüber Nichtgebärenden staatlich genommen wird.

Betrachten wir nun im einzelnen das Kontinuum von Maßnahmen und Plänen des Staates, mit denen er quantitativ und qualitativ zureichenden Nachwuchs von Personen zu erlangen sucht, die auf ihn privat nicht angewiesen und Schwangerschaften zu verhüten imstande sind. Deutlich geworden ist bereits, daß das Familienrecht und das Strafrecht für die Fortpflanzung der Gattung nur noch eine untergeordnete Rolle spielen, ja die Familie des Lohnarbeiters – in der bürgerlichen Gesellschaft geschaffen – als äußerlicher Zwangszusammenhalt vom bürgerlichen Staat selbst wieder aufgegeben wird.

Die rechtliche Auflösung der Familie als Zwangszusammenhang erhält ihre bisher schärfste Kontur bei der Gleichstellung nichtverheirateter Elternteile in den von allen Parteien vorgesehenen Geldzuwendungen für die Aufzucht von Kindern. Das wird im Effekt dazu führen, daß nichtverheiratete Elternteile und im Konkubinat lebende Paare bessergestellt sind als behördlich legalisierte Verbindungen (Ehen). Als Vorstoß gilt die Praxis West-Berlins, das für alleinstehende Mütter mit Kindern bis zu 6 Jahren kürzlich den Anspruch einräumte, Sozialhilfe zu beziehen und nicht erwerbstätig sein zu müssen. Um dem Kinde zur Verfügung zu stehen, können die Mütter die Aufnahme einer Arbeit gegenüber dem Sozialamt ablehnen. Damit hat insbesondere die CDU/CSU, die – zuletzt noch in der Einführung des steuerrechtlichen Splitting-Verfahrens – Geburtenpolitik stets an Familien knüpfte, eine radikale politische Wendung vollzogen. Ihr hat sich der 50. Deutsche Juristentag angeschlossen, der in seinen Empfehlungen die alleinstehende Mutter vor der Ehefrau bevorzugt.

Insgesamt ist festzuhalten, daß Bevölkerungssteuerung sich historisch in den Etappen Tötungs- und Abtreibungsverbot – Eheerlaubnis für alle Gesellschaftsmitglieder – Verhütungsmittelbeschränkung – Gebärprämie und Aufzuchtslohn vollzogen hat.

1. Mutterschutz

Die erste geburtenpolitische staatliche Maßnahme, die über den strafrechtlichen Zugriff auf die Eltern hinausgeht, war der Schutz werdender Mütter. Er nahm in der Novellierung der Gewerbeordnung von 1878 seinen Anfang, mit der ein Beschäftigungsverbot für Fabrikarbeiterinnen bis 3 Wochen nach der Niederkunft angeordnet wurde.[6] Der Schutz wurde nach und nach auf eine Zeit vor der Entbindung[7] und insgesamt bis auf die heute gültige Schutzzeit von 14 Wochen, in besonderen Fällen von 18 Wochen, ausgedehnt, die aufgeteilt ist in 6 Wochen vor und 8 bzw. 12 Wochen nach der Niederkunft.[8] Inzwischen umfaßt der persönliche Geltungsbereich alle erwerbstätigen Mütter.

Mehr als die Freistellung von der Arbeit ist den Einzelunternehmen grundsätzlich nie auferlegt worden. Die Lohnfortzahlung war, von Ausnahmen abgesehen, immer auf kollektive Fonds übertragen, die von der Solidargemeinschaft der Einzelkapitale angespart werden mußten und zusätzlich teilweise staatlich gespeist wurden. Zum ersten Mal wird der Anspruch auf Lohnfortzahlung für die Zeit der Arbeitsfreistellung mit dem Krankenversicherungsgesetz von 1883 begründet[9] und erst so der Freistellungsanspruch materiell abgesichert; in den Jahren zuvor konnte die Wöchnerin von ihrem Recht praktisch keinen Gebrauch machen, ja sie war aus Angst vor dem Lohnausfall bei Freistellung, der ihre Existenz bedroht hätte, genötigt, die Niederkunft zu verheimlichen. Inzwischen deckt sich das durch die Krankenversicherung gezahlte Mutterschaftsgeld[10] mit der Arbeitsfrei-

6 § 135 Abs. 5 GewO – RGBl. S. 199.
7 Erstmals in der Novelle zur GewO von 1908: § 137 Abs. 6 – RGBl. S. 667.
8 §§ 3/6 *Mutterschutzgesetz.*
9 § 20 Abs. 1 Satz 2 – RGBl. S. 73.
10 § 13 *Mutterschutzgesetz*, §§ 200 ff. RVO.

stellungszeit; nur bei einem Nettotagesverdienst von heute über DM 25.– hat das einzelne Unternehmen die Differenz selbst zu tragen.[11] Die Sozialisierung der Lohnfortzahlung untermauert erst den geburtenpolitischen Zweck, da das einzelne Kapital bei der Einstellung von Frauen vor Konkurrenznachteilen bewahrt wird und die Lohnarbeiterin nicht aus Furcht vor Arbeitslosigkeit auf Kinder verzichten muß. Aus eben diesem Grunde bedarf es eines generellen, für alle Unternehmen geltenden Verbots, von weiblichen Lohnarbeitern Ehelosigkeit zu fordern (Zölibatsklauseln), das in der Regel Kinderlosigkeit verbürgen soll.[12] Nonnen werden unverändert von dieser Regelung ausgenommen, obwohl durchaus erkannt ist, daß mit der katholischen Geistlichkeit eine familienbefürwortende Gruppe von der Familiengründung selbst ausgeschlossen ist.[13]

Die geburtenpolitische Absicht des Mutterschutzgesetzes wird nicht offen zum Ausdruck gebracht, obwohl bei hoher Frauenerwerbsquote nicht mehr denkbar ist, wie ohne Schutzvorschriften für die Schwangere Fortpflanzung gesichert werden kann. Die Behauptung, daß die Schwangere und Wöchnerin »um ihrer selbst und zur Sicherstellung der ersten mütterlichen Umsorgung ihres Kindes«[14] der Schonung bedarf, wird auf ihren eigentlichen Kern zurückgeführt, wenn es zugleich heißt: »Das geschieht u. a. auch zu dem Zweck, ihr die körperliche Fortpflanzungsbereitschaft und so die Fähigkeit zu vollkommener Erfüllung ihrer naturgewollten Aufgabe der Mutterschaft als Quelle der weiteren Volkserhaltung zu bewahren.«[15]

2. Steueranreize / Kindergeld / Erziehungslohn

Von dem Zeitpunkt ab, da die ökonomisch oder moralisch begründete Fortpflanzung nicht mehr die erforderlichen Geburtenraten gewährleistet, sondern das reine Lohninteresse – durch verbesserte Verhütungsmöglichkeiten begünstigt –

11 § 14 Abs. 1 *Mutterschutzgesetz,* § 200 Abs. 2 RVO.
12 Vgl. Soergel-Siebert-Donau, Einführung vor § 11 EheG.
13 Vgl. L. v. Stein, a.a.O., S. 136 ff.; R. Freisler, 1937, S. 11.
14 G. A. Bulla, Vorbemerkung vor § 3 Mutterschutzgesetz Anm. 3.
15 Bulla, a.a.O.

sich in Form von Kinderlosigkeit durchsetzt, muß über Subventionen hinaus, die lediglich einen Teil der Unkosten ersetzen, die Bereitschaft, sich überhaupt fortzupflanzen, durch die Ersatzgarantie aller Unkosten und die Bezahlung der Erziehungsarbeit vom Staat angereizt werden. Das Erziehungsgeld, kombiniert mit der geplanten allgemeinen staatlichen Erziehung ab dem dritten Lebensjahr, wird so als Maßnahme der Risikosozialisierung und damit der Herstellung gleicher Konkurrenzbedingungen wirksam. Doch steht die staatliche Aufgabe, die Gattungsreproduktion und also die Grundvoraussetzung des Flusses aller Einkommensformen zu sichern, in Konflikt mit den prinzipiell knappen Mitteln des bürgerlichen Staates; deshalb werden Auswege zur Verbilligung gesucht.

Die *Steuerbegünstigung* war bis 1975 in §§ 32 ff. Einkommensteuergesetz (EStG), § 63 Einkommenssteuerdurchführungsverordnung (EStDV) §§ 178 ff. Einkommenssteuerrichtlinien (EStR) geregelt. Es wurden Kinderfreibeträge vom zu versteuernden Einkommen/Lohn abgezogen, die für das 1. Kind DM 1200,—, für das 2. Kind DM 1680,— und für die folgenden Kinder je DM 1800,— betrugen. Die Auswirkung der Steuerermäßigung auf die verschiedenen Einkommenshöhen ergibt sich aus der Tabelle auf Seite 190.

Das System der Kinderfreibeträge ist mit dem Gesetz zur Vereinheitlichung des Familienlastenausgleichs[17] zugunsten des direkten Kindergeldes aufgehoben worden. Das ursprüngliche SPD-Konzept[18], das Steuererleichterungssystem beizubehalten, aber die Benachteiligung der kleinen Einkommen durch negative Besteuerung zu beseitigen, wurde nach Einwänden des Bundesrates fallengelassen.

Die bis 1975 gültige Regelung der Kinderfreibeträge führte dazu, daß die aus ihr entspringenden Bezüge mit zunehmender Einkommenshöhe wuchsen, während ihr Effekt für die geringen Einkommen gerade bei steigender Kinderzahl verschwand. Diese »ungerechte« Regelung ist von den CDU/CSU-Familienpolitikern ausdrücklich gewollt worden,

16 Quelle: BT-DS 7/1167 *(Sozialbericht 1973)*, S. 143.
17 BT-DS 7/2032.
18 BT-DS 7/1470, S. 63 ff.

Steuerermäßigung durch Kinderfreibeträge nach geltendem Einkommen -(Lohn-)steuerrecht bis 31.12.74

	monatliches Bruttoeinkommen[1] von ... DM									
	600	800	1000	1200	1500	2500	3500	5000	10000	25000
Ein Ehepaar mit ... Kindern hat durch Kinderfreibeträge eine monatliche Steuerermäßigung[2] (ESt, LSt) von DM ... gegenüber einem kinderlosen Ehepaar:										
1 Kind	19	19	19	19	19	27	34	40	48	53
2 Kinder	33	46	46	46	46	64	80	96	116	127
3 Kinder	33	71	74	74	74	102	128	155	188	207
4 Kinder	33	71	103	103	103	138	175	213	259	286
5 Kinder	33	71	109	131	131	171	221	270	331	366

1 Bruttolohn bzw. -gehalt

2 Berechnung nach der Jahrestabelle (gültig ab 1965) unter Abzug von 1740 DM p. a. für Arbeitnehmerfreibetrag, Werbungskosten- und Sonderausgabenpauschalbetrag; Ergänzungsabgabe und Kirchensteuer nicht berücksichtigt; auf volle DM gerundete Werte

da es ihnen nicht um Einkommensnivellierung über staatliche Umverteilung ging, sondern lediglich um eine schichtgemäße Entlastung der Familienväter. Dieses Recht geht von einer Statik unterschiedlich schichtgebundener Lebensstandards aus, deren Erhaltung der Staat durch unterschiedlich hohe Familienlastenausgleichsleistungen gewährleistet. Wie die CDU/CSU-Politik ihre »antikollektivistische« Vorstellung von sozialer Gerechtigkeit mit der ungleichen Behandlung der Staatsbürger vereinbarte, zeigt folgendes Zitat: »Die soziale Gerechtigkeit wird nicht schon dadurch verletzt, daß die Ausgleichszahlungen beispielsweise bei einem Einkommen von DM 2000,— höher sind als bei einem Einkommen von DM 400,—.«[19] Eine solche standespolitische Familienlastenausgleichspolitik muß den verschleiernden Weg der Steuerbegünstigung einschlagen, deren Charakter hinter technisch komplizierten Regeln verschwindet, da direkte Zuwendungen, nach denen ein Arbeiterkind etwa DM 20,— im Monat, ein Mittelschichtenkind dagegen DM 50,— erhält, *erkennbar* verfassungswidrig wären. Diese Darstellung zeigt beispielhaft, daß schwer durchschaubare Steuermanipulationen einerseits (bei Privilegierungen) wenig politische Angriffsfläche bieten, daß sie andererseits aber (etwa bei Gleichbehand-

19 Wuermeling, zit. nach Haensch, a.a.O., S. 113.

lung) politische Propagandaeffekte verschenken. Die von der SPD/FDP-Regierung realisierte Ersetzung der Steuervergünstigungen durch direktes Kindergeld kann, weil sie auf Privilegierung verzichtet, diese Erkenntnis für sich nutzbar machen: Ohne wirkliche Erhöhung der staatlichen Ausgaben für Familienlastenausgleich – die Kostensteigerung von 11 auf 15 Milliarden DM erbringt nicht einmal die längst fällige Kompensierung des Kaufkraftschwundes[20] – kann sie einen politischen Propagandaeffekt erzielen. Dennoch betreibt die SPD/FDP-Regierung keineswegs, wie man meinen könnte, wenn man die CDU-Familienpolitik für typisch kapitalistisch hält, antikapitalistische Familienpolitik. Mit dem Abrücken von ständischer Privilegierung und dem Beginn der Gleichbezahlung setzt diese Regierung überhaupt erst die Prinzipien bürgerlicher Gesellschaft durch, d. h. sie schafft gleiche Konkurrenzbedingungen in Beziehung auf den Kinderunterhalt für alle Lohnabhängigen.

Nicht berührt durch die Steuerreform 1974 ist die Möglichkeit für Ehegatten, die gemeinsame Veranlagung zur Einkommenssteuer zu wählen (Splittingverfahren). Ehepartnern, von denen nur einer erwerbstätig ist oder die unterschiedlich hohe Einkommen beziehen, können auf diese Weise die Progression und damit die Steuerschuld senken. Mit dem Splitting wird der Ehefrau als Hausfrau und Mutter Anerkennung zuteil. Es ist »des öfteren wegen seiner Progression für Gutsituierte (›Millionärsgattinneneffekt‹) und seiner Beschränkung auf ›intakte‹ Ehen kritisiert«[21] worden. Diese steuerpolitische Maßnahme verfolgt den Zweck, die Ehe zu begünstigen, die Ehefrau im Rahmen des verfassungsrechtlich eben noch Zulässigen[22] auf den Haushalt zu orientieren und ist so Ausdruck der CDU/CSU-Familienpolitik, deren Geburtenpolitik bis in die sechziger Jahre stets den Umweg über die Familie wählte und auf den Kindswunsch der allein mit der

20 Vgl. die Stellungnahme des Bayerischen Staatsministeriums für Arbeit und Soziales vom 16. 10. 1973, Pressereferat 253/73, und H. Geissler, a.a.O., S. 7 f.

21 A. Mennel, a.a.O., S. D. 165 ff./175. Die Kritik am Splittingverfahren ist vom Deutschen Juristentag in dem Beschluß aufgenommen worden, es ersatzlos zu streichen und so der Hausfrauenehe die steuerliche Vergünstigung zu entziehen; vgl. *Beschlüsse*, a.a.O.

22 Vgl. BVerfGE 6, 55 (1957).

Hausarbeit unterforderten Ehefrau spekulierte. Diese Spekulation muß das Risiko in Kauf nehmen, daß eine Ehe lediglich eingegangen wird, um in den Genuß des Splittings zu gelangen, ohne dann der auf Nachwuchs zielenden Absicht des Gesetzgebers nachzukommen. Die in diesem Verfahren notwendig eingeschlossene Diskriminierung der alleinstehenden erwerbstätigen Mutter[23] führt zu dem für politische Neuorientierungsphasen typischen Ergebnis, daß Gleich- und Besserstellungen in einem Bereich (Erziehungsgeld) mit fortbestehender Diskriminierung in einem anderen einhergehen.

Als 34. Land der Welt führte die Bundesrepublik 1954 – sehr viel später als die Kinderfreibeträge – ein *Kindergeld* als direkte Zuwendung ein. Es wurde jedoch erst vom 3. Kind ab mit einer festgesetzten Einkommensobergrenze und mit einem Höchstsatz von DM 20,— im Monat gewährt.[24] Die Beiträge für die Durchführung dieses Gesetzes waren von den Unternehmern der jeweiligen Berufsgenossenschaften aufzubringen (§§ 9 ff. KGG i. V. m. § 723 RVO) und wurden von Familienausgleichskassen bei den Berufsgenossenschaften ausgezahlt (§§ 15 ff. KGG); der Bund leistete lediglich einen Zuschuß. Abweichendes gilt für Beamte, die seit 1920 unabhängig von der Höhe ihres Gehaltes und bereits vom 1. Kind an Kindergeld beziehen.[25]

Von den vielen Veränderungen des Kindergeldgesetzes ist wichtig das *Gesetz über die Gewährung von Kindergeld für zweite Kinder und die Errichtung einer Kindergeldkasse vom 18.7.1961.*[26] Die entscheidenden Änderungen bestehen darin, daß wiederum unter Beachtung von Einkommenshöchstgrenzen (§ 1 KGKG) schon vom 2. Kind an Kindergeld gewährt wird und daß für die Auszahlung dieses Zweitkindergeldes (nicht des Dritt- und Mehrkindergeldes) eine »Kindergeldkasse als rechtsfähige Anstalt des öffentlichen Rechts« (§ 8 KGKG) errichtet wurde, deren Aufwendungen der Staat (§ 20 KGKG) trug. Mit dem Bundeskindergeldgesetz vom 14. 4. 1964[27] fallen die Familienausgleichskassen weg und wird

23 Vgl. A. Mennel, a.a.O., insbes. S. D 174 ff./184 ff.
24 § 4 KGG.
25 Vgl. §§ 18 ff. *Bundesbesoldungsgesetz.*
26 BGBl. I, S. 1001.
27 BGBl. I, S. 265.

nun auch das Dritt- und Mehrkindergeld von der Bundesanstalt für Arbeit als Kindergeldkasse ausgezahlt (§ 15 BKGG). Die Aufbringung der Mittel erfolgt nun ebenfalls nicht mehr durch die Unternehmen, sondern durch den Staat (§ 16 BKGG).

Das seit 1. 1. 1975 geltende Gesetz zur Vereinheitlichung des Familienlastenausgleichs hat ein Erstkindergeld eingeführt, die Einkommensobergrenzen abgeschafft, die Sonderregelungen für öffentliche Bedienstete und Kinderfreibeträge aufgehoben. Die Höhe des Kindergeldes beträgt DM 50,— für das erste, DM 70,— für das zweite und DM 120,— für jedes weitere Kind. Im öffentlichen Dienst vorhandene Besitzstände sollen allerdings erhalten bleiben[28], während entsprechende in der freien Wirtschaft gegebene Vergünstigungen wohl hart umkämpft sein werden.

Die skizzierte Entwicklung des Kindergeldwesens in der Bundesrepublik bezeichnet den allmählichen Übergang von einer reinen Elendsmilderung kinderreicher Familien zur tendenziellen Herstellung gleicher Bedingungen für alle, die zur Fortpflanzung der Gattung beitragen und dafür im Verhältnis zu Kinderlosen Mehraufwendungen haben. Dennoch werden diese Mehrkosten durch den Staat nicht voll ausgeglichen, sondern nur zu ca. 25% beim Einzelkind und bis zu ca. 50% bei 6 Kindern, wobei von DM 200,— monatlicher Kosten für die vom Kind verbrauchten Waren ausgegangen wird. Zur Begründung wird angegeben, daß der zivilisatorische Effekt der Familie nur dann erzielt werden könne, wenn Eigenverpflichtung und Eigenverantwortlichkeit der Eltern beibehalten werden und sich der ›Familiengedanke‹ nicht durch das Tauschgeschäft ›Kind gegen staatliche Bezahlung‹ verflüchtigt. Neben dieser Begründung figuriert für die Erklärung der geringen Höhe des Kindergeldes bei den politischen Parteien allerdings immer auch das eigentlich stechende Kostenargument.

Mit der ersten Kindergeldkonstruktion von 1954 entlastete der Staat die Unternehmer von individualisierter Kindergeldzahlung an Arbeiter, die zumindest regional über den Leistungslohn hinaus gewährt wurde und vereinzelt heute noch

28 Vgl. U. Schmitz-Pfeiffer, a.a.O., S. 918.

gewährt wird. Dieses über die Einzelkapitale verallgemeinerte System der Kindergeldzahlung sichert dem Familienvater gleiche Konkurrenzbedingungen auf dem Arbeitsmarkt. Er erhält nun den gleichen Lohn wie kinderlose Kollegen und ist deshalb bei der Arbeitssuche nicht stärker benachteiligt als diese, da der Preis für seine Arbeitskraft Kinderunterhalt nicht umschließen muß. Gleichwohl wird er befähigt, seine staatlich gewollten Kinder zu unterhalten.[29] Dafür zwang der Staat die Unternehmen zu – von der Anzahl der beschäftigten Familienväter unabhängigen – Beitragszahlungen in die Familienausgleichskassen, wodurch er gleiche Konkurrenzbedingungen für sie schuf, allerdings unter Schmälerung der Gewinnraten. Mit der schrittweisen Kostenübernahme des Kindergeldes durch den Staat, d. h. ihrer Finanzierung über Steuererhebung, wird der direkte Zugriff auf die Gewinne rückgängig gemacht. Auch nach der Kindergeldreform werden die Aufwendungen der Bundesrepublik im Vergleich zu kapitalistischen Konkurrenznationen so gering sein, daß das deutsche Kapital bis auf weiteres einen Wettbewerbsvorsprung auf dem Weltmarkt behaupten kann. Dieser Vorteil kennzeichnet zugleich den Spielraum, der für die Finanzierung weitergehender Maßnahmen, wie wir sie im folgenden darstellen werden, noch ausgeschöpft werden kann.

Um einen Eindruck von den unterschiedlich hohen Aufwendungen für Familienlastenausgleich in kapitalistischen europäischen Nationen zu vermitteln, zitieren wir aus einer Tabelle des *Sozialberichts 1973*, in der die Anteile der Familienlasten an den jeweiligen Sozialetats prozentual ausgewiesen sind.[30]

	BRD	Frankreich	Italien	Niederlande	Belgien
1970	8	21	14	14	20

Zum *Erziehungsgeld* existieren Vorstellungen verschiedenen Konkretionsgrades, von denen wir eine Auswahl zeigen. Grundlage für die Vorstellungen der parlamentarischen Parteien sind die *Empfehlungen zur Einführung eines Muttergeldes des Deutschen Vereins für öffentliche und private Fürsor-*

29 Vgl. Schieckel, a.a.O., Bd. 1, S. 3 ff.
30 A.a.O., S. 124.

ge. Die zusammenfassenden Thesen der Vorstellungen des »Deutschen Vereins« lauten:

»1. Es soll ein monatlich zu zahlendes Muttergeld für Mütter mit Kindern unter drei Jahren eingeführt werden.

2. Auf das Muttergeld soll ein Rechtsanspruch eingeräumt werden.

3. Das Muttergeld soll aus Bundesmitteln finanziert werden.

4. Zum Bezug des Muttergeldes sollen Mütter (unter besonderen Voraussetzungen Väter) berechtigt sein, die mit einem eigenen Kind unter drei Jahren dauernd zusammenleben, auf Erwerbstätigkeit verzichten und auf ein Gesamteinkommen der Familie angewiesen sind, das eine bestimmte Grenze nicht übersteigt.

5. Bei der Regelung der Anspruchsberechtigung sollen die folgenden Überlegungen berücksichtigt werden:

a) eine Unterbrechung des Zusammenlebens aus zwingenden Gründen soll den Anspruch nicht aufheben;

b) eine Erwerbstätigkeit bis zu 15 Wochenstunden soll der Mutter gestattet sein, wenn das Kind älter als 18 Monate ist;

c) der Besuch einer Schule mit Vollzeitunterricht soll einer Erwerbstätigkeit gleichgesetzt werden;

d) Wenn die Mutter stirbt oder die Betreuung des Kindes von Anfang an oder später für voraussichtlich längere Zeit nicht übernehmen kann, soll das Muttergeld unter denselben Voraussetzungen und Beschränkungen, die für die Mutter gelten, dem Vater gewährt werden können;

e) Adoptivmütter und Stiefmütter sollen der leiblichen Mutter gleichgestellt werden;

f) die Zahlungen von Muttergeld soll auf 10 Jahre beschränkt werden, die nicht aufeinander folgen müssen;

g) ein Anspruch der Pflegemutter oder anderer Erziehungs- und Betreuungspersonen (Großmutter, Tante, Schwester usw.) soll nicht bestehen. In diesen Fällen sollen materielle Erziehungshilfen nach dem Jugendwohlfahrtsgesetz, z. B. entsprechend hohe Familienpflegesätze, gewährt werden.

6. Bei mehreren Kindern unter drei Jahren soll Muttergeld nur einmal gezahlt werden.

7. Muttergeld soll unabhängig vom Kindergeld gezahlt werden. Es muß jedoch eine Abstimmung des Muttergeldes mit den Leistungen des Familienlastenausgleichs erreicht werden.

8. Das Muttergeld soll von der Einkommenssteuer befreit sein.
9. Für den Bezug von Renten aus der gesetzlichen Rentenversicherung sollen die Zeiten des Bezuges von Muttergeld als Ersatzzeiten mit der Maßgabe anerkannt werden, daß die Anrechnung nicht von einer vorhergehenden Versicherungszeit abhängig ist, und daß es genügt, wenn die Mutter innerhalb von 10 Jahren nach Beendigung der Ersatzzeit eine versicherungspflichtige Tätigkeit aufnimmt.
10. Bezieherinnen von Muttergeld sollen in der gesetzlichen Krankenversicherung versichert sein.«

Die CDU übernimmt in ihrem Gesetzentwurf über die »Gewährung von Erziehungsgeld vom 24. 4. 1974«[31] die zitierte Begründung, berücksichtigt aber ausdrücklich beide Elternteile und beschränkt sich nicht auf die Mutter: »Durch die Gewährung des Erziehungsgeldes soll erreicht werden, daß ein Elternteil bis zur Vollendung des dritten Lebensjahres des Kindes auf eine nennenswerte Erwerbstätigkeit im Interesse der Kindererziehung ohne unzumutbare materielle Nachteile verzichten kann. Aus finanziellen Gründen läßt sich dieses Ziel nicht sofort in vollem Umfang verwirklichen. Deshalb wird durch den Gesetzentwurf zunächst nur für das erste Lebensjahr des Kindes ein Erziehungsgeld eingeführt. Das erste hat unter den ersten drei Lebensjahren eine zusätzlich gesteigerte Bedeutung für die Entwicklung des Kindes.«

Die Zielsetzung des Gesetzentwurfes bringt deutlich zum Ausdruck, daß das Erziehungsgeld nicht vorrangig zur Sicherung eines brauchbaren Erziehungsmilieus für das Kleinkind gedacht ist, sondern dazu dienen soll, Nachwuchs überhaupt erst zur Welt zu bringen; es wird gefordert, um »wirtschaftlicher Not entgegenzuwirken, die zum Motiv für eine Abtreibung werden könnte«.[32] Da die Abtreibung aus dem Blickwinkel der Geburtenpolitik der Schwangerschaftsverhütung vollständig gleicht, gilt die Argumentation selbstverständlich auch für diese.

In einem SPD-Referentenkonzept zur »Einführung eines Muttergeldes«, das ebenfalls die Bezahlung von Vätern vor-

31 BT-DS 7/2031.
32 BT-DS 7/2031, S. 1.

sieht[33], wird die geburtenpolitische Absicht zwar besser verschleiert, dafür aber die staatliche Erziehungsverantwortung schärfer gesehen: »Zusammenfassend läßt sich sagen, daß sich erwerbstätigen Elternteilen nur in ganz beschränktem Umfang Möglichkeiten bieten, Kindern unter drei Jahren während der Arbeitszeit eine der Erziehung in der eigenen Familie gleichwertige Erziehung zu sichern. Andererseits fehlt es an einem genügenden Angebot an Teilzeitarbeitsplätzen, um das Spannungsverhältnis zwischen Erwerbsbetätigung und Erfordernissen der Kleinkindererziehung zu mildern. Der Gesellschaft darf diese Lage nicht gleichgültig sein. Wird die Erwerbsbetätigung der Frau zunehmend als ein Mittel im Streben nach faktischer Gleichstellung mit dem Mann, nach Selbstverwirklichung und finanzieller Selbständigkeit angesehen, so bedarf es entweder eines umfassenden Ausbaues der Möglichkeiten qualifizierter Erziehung außerhalb der Familie oder wirksamer Anreize für den zeitweisen Verzicht auf Erwerbsbetätigung, insbesondere für den Zeitraum der frühkindlichen Erziehung. Laufende Geldleistungen des Staates neben dem Kindergeld könnten einen solchen Anreiz geben. Derartige Zahlungen rechtfertigen sich aus dem Interesse der Gesellschaft an einer sozialisationswirksamen Erziehung des Kindes. Ein Entgelt, das sich als Erziehungsgeld (Muttergeld) bezeichnen ließe, könnte auch als Ausgleich und als Anerkennung dafür angesehen werden, daß der erwerbstätige Elternteil auf eine gut dotierte Erwerbstätigkeit verzichtet, um sich der für die gesellschaftliche Entwicklung bedeutsamen Erziehung des Kindes zu widmen.«

Hier sind nun die wichtigsten Maßnahmen und Pläne finanzieller Unterstützung aufgezeigt worden; die Fülle weiterer Familiensubventionen wie Wohngeld, Ferienzuschüsse, Verkehrstarifverbilligungen etc. bleiben außer acht.[34]

Das differenzierte Schema (S. 198) zeigt anschaulich den Versuch, die Familie aus sozialpolitischen Gründen wie ein bankrottes Unternehmen durch staatliche Subventionen über Wasser zu halten. Im Unterschied zu einer staatlichen Rettungsinvestition kann aber in der Familie die Verwendung der gegebenen

33 *Konzept zur Einführung eines Muttergeldes*, 25. 10. 1973, S. 8.
34 Wingen, a.a.O., S. 168/169.

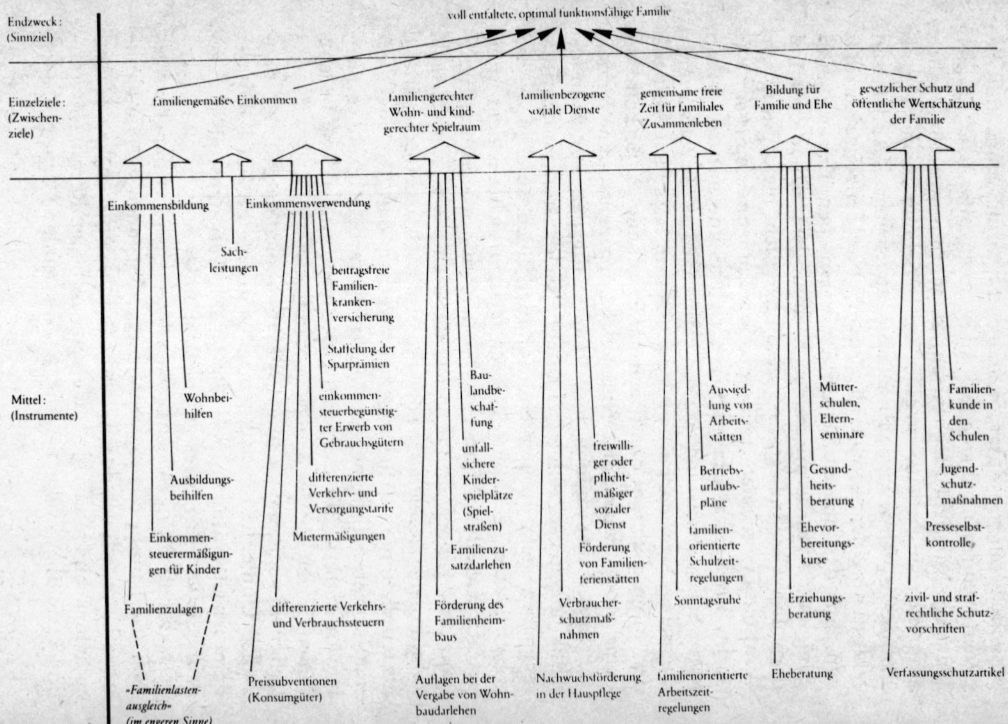

Endzweck: (Sinnziel)
voll entfaltete, optimal funktionsfähige Familie
Einzelziele: (Zwischenziele)
familiengemäßes Einkommen
familiengerechter Wohn- und kindgerechter Spielraum
familienbezogene soziale Dienste
gemeinsame freie Zeit für familiales Zusammenleben
Bildung für Familie und Ehe
gesetzlicher Schutz und öffentliche Wertschätzung der Familie
Mittel: (Instrumente)
Einkommensbildung
Einkommensverwendung
Sachleistungen
Wohnbeihilfen
Ausbildungsbeihilfen
Einkommensteuerermäßigungen für Kinder
Familienzulagen
»Familienlastenausgleich« (im engeren Sinne)
beitragsfreie Familienkrankenversicherung
Staffelung der Sparprämien
einkommensteuerbegünstigter Erwerb von Gebrauchsgütern
differenzierte Verkehrs- und Versorgungstarife
Mietermäßigungen
differenzierte Verkehrs- und Verbrauchssteuern
Preissubventionen (Konsumgüter)
Baulandbeschaffung
unfallsichere Kinderspielplätze (Spielstraßen)
Familienzusatzdarlehen
Förderung des Familienheimbaus
Auflagen bei der Vergabe von Wohnbaudarlehen
freiwilliger oder pflichtmäßiger sozialer Dienst
Förderung von Familienferienstätten
Verbraucherschutzmaßnahmen
Nachwuchsförderung in der Hauspflege
Aussiedlung von Arbeitsstätten
Betriebsurlaubspläne
familienorientierte Schulzeitregelungen
Sonntagsruhe
familienorientierte Arbeitszeitregelungen
Mütterschulen, Elternseminare
Gesundheitsberatung
Ehevorbereitungskurse
Erziehungsberatung
Eheberatung
Familienkunde in den Schulen
Jugendschutzmaßnahmen
Presseselbstkontrolle
zivil- und strafrechtliche Schutzvorschriften
Verfassungsschutzartikel

Gelder nicht durch einen inhaltlichen Sanierungsplan im öffentlichen Interesse bestimmt werden. Ob Kindergeld und Erziehungslohn für Spielzeug oder für eine Kiste Sekt ausgegeben werden, bleibt außerhalb staatlicher Kontrolle. »Versprechen [deshalb] Sach- oder Dienstleistungen an die Familie den erstrebten Effekt nicht im Grunde besser zu erreichen als nicht zweckgebundene Barleistungen, deren Verwendung im Interesse des Wohles des Kindes fraglich erscheinen könnte?«[35] Diese Frage der katholischen *Familienlehre* reflektiert die bisher ungelöste Schwierigkeit, wie – auch immer zustande gekommene – private Erziehung so zu gestalten sei, daß sie gesellschaftliche Zwecke erfüllt. Auch die Ersetzung von Geld durch Sachleistungen räumt dieses Problem nicht aus.

Beide staatlichen Leistungsformen mögen – wie in Ungarn und in der ČSSR, wo heute schon weitgehend Wirklichkeit ist, was hier vorerst nur gedacht wird, und wo zugleich wieder mit staatlicher Gewalt gegen die freie Schwangerschaftsunterbrechung eingeschritten wird – die gesunkenen Geburtenraten stabilisieren. Dadurch aber, daß sich das »Kinderkriegen [...] bezahlt«[36] macht, gelingt nicht auch schon die qualitätsgerechte Erziehung. Wenngleich zunehmend Mittel für die »Beratung« noch privat Erziehender aufgebracht werden, so entscheidet über ihren Erfolg doch vorab das verantwortungsvolle Erziehungsinteresse der Eltern und nicht das bombastische »mehrdimensionale-multiprofessionelle Angebot«[37] »wie Pädiater, Psychologen, Jugendpsychiater, Psychotherapeuten, Psychagogen, Heil- und Sozialpädagogen«.[38] Die Aufgabe »der Elternbildung, jungen Menschen, Eheleuten und Eltern Orientierungen und Wertvorstellungen zu vermitteln, welche sie besser befähigen sollen, die Schwierigkeiten, die sich heute aus der veränderten Stellung der Familie, den erzieherischen Bedürfnissen der Kinder [...] ergeben, bei der Durchführung ihrer allgemeinen Erziehungsaufgabe zu bewältigen«[39], legt ihr Dilemma bloß. Sie muß eine Ziel-

35 Wingen, a.a.O., S. 14.
36 H. Schleier, *FR* vom 16. 8. 1974; ausführlicher A. Wagnerova, *FR* vom 7. 9. 1974.
37 *Referentenentwurf eines JHG* 1974, *Begründung* zu § 40, S. 3.
38 A.a.O., *Begründung* zu § 45.
39 A.a.O., *Begründung* zu § 40, S. 3.

richtung und eine Lebensform nahebringen, die den Belehrten vorab äußerlich ist und für die sie kein materielles Direktinteresse aufbringen. Ob die Beratung glückt, hängt mithin an der Aufklärung über gesellschaftliche – und nicht etwa elterliche bzw. kindliche – Interessen, also an der Bereitschaft, gesellschaftliche Interessen zu unterstützen. Da aber nur Einkommensinteressen von vornherein systemkonform sind und alle anderen sogleich auf Argwohn stoßen, ist auch der Gesetzgeber skeptisch im Hinblick auf die Realisierbarkeit seiner Ziele. Diese Skepsis verdichtet sich im § 26 JHG-E, der mit »sozialem Engagement« bei »jungen Menschen« nicht mehr rechnet, sondern seine Förderung dem Staat zur Pflicht machen will. Da die Lohnarbeitergleichgültigkeit kaum per Befehl zu überwinden ist, soll sie über »politische Bildung« durch ein Angebot freiwilliger sozialer Dienste aufgehoben werden. Unausgewiesen bleibt, woran der Idealismus der jungen Lohnarbeiter sich denn heften soll und ob es gelingen kann, sie gegen ihre Einkommensinteressen für Ziele einzuspannen, deren Verwirklichung wieder einem System dient, dessen Vorteile für eine Minderheit den Jugendlichen nicht verborgen werden können.

Eine politische Bewegung, die wie der Kommunistische Bund Westdeutschland (KBW) die gesamtgesellschaftliche Emanzipation zu vertreten und zugleich die Lage der arbeitenden Mutter zu verbessern beansprucht, müßte unter bürgerlichen Verhältnissen ihre Forderungen mindestens auf den objektiv möglichen Rahmen ausdehnen, den auch die Vertreter des bürgerlichen Staates selbst ins Auge fassen; sie muß dies deshalb, weil die Qualität der Kindererziehung zunehmend nur noch vom bürgerlichen Staat garantiert werden kann und zugleich für die Erreichung einer höheren Gesellschaftsformation unabdingbar ist. Andernfalls müßte eine Alternative zur staatlichen Erziehung unter den gegenwärtigen Verhältnissen angegeben werden. Wenn das KBW-Programm von 1974 formuliert: »Freistellung der Frau von der Arbeit für die Dauer von 12 Wochen vor und nach der Niederkunft. Fortzahlung des vollen Lohnes. Unentgeltliche ärztliche Hilfe und Versorgung mit Arzneimitteln«[40], dann beschränkt es sich auf Mutterschutzbestimmungen, die teilweise verwirklicht und teilweise geplant sind. Weder wird der volle Lohn der für die

Gesellschaft notwendigen Erziehungsarbeit gefordert, noch reichen die 12 Wochen aus, auch nur den physischen Substanzverlust der Mutter zu ersetzen.

3. Vormundschaft/Adoption/Pflegekinder/Tagesmütter

Übergangsstufen zwischen der reinen Subvention der Familienerziehung und dem staatlichen Betreiben von Erziehung stellen Aufzuchtsformen dar, in denen die leiblichen Eltern ergänzt oder ersetzt werden, die Aufzucht aber weiterhin nicht in Staatsbetrieben, sondern in Heimarbeit erfolgt; sie unterliegt allerdings einer mehr oder weniger intensiven staatlichen Qualitätskontrolle bis hin zur Ausbildung des Sorgeberechtigten.

Die im Bürgerlichen Gesetzbuch ausgebildete *Vormundschaft* über Minderjährige beruht auf dem Gedanken, daß eine – meist der Familie befreundete – Erziehungsperson einen Elternteil ersetzt und den Familienerziehungsauftrag im Sinne der elterlichen Gewalt unverändert fortführt. Entsprechend ist die vormundschaftliche Personensorge der elterlichen nachgebildet (§ 1800 BGB), konzentriert sich das Gesetz weitgehend auf Regelungen der Vermögenssorge. Grundvoraussetzungen für die Verwirklichung dieses Konzepts waren vorher bestehende persönliche Beziehungen zwischen Mündel und Vormund, welche die Ehrenamtlichkeit verständlich machen, ein vermögendes Mündel, welche die Konzentration auf die Vermögenssorge verständlich macht, und die Interessiertheit an der persönlichen und Vermögensentwicklung, welche die Einzelvormundschaft verständlich macht. Das Konzept beruht somit auf denselben Prinzipien, auf denen die bürgerliche Familie selbst beruht.

Die über die elterliche Gewalt hinausgehenden Einschränkungen der Vormundrechte durch weiter ausgedehnte vormundschaftsgerichtliche Kontrolle (§§ 1793 ff BGB) hat dementsprechend ihren Grund in dem »Mißtrauen«, das wegen der angenommenen geringeren Ausbildung der Interessenverbindung zwischen Mündel und Vormund besteht.[42] Die Auf-

40 KBW-Programm, S. 32.
42 Gernhuber, 1971, § 64 II.

lösungsgründe bürgerlichen Familienlebens entziehen auch der Vormundschaft die Grundlage – mit dem Ergebnis »schwindender Bereitschaft, Einzelvormundschaften zu übernehmen«.[43] An deren Stelle tritt die staatliche, von den Jugendämtern ausgeübte Vormundschaft als gesetzliche oder bestellte Amtsvormundschaft.[44] Öffentliche Vormundschaft hebt sich total von dem Konzept der Einzelvormundschaft ab. War diese in den Grenzen der elterlichen Gewalt frei, Erziehungsermessen auch unterhalb der optimalen Entwicklungssteuerung des Kindes auszuüben, so unterliegt der entlohnte Vormund (Sozialarbeiter) dem Erziehungsauftrag des § 1 JWG, nach dem die »Erziehung zur leiblichen, seelischen und gesellschaftlichen Tüchtigkeit« zu gewährleisten ist. Dabei hat der Staat den Erziehungsauftrag ohne Rücksicht auf die private Herkunft des Mündels zu erfüllen, d. h. er darf dessen sozialen Hintergrund nicht zur Richtschnur seiner Erziehung machen; ihm muß jeder Erziehungsbefohlene als abstrakt gleicher Staatsbürger gelten, dessen Ausbildungsbeschränkung nicht vormundschaftlicher Erziehungsdisposition unterworfen ist, sondern allein seiner Leistungsfähigkeit folgt. Empirisch wird dieser Anspruch optimaler Kindererziehung ohne Ansehen der Herkunft freilich nicht eingelöst. Die Vormünder können nicht fünfzig oder mehr Mündel gleichzeitig erziehen; die in der Analogie zur Familienkonstruktion zum Ausdruck kommende Hoffnung auf Interessiertheit kann bei ihnen nicht vorausgesetzt werden. Die trotz der schweren Mängel fehlende Bereitschaft zu grundsätzlicher Reform kann seinen Grund in der Tatsache haben, daß die Reproduktion der Gesellschaft durch Erziehungsfehlschläge der Mündel quantitativ bislang nicht berührt wird.

Die der Familienerziehung am nächsten kommende Maßnahme ist die Umwandlung des *Adoptionsrechts* von einem Institut privater Erbengewinnung zu einem solchen, das der »Verbesserung des Loses von Heimkindern« dienen soll.[45] Um diesem Ziel näher zu kommen, ist die Ausgestaltung der Adoption in der letzten Zeit mehrfach geändert worden. So wurde das Alter des Annehmenden drastisch – von 50 auf 25

43 Gernhuber, a.a.O., § 63 II.
44 §§ 37 ff. JWG; 1791b f. BGB.
45 *Sozialbericht 1973*, a.a.O., S. 28; vgl. auch Gernhuber, 1971, § 62 I.

Jahre – herabgesetzt (§ 1744 BGB), vom Erfordernis der Kinderlosigkeit kann abgesehen werden (§ 1745a BGB), das Vormundschaftsgericht kann die Einwilligung der leiblichen Eltern bei zu Pflichtverletzungen führender Gleichgültigkeit ersetzen (§ 1747 III BGB) und insbesondere »Inkognitoadoptionen« zulassen, die jede Einflußnahme der Eltern auf das adoptierte Kind abschneiden soll. Die Bestimmung greift tief in die »natürlichen Rechte« der Familie ein, wie sie in Art. 6 GG geschützt sind; wenn das Bundesverfassungsgericht dennoch die Verfassungsmäßigkeit dieser Novellierung festgestellt hat[46], dann ist darin das geburtenpolitische Interesse vor familienpolitische Rücksichten gestellt und der Pflichtencharakter des Erziehungsrechts scharf pointiert. – In weiteren Novellierungen sollen Rechtsbeziehungen des Adoptierten zu den leiblichen Eltern abgeschnitten werden, um so ein ungestörtes »Heranwachsen in der Geborgenheit einer Familie«[47] zu garantieren. Das sozialpolitische Kalkül setzt wiederum auf fundierte Familienbeziehungen und damit auf eine sich verflüchtigende Verkehrsform; der statistisch zu vernachlässigende Erfolg der Bemühungen – die Zahl der Adoptionen betrug bis 1970 nicht mehr als rund 7000 pro Jahr, wobei Volljährigkeitsadoptionen immer noch überwiegen[48] – dokumentiert denn auch die reale Bedeutungslosigkeit dieses staatlichen Versuches.

Die mit den §§ 27 ff JWG von 1922 eingeführte *Pflegekindschaft* ist als Refamilisierungsversuch staatlicher Heimerziehung zustande gekommen. Die Kosten der Heimerziehung sind nicht lediglich ungleich höher als die Familienpflegschaftskosten, sie müssen vielmehr als voller Verlust betrachtet werden, da sie auch bei mehrfachem finanziellen Aufwand nicht annähernd ein Erziehungsmilieu zu schaffen vermögen, wie es in der durchschnittlichen Pflegefamilie angetroffen wird. Der Refamilisierungscharakter führt jedoch nicht zur Reprivatisierung. Anders als bei der Adoption, bei der die annehmende Familie lediglich vor dem vormundschaftsgerichtlichen Zuspruch des Kindes auf »die gesamten Verhältnisse [...], seine wirtschaftliche Lage, seinen Leumund, die

46 BVerfGE 24, 119 (1968).
47 Vgl. *Sozialbericht*, a.a.O., S. 28.
48 *Statistisches Jahrbuch für die BRD 1972*, S. 393.

Konfession und seine Einstellung zum Kind«[49] hin untersucht wird, bedarf es zur Aufnahme eines Pflegekindes nicht nur der Erlaubnis des Jugendamtes (§ 28 JWG): die Pflegefamilie wird vielmehr ständig beraten und beaufsichtigt, wozu das Recht gehört, Auskunft von der Pflegeperson zu verlangen und deren Wohnung zu betreten, um das Kind und seine Umgebung »in Augenschein« zu nehmen. Wie sehr die Pflegefamilie Teil des öffentlichen Erziehungssystems ist, zeigt sich am schärfsten daran, daß das Grundrecht der Unverletzlichkeit der Wohnung (Art. 13 GG) für einschränkbar und eingeschränkt gehalten wird.[50]

In der bevorstehenden Reform des Jugendhilfegesetzes soll der staatliche Zugriff auf die Pflegekindschaft in der Weise verstärkt werden, daß die Vermittlung von Pflegestellen ausschließlich auf Träger der Jugendhilfe übergehen soll[51], um private Geschäftemacherei bei der Pflegestellenvermittlung auszuschalten[52] und um die Auswahl und Entlohnung der Pflegepersonen, die »für das spätere Lebensschicksal von entscheidender Bedeutung sind«[53], besser im Griff zu haben. Zunehmend sinkende Bereitschaft zur Übernahme von Pflegekindern[54] beweist, daß das bisherige System der freien Vereinbarung von Pflegegeld zwischen Eltern und Pflegepersonen sowie die öffentliche Aufwandsentschädigung und der nach Landesrecht unterschiedlich zugelegte Erziehungsbeitrag[55] offensichtlich keine genügende Motivation für die Übernahme von Pflegekindern bewirken und auf Idealismus nicht gesetzt werden kann. Deshalb ist in § 52 Abs. 4 Jugendhilfegesetzentwurf vorgesehen, »die erbrachte Erziehungsleistung mit der Zuwendung eines monatlichen Geldbetrages abzugelten. Die Geldleistung ist nur Entgelt für die erbrachte Erziehungsleistung, nicht etwa auch (pauschaler) Ersatz für Aufwendungen im Interesse des Kindes«.[56] Erst mit dieser als

49 Potrykus, a.a.O., § 48a JWG Anm. 14.
50 Potrykus, a.a.O., § 31 Anm. 3.
51 Vgl. § 52 Abs. 1 JHG-E.
52 Vgl. Begründung des JHG-E, a.a.O., § 52 Abs. 1.
53 Begründung zu § 52 JHG-E Abs. 2.
54 *Statistisches Jahrbuch für die BRD 1972*, S. 393: 1968 = 92 270 und 1970 = 71 378 Familienpflegestellen; vgl. auch Potrykus, a.a.O., § 31 JWG Anm. 4.
55 Vgl. insgesamt Jans-Happe, a.a.O., Vorb. 2 C zu §§ 27-36.
56 Begründung zu § 52 JHG-E Abs. 4.

Kampagne zur »Pflegeelternwerbung«[57] gedachten staatlichen Entlohnung der Erziehungsleistung gewinnt das Pflegekindwesen den Charakter einer erwerbsmäßigen Kinderaufzucht in Heimarbeit und unterscheidet sich wesentlich nur noch in der Erzieher-Kind-Relation von öffentlichen Aufzuchtsbetrieben.

Das Modellprojekt *Tagesmütter* soll die außerfamiliale Erziehungslücke zwischen der Geburt und dem Eintritt in den Kindergarten schließen und so der erwerbstätigen Frau weiterhin Mutterschaft, d. h. der Gesellschaft den erforderlichen Nachwuchs, ermöglichen. Die insbesondere von Verhaltensbiologen vorgebrachte Kritik, daß mit dem Projekt »Säuglinge und Kleinkinder ohne deren Zustimmung wissenschaftlichen Versuchsbedingungen unterworfen werden, die [...] die Gefahr irreversibler psychischer Schädigung in sich bergen«[58], ist keineswegs falsch, übersieht aber das Problem, daß durch die Erwerbstätigkeit der Mütter in jedem Falle eine Erziehungssituation eintritt, der das Kind nicht zustimmen kann. Sie geht bar jeder Kenntnis gesellschaftlicher Zusammenhänge davon aus, daß eine individuelle Wahlfreiheit zwischen Erwerbstätigkeit und Hausfrauendasein für die Lohnarbeiterin existiert. Eine solche Wahlfreiheit wäre indes nur gegeben, wenn für das Kleinkind eine Erziehungsperson staatlich so hoch entlohnt wird, daß sie auf Erwerbstätigkeit verzichten kann, wie es in der Erziehungsgeld-Konzeption erstmals in der Bundesrepublik ansatzweise bedacht wird.

Das Tagesmütter-Projekt ist mithin eine Ökonomisierung der vollständigen Entlohnung frühkindlicher Familienerziehung, indem nicht pro Kind, sondern pro maximal vier Kinder eine Frau teilweise staatlich und teilweise privat entlohnt wird.[59] Gegenüber der öffentlichen Kinderkrippe soll das Tagesmütter-Projekt den Vorteil höherer Beziehungsstabilität haben, da »die arbeitsrechtliche Situation der in Kinderkrippen tätigen Personen nicht den zum Wohl des Kindes notwendigen Dauerbezug zur Pflegeperson garantiert«.[60]

57 Jans-Happe, a.a.O.

58 B. Hassenstein in einem Brief vom 29. 1. 1974 an den Bundesminister für Jugend, Familie und Gesundheit, S. 3.

59 Näheres bei R. Pettinger, a.a.O.; Der Bundesminister für Familie, Jugend und Gesundheit, *Rahmengrundsätze;* R. Stransfeld, a.a.O.

60 Henke/Kosmale/Spindler, a.a.O., S. 141.

Tagesmutter kann nämlich nur werden, wer ein eigenes Kleinkind hat und erwarten läßt, sie werde bis zu seinem Heranwachsen die Arbeit nicht aufkündigen.

Das Tagesmütter-Projekt birgt allerdings die Tendenz, mit der beabsichtigten Unterstützung der elterlichen Erziehung gerade die Auflösung ihres individuellen »Verantwortungsbewußtseins gegenüber dem Kinde«[61] zu beschleunigen und so den Erziehungsvorteil der Tagesmutter zu verlieren. Wieweit die geplante intensive Ausbildung der Tagesmutter, die als Arbeitnehmerin damit »zugleich eine [r] gewisse [n] Kontrolle«[62] unterliegt und die leiblichen Eltern miteinbeziehen soll, Erziehungsverhältnisse zustande bringt, die einen Aufwand von ca. 4 Milliarden DM jährlich nicht zur Fehlinvestition werden lassen, ist noch ganz ungeklärt. Die Hoffnung, daß sich das höhere Entwicklungsniveau der Tagesmutter in den ihr zugewiesenen Kindern verkörpert und so einen Vorteil gegenüber der schlecht ausgebildeten Krippenkinderpflegerin bietet, muß die Versuchsauswertung erst noch bestätigen. Im Grunde ist die Rolle der Tagesmutter – wie im Prinzip bereits schon die Pflegestelle – noch den Vorstellungen des Gesetzgebers von der Familie nachgezeichnet. Entlohnung, Ausbildung und Kontrolle weisen aber nachdrücklich darauf hin, daß es sich tätsächlich um Heimarbeit in öffentlichem Auftrag handelt. Die der Familie immer noch zugeschriebene Sozialisationspotenz kann freilich nicht ohne weiteres auf derartige Konstruktionen übertragen werden. Eher ähneln sie öffentlichen Einrichtungen in dezentralisierter Anordnung, für die dann auch nur die Kriterien der Erzieherqualifikation und der Relation Erzieher-Kind wesentlich sind, sowie die Rechnung, daß der zu zahlende Lohn geringer gehalten werden kann als bei reinen Berufserziehern.

4. Kinderkrippen

In Krippen können Kinder nach Ablauf des Schwangerschaftsurlaubs der Mütter aufgenommen werden und so bereits im Alter von acht Wochen in staatlich oder anders

61 *Rahmengrundsätze*, a.a.O., S. 2.

gesellschaftlich organisierte Erziehung eintreten. In einer geschlossenen geburtenpolitischen Konzeption ist denn auch die Krippe ein charakteristischer Bestandteil, da sie das Risiko des Lohnausfalls der Mutter durch die Kinderpflegezeit vermindert. Sie kann in einem solchen Konzept allerdings ersetzt werden durch andere – ebenfalls über staatliche Verteilung von variablem Kapital – betriebene Maßnahmen wie etwa die Entlohnung der Mütter oder Väter bis zum Zeitpunkt des Überwechselns der Kinder in staatliche Erziehung. Die Krippe hat dabei den Vorteil, wie ein Betrieb rationalisierbar zu sein und die Kinder zu geringsten Kosten hochzubringen. Sie hat im Extremfall – der meist noch die Durchschnittskrippe kennzeichnet – den Nachteil, daß die Kinder hospitalisiert, also realitätsuntüchtig werden und somit auch die vergleichsweise geringen Investitionen noch verloren sind.

Die Hospitalisierungserscheinungen der Krippenkinder sind oft zur prinzipiellen Ablehnung gesellschaftlicher Früherziehung benutzt worden, anstatt sie auf den geringen Kosteneinsatz zurückzuführen. Diese Deutung konnte sich jedoch nur so lange unkritisiert halten, wie mehr oder weniger bereitwillig Kinder noch privat, d. h. für die Gesellschaft gratis, aufgezogen wurden. Der schnelle Rückgang dieser Bereitschaft zwingt nun dazu, mit Hilfe staatlicher Intervention die Gattungsreproduktion überhaupt sicherzustellen. In Gesellschaften, in denen tendenziell ebenso viele Frauen wie Männer ins Erwerbsleben eingetreten sind, spielt die Krippe eine zentrale Rolle bei der Anreizung zur Fortpflanzung und in der Aufzucht der nachwachsenden Generation. Die DDR etwa – mit der höchsten Frauenerwerbsquote der Erde – versucht u. a. mit bald 40%iger Kollektiverziehung aller 0-3jährigen Kinder in Krippen[63] die fallenden Geburtenraten zu stabilisieren.[64] In der Bundesrepublik liegt hingegen die Versorgung der Kleinkinder mit Krippenplätzen unter einem Prozent; eine Ausnahme bildet West-Berlin, wo – als Relikt der sozialistischen SPD-Nachkriegspolitik – 1969 ca. 8% aller Kinder zwischen 0 und 3 Jahren in Krippen untergebracht

62 Henke u. a., a.a.O., S. 144.

63 Vgl. *Statistisches Taschenbuch der DDR 1974*, S. 152.

64 Für die auch dort noch im Vordergrund stehenden Mängel der Erziehung vgl. S. Franz, 1968 und 1973.

waren.[65]

Wieweit der Krippenausbau in ein umfassendes Paket von Maßnahmen zur Sicherung der Gattungsreproduktion in der Bundesrepublik eines Tages eingebaut sein wird, ist schwer abzuschätzen. Der Stolz, auf solche »kollektivistischen« Einrichtungen verzichten zu können, ist mit dem Tagesmütter-Modell erstmals angetastet worden, das ja nichts anderes darstellt als eine kleine Krippengruppe mit staatlich subventionierter und ausgebildeter Erzieherin in einem Individualheim. Wenn mit ihm eine mengenmäßig wirklich relevante Versorgung der Kinder nicht erreicht werden kann, dürfte die Krippe als dann kostengünstigste Variante an Bedeutung gewinnen. Die Entschlossenheit des Jugendhilfegesetzentwurfes, Krippen nur im Falle eines »Erziehungsnotstandes« (§ 27 JHG-E) zuzulassen, geht immer schon von ihrer prinzipiellen Unbrauchbarkeit aus. Ist sie jedoch optimal konstruiert – wie in den israelischen Kibbuzim[66] –, so muß sie der privaten Erziehung durch die Lohnarbeitermutter nicht nachstehen, die dazu von der Erwerbstätigkeit zeitweilig befreit wird.[67] Sie ist dann aber kaum noch kostengünstiger, behält allerdings die Besonderheit prinzipiell enger staatlicher Einflußnahme, die als »Beratung« der Mütter ja bereits jetzt dazu beitragen soll[68], die alle spätere staatliche Erziehung bestimmenden Fehlerquellen früher Privaterziehung gering zu halten.

5. Kindergarten

Nachdem die Vermittlung allgemeiner Kulturtechniken durch die Schulpflicht und die spezielle Qualifikation für körperliche und geistige Berufe fast durchweg in nicht-familialen Instanzen erfolgt, werden zunehmend die Familien von den Kosten für die Ausbildung der Kinder befreit. Nicht nur die Schulgeldfreiheit ist hier von Bedeutung; dazu gehören auch im Berufsbildungsgesetz, Arbeitsförderungsgesetz und Ausbildungsförderungsgesetz gewährte finanzielle Unterstüt-

65 Zahlen vgl. bei J. Beiderwieden / G. Heinsohn, 1972, S. 37.
66 S. dazu B. Bettelheim, a.a.O., und L. Liegle, a.a.O.
67 S. dazu insgesamt W. Henze, a.a.O.
68 Vgl. §§ 40-46 JHG-E.

zung der Auszubildenden, die zwar noch in der Regel subsidiär zu privater Unterhaltsleistungsfähigkeit sind, diese teilweise aber bereits durchbrechen.[69] Damit wird die Allgemeinbildung und Qualifikation der nachwachsenden Generation tendenziell unabhängig von der elterlichen Erziehungsausrichtung, die mangels Interessiertheit und Fähigkeit auch nicht ausreichen würde, die gesellschaftlich erforderlichen Fähigkeiten herzustellen. Diese Tendenz ist systematisch im Bewegungsprinzip der bürgerlichen Gesellschaft angelegt und schon von J. J. Rousseau 1762 beschrieben, der sein Erziehungsmodell an einem Waisenkind – Emile – entwickelt, jedoch von zusätzlichen, hier ausgeführten Bedingungen abhängig, die erst jetzt zu seiner Verwirklichung führen. Entsprechend dieser Tendenz richten sich denn auch Unterhalts- und Ausbildungsansprüche der Lohnarbeiterkinder zunehmend arbeitskampfartig gegen den Staat[70] und nicht gegen die leiblichen Eltern. Die Herabsetzung des Volljährigkeitsalters auf 18 Jahre, die Qualifikationsgarantie durch den Staat und der Ausbau eines Unterhaltssystems, in dem große Anteile des variablen Kapitals kollektiv verwaltet und eingesetzt werden, können nun dem potentiell Fortpflanzungswilligen einen großen Teil der Sorge nehmen, sich mit Kindern unabsehbar andauernde und auch in Krisenzeiten fortbestehende Unterhaltsverpflichtungen aufzubürden. Die häufig gewählte Alternative zum Kind: Haustier[71], die immer exzentrischere Formen annimmt, könnte u. a. auf diese Weise mit verringert werden.

Die bereits weitgehend staatlich betriebene Aufzucht und Qualifikation des Nachwuchses kann jedoch nur dann gelingen, wenn dieser im eigentlich prägsamen Vorschulalter zureichend sozialisiert worden ist. Risikosozialisierungsmaßnahmen sind auch die Kindergärten. Sie stellen neben der Pflichtschule das größte System nicht-familialer Erziehung dar und erfassen inzwischen weit über vierzig Prozent der 3 bis 6jährigen Kinder in der Bundesrepublik.[72]

69 Zur Konkurrenz von öffentlichen und privaten Leistungen vgl.: F. Ruland, FamRZ 1972, S. 537 ff., und P. Tempel, a.a.O.

70 Vgl. U. K. Preuß, a.a.O.; T. Blanke, a.a.O.

71 Vgl. A. Grunenberg, *FAZ* vom 6. 7. 1974.

72 Vgl. *WiSta* 1/74, S. 19 ff.

Seitdem Ende 1970 in Rheinland-Pfalz das erste Landeskindergartengesetz verabschiedet wurde, ist eine enorme Erweiterung des Kindergartensystems vorgesehen. Der Jugendhilfegesetzentwurf (§ 28 JHG-E) bestimmt, daß »jedem Kind [...] für die Zeit vom vollendeten 3. Lebensjahr bis zum Schuleintritt in einem Kindergarten Hilfe zur Erziehung zu gewähren (Elementarerziehung)« ist. § 30 in Verbindung mit § 17 JHG-E errichten in der Begründung zu § 30 JHG-E eine Gewährleistungspflicht für die Realisierung dieses ausdrücklich als subjektives öffentliches Recht gefaßten Anspruchs. Das jüngste Landeskindergartengesetz[73] geht ebenfalls über Vorläufer hinaus, indem § 8 »für alle Kinder im Vorschulalter Plätze in vorschulischen Einrichtungen« vorsieht. Der 50. Deutsche Juristentag (1974) hat sich mit großer Mehrheit zum Fürsprecher dieser Entwicklung gemacht.

War noch bis nach 1970 die Entwicklung im Vorschulbereich vorrangig an der Erschließung von Begabungsreserven für die Befriedigung eines wachsenden Bedarfs an höherqualifizierten Arbeitskräften orientiert, so kann die nun ins Auge gefaßte hundertprozentige Versorgung, praktisch also die Vorschulpflicht, nicht mehr nur mit Qualifikationsanforderungen erklärt werden. Sie reiht sich ein in die Maßnahmen zur Risikosozialisierung der Lohnarbeiter, die Kinder aufziehen, und erhält damit den Charakter eines Zeugungs- und Gebäranreizes bzw. des Ausräumens von ökonomischen Hindernissen vor der Verwirklichung individueller Kindswünsche.

Da dem Kindergarten diese geburtenpolitische Funktion erst zuwächst, wenn die Lohnarbeiter es verstehen, Schwangerschaften und also Gratiserziehung für die Gesellschaft zu vermeiden, bleiben die Qualifikationsmotive zwar gültig, sie müssen aber auf höherer quantitativer Stufenleiter zur Wirkung kommen. Ist es also weiterhin notwendig, den Kindergarten so auszustatten, daß auch die Voraussetzungen für höchste spätere Qualifikationen in ihm erworben werden können, so bedeutet seine hundertprozentige Verwirklichung eine Überqualifizierung, die noch über jene – zur Auswahl

73 *Gesetz Nr. 969 zur Förderung der vorschulischen Erziehung vom 9. 5. 1973*/Saarland.

erforderliche – des 70%igen Kindergartens hinausgeht, wie er bisher konzipiert worden war. Massenhafte Vermittlung eines hohen intellektuell-emotionalen Entwicklungsniveaus wäre die unvermeidliche Konsequenz eines Pflicht-Bildungssystems auf einer Altersstufe, auf der nur schwer schon selegiert werden kann und optimale Bedingungen für alle Kinder geschaffen werden müssen.

Durch die über den Pflichtkindergarten erfolgende Herstellung gleicher Konkurrenzbedingungen für Lohnarbeiter mit 3-6jährigen Kindern soll einem möglichen »Fortpflanzungsboykott« vorgebeugt werden. Sie trägt dazu bei, daß das alte, zur Begründung der Kindergartenerweiterung vorgebrachte Postulat der Chancengleichheit nachträglich realisiert zu werden scheint. Die Forderung der Chancengleichheit war aber bereits eine moralisch-ideologische Begründung für die zu Zeiten noch ausreichender Geburtenzahlen im Vordergrund stehende Erweiterung des Qualifikationsreservoirs; ideologisch war sie deshalb, weil sie folgendermaßen gefaßt wurde: »Die Ergebnisse der internationalen Begabungsforschung haben erbracht, daß Begabung und Lernfähigkeit stärker als bisher angenommen von der sozialen Umwelt und den komplexen Wechselbeziehungen zwischen dem Betätigungsfeld eines Kindes und den Angeboten und Anforderungen seiner Umgebung abhängen. Es ist Aufgabe eines demokratischen Staates, im Bildungswesen eine durch ungünstige soziale Umweltbedingungen verhinderte oder behinderte Entfaltung von vorhandenen Anlagen auszugleichen.«[74] Diese Begründung ist weitgehend als richtig akzeptiert worden und hat auch in die juristische Argumentation Eingang gefunden.[75]
Tatsächlich benötigt man, um die Lücke zwischen »sozialer Wirklichkeit« und der gesetzlich befestigten »Familienwirklichkeit« schließen zu können, die Sozialisationsforschung. Diese Forschung befaßt sich aber nicht mit neuen Schwächen der Lohnarbeiter-Familie und der anderen inzwischen vorhandenen Erziehungseinrichtungen; sie versucht vielmehr, erst auf einem bestimmten gesellschaftlichen Entwicklungsniveau störend gewordene Schwächen zu verstehen, damit diese

74 BT-DS VI/925 (Bericht zur Bildungspolitik der Bundesregierung vom 8. 6. 1970), S. 17.

75 G. Zenz, a.a.O., S. 101 ff.

beseitigt werden können. Bekannt ist das psychische und physische Elend eines Großteils der Kinder auch schon vorher; es gibt dafür auch schon immer eine »Erklärung«, nämlich diejenige, daß dieses Elend vererbt sei. Wie mächtig die Vererbungsideologie ist und sein muß, da sie, wie die Religion, als ein Instrument zur Pazifizierung der Arbeiter dient, die auch ohne Klassenbewußtsein stets empört bemerkt haben, daß ihre Einkommensquelle ungleich spärlicher fließt als die Quellen Kapital und Boden, zeigt sich daran, daß die von ihr Betroffenen selber am längsten an sie glauben.

Sozialisationsforschung ist dort erforderlich, wo die Anforderungen an die lebendige Arbeit so stark zugenommen haben, daß die aus den bestehenden Sozialisationsinstanzen Herauskommenden sie nicht mehr erfüllen. Es liegt deshalb nahe, daß die Sozialisationsforschung und ihre Resultate nicht neu, sondern nur wiederaufgetaucht sind, daß es also in der bürgerlichen Gesellschaft einen ökonomisch verursachten Wechselrhythmus zwischen Vererbungsideologie und Milieutheorie gibt. Immer dann, wenn die Anforderungen an die lebendige Arbeit wachsen, zeigt die Vererbungstheorie ihren ideologischen Charakter; denn ginge es nach ihr, wären ja Veränderungen ausgeschlossen.[76] Es ist also empirisch zu beweisen, daß die Reform keineswegs neueren Kenntnissen geschuldet ist. Dafür wollen wir aus der beliebigen Fülle historischer Beispiele von Sozialisationsforschung – deren Vertreter politisch verfolgt wurden und den Vererbungsideologen weichen mußten, wenn die Weiterentwicklung der lebendigen Arbeit gelungen war – nur zwei aus dem deutschsprachigen Bereich heranziehen. So schrieb ein preußischer Mediziner im Jahre 1842, in einer Zeit stürmischer Entwicklung des deutschen Industriekapitalismus: »Ein Kind, welches in dem Zeitraume, wo der Verstand erwachen und seine ersten Übungen vornehmen soll, sich selbst meist überlassen bleibt, und in der fortwährend einförmigen Umgebung nichts wahrnehmen kann, was seine Aufmerksamkeit auf sich zu ziehen, sein Interesse zu wecken, seinen Geist zu beschäftigen vermag, kann völlig verdummen; wenigstens bleibt es in seiner Bildung zurück, so daß es dann in der Schule viel schwerer lernt

76 Vgl. ausführlich zu diesem Problem: G. Heinsohn, 1971, S. 31 ff./87 ff.

und langsamer Fortschritte macht, oder auch in seiner Entwicklung nie soweit kommt, als bei einer früheren Anregung seiner Geisteskräfte möglich gewesen wäre. Dagegen wird es durch die Kleinkinderschule in ein reges Leben voll mannigfaltiger Gestalten und wechselnder Erscheinungen eingeführt und vor einem Zurückbleiben und Verkümmern der Verstandeskräfte bewahrt.«[77] Ein Vergleich dieser Aussage aus dem Jahre 1842 mit jener der Bundesregierung von 1970 ergibt, daß in Wirklichkeit keine Erkenntnisse hinzugekommen sind und somit die »Aufgaben eines demokratischen Staates« bisher nicht wahrgenommen wurden. Um Erklärungen der wissenschaftlichen Entwicklungshemmung nach 1842, besonders durch den Faschismus, zuvorzukommen, sei noch aus dem *Gutachten zur Erziehung im frühen Kindesalter* des »Deutschen Ausschusses für das Erziehungs- und Bildungswesen« vom 20. Juli 1957 zitiert. Der Ausschuß – Vorläufer des Deutschen Bildungsrates – war wie dieser pluralistisch zusammengesetzt. Seine Empfehlungen richteten sich selbstverständlich auch an die das Jugendhilfegesetz tragenden Koalitionsparteien. Wo diese, wie die SPD in einzelnen Bundesländern, die absolute Mehrheit hatten, ist dennoch diesem Gutachten von 1957 in keiner Richtung gefolgt worden. Es heißt in ihm u. a.: »In den ersten Lebensjahren eines Menschen bilden sich Grundformen seines Verhaltens heraus. Ein Kind, das in diesen Jahren nicht zu seinem Recht kommt, ist in seiner ganzen weiteren Entwicklung gefährdet. Diese Gefahr besteht heute für eine sehr große Zahl von Kindern. [...] Da nahezu alle Kinder von den geschilderten Umweltveränderungen mehr oder weniger betroffen sind, sollte dieses [Kindergarten-] Angebot so großzügig sein, daß jedes Kind jedenfalls für einige Vormittagsstunden im Kindergarten sein könnte.«[78] Die sozialisationstheoretische Begründung für den allgemeinen Kindergarten ist somit gerade dem Staat, an den sich das Gutachten richtete, längst bekannt gewesen. Es stieß 1957 in

77 Vgl. K. F. Burdach, a.a.O., S. 11; Lange vor Burdach war Comenius' *Informatorium der Mutter Schul* von 1633 in Deutschland verbreitet. Es enthielt ebenfalls bereits Ergebnisse der Begabungsforschung. Gleiches gilt für die klassische griechische und römische Literatur.

78 *Empfehlungen und Gutachten des Deutschen Ausschusses für das Erziehungs- und Bildungswesen*, Folge 2, 1957, S. 48 f.

eine Phase reichlichen Angebots an Arbeitskräften aller Qualifikationsstufen und hatte deshalb keine Aussicht, befolgt zu werden. Das ändert natürlich nichts daran, daß die Resultate der ›alten‹ Sozialisationsforschung Lebensprozesse für Kleinkinder entfalten helfen können, die nunmehr tatsächlich ein von der Produktivkraftentwicklung auf die Tagesordnung gesetztes und aus geburtenpolitischen Gründen zu verallgemeinerndes Erfordernis sind. Dem entspricht die Aufnahme der Erziehungsziele »Selbständigkeit«, »Eigenaktivität« und »Lernfreude«[79] ins Kindergartengesetz und ihre noch abstraktere Fassung im *Rahmenplan für die Erziehungs- und Bildungsarbeit im Kindergarten des Ministers für Arbeit, Gesundheit und Soziales des Landes NRW* vom August 1970, wo es heißt, daß die Erziehungsmaßnahmen »langfristig eingesetzt werden und am Endziel einer künftigen *universellen Leistungsbereitschaft* orientiert sein« müssen. Diese abstrakt gehaltene Bestimmung bringt treffend zum Ausdruck, daß vorschulische Erziehung nicht auf die Vermittlung inhaltlicher Qualifikation gerichtet sein darf, sondern erst den intellektuellen und motivationalen Fassungsrahmen herzustellen hat, in den später jede denkbare Qualifikation eingespeist werden kann. Nur so ist die totale Mobilität des lebendigen Arbeitsvermögens für ein ökonomisches System gewährleistet, das nicht voraussehen kann, welche Qualifikationsanforderungen es zwanzig Jahre später – bei Eintritt der ehemaligen Kindergartenbesucher ins Arbeitsleben – stellen wird.

Die gegenwärtigen Träger des westdeutschen Kindergartens – zu mehr als 70% klerikale Organisationen – sind bisher nicht imstande, Lebensprozesse zu entwickeln, in denen universelle Leistungsbereitschaft erworben werden kann. Die starke Machtstellung der Kirchen erklärt sich nicht lediglich aus ihrem politischen Einfluß, sondern dient dem »wirtschaftlich sinnvollen Einsatz öffentlicher und privater Mittel«, »um mit dem koordinierten Einsatz [...] den größtmöglichen Erfolg zu erzielen«.[80] Der Einsatz von Kirchensteuer für Kindergärten – anstatt z. B. für Kirchenbau oder Missionstätigkeit – trägt somit dazu bei, den *staatlich* verausgabten Anteil

79 § 2 Abs. 2 des *Zweiten Gesetzes zur Ausführung des JWG* (Kindergartengesetz -KgG-) vom 21. 12. 1971 – GVOBl von NRW S. 534.
80 BVerfGE 22, 180/202 (1967).

an variablem Kapital zu reduzieren und Kapitalgewinnspannen hoch zu halten. Die Verdrängung der Kirchen aus dem Kindergarten hat deshalb nicht allein mit ihrem Widerstand, sondern mit dem des Staates und seiner Klienten zu rechnen, was sich darin bekundet, daß im Jugendhilfegesetz und in den Landeskindergartengesetzen die Zusammenarbeit mit den Kirchen weiter festgeschrieben worden ist. Der christliche Glaube, den sie als traditionelle Legitimation für die Kleinkindererziehung vorbringen, da er der Gleichgültigkeit von üblichen Lohnerziehern entgegenwirke und die erforderliche Aufopferungsbereitschaft fürs Kind erst schaffe, scheint aber selbst im christlichen Kindergarten erzieherisches Desinteresse nicht mehr verdrängen zu können. Die klerikale Erziehung wird zu einem den Kindern äußerlichen Indoktrinationsversuch[81], der wohl psychische Energien der Kinder absorbiert, sie aber nicht zu Wißbegierde und Leistungsmotivation sublimiert. Der Staat, der mit der Kirchensteuer Ökonomie an seinen knappen Mitteln betreibt und deshalb die Kirchen gewähren läßt, gerät hier in Widerspruch zu der tendenziell nur von ihm zu erfüllenden Aufgabe, das gesellschaftlich erforderliche Qualifikationspotential hervorzubringen. Dieser Widerspruch wird um so schärfer, je unbekümmerter sich die leiblichen Eltern bei schnell zunehmender Staatserziehung um die Entwicklung ihrer Kinder erweisen: eine Tendenz, die nicht durch die gesetzlich verordnete Hoffnung auf »das Verantwortungsbewußtsein der Eltern«[82] zu beseitigen ist. Es ist ja nicht die vielberedete Diskrepanz zwischen engagierter Kindergarten- und falscher Familienerziehung, die zur Gefahr für die kindliche Entwicklung wird, sondern das Oszillieren des Kindes zwischen zwei Sphären, in denen es jeweils mit Menschen Umgang hat, die von seiner gelingenden Erziehung materiell unabhängig und deshalb ihm gegenüber potentiell gleichgültig sind.

81 Vgl. die Ausführungen der Antragsteller zur Entscheidung des BVerfGE, a.a.O., S. 186 ff.

82 § 3 Abs. 2a des *Saarländischen Kindergartengesetzes.*

6. Kleinkinderziehung als Lohnarbeit

Aus dem bisher Gesagten geht hervor, daß der Staat einen allgemeinen Erziehungslohn anbieten und eine hundertprozentige Kindergartenversorgung schaffen muß, soll die Fortpflanzung der Gattung weiterhin gesichert sein. Das Angebot des Erziehungslohnes muß allgemein sein und der Kindergarten hundertprozentig zur Verfügung stehen, weil der einzelne Lohnarbeiter sein Konkurrenzrisiko durch Kinderaufzucht kalkulieren kann, also Nachwuchs und potentielle Gratiserziehung für die Gesellschaft zu vermeiden sucht. Solange nicht die absolute Garantie besteht, daß er – wie seine Konkurrenten – Erziehungslohn und einen Platz in staatlicher Erziehung bekommt, hält er in der Nachwuchsproduktion ein. Diese Garantie besitzt er erst bei staatlicher Vorschul*pflicht*, da er auch bei nur 99%iger Versorgung immer noch fürchten muß, mit seinem Kind zu dem letzten Prozent zu gehören, für das keine Plätze in staatlicher Erziehung vorhanden sind. Der obligatorische staatliche Kindergarten wird also nicht geschaffen, um Mütter in die Produktion zu locken, sondern um Frauen, die zur Sicherung ihres Lebensunterhaltes, den niemand anders mehr zu übernehmen gezwungen ist, ohnehin erwerbstätig werden müssen und zudem imstande sind, Gratiserziehungsarbeit für die Gesellschaft durch Schwangerschaftsverhütung bzw. -unterbrechung zu vermeiden, zur Mutterschaft anzureizen.

Die Verstaatlichung der Kleinkinderziehung ließe sich mithin systematisch auch unabhängig von der erforderlichen Qualität des lebendigen Arbeitsvermögens bestimmen. Diese müssen wir betrachten, wenn wir uns mit den inneren Verhältnissen des staatlichen Kindergartens auseinandersetzen, da in dem Moment, wo der Staat aus Zwängen der Verallgemeinerung der Lohnarbeit die Kleinkinder aufziehen muß, er auch für die Qualität der Kindererziehung und damit des gesamten lebendigen Arbeitsvermögens die Verantwortung übernimmt. Nur der Staat vermag die Befriedigung des gesellschaftlichen Bedarfs an Qualifikationen zu gewährleisten, da der einzelne Lohnarbeiter nur die eigene Reproduktion, nicht aber die gegenwärtiger oder zukünftiger Konkurrenten im Auge hat. Erziehungsfehler an seinen Kindern bleiben für ihn persönlich gänzlich ohne materielle Nachteile. Der Staat muß sich also bemühen, alle privaten Unterschiede in den Sozialisationsbedingungen aufzuheben (zu kompensieren), weil ihm privat verursachte Begabungsunterschiede nur als Friktionen seines Erziehungsprozesses erscheinen. Er übernimmt die Aufgabe, Leistungsbereitschaft, logisches Denkvermögen und Anpassungsfähigkeit herzustellen – die wesentlichen geistigen Bestimmungen des Arbeiters hochentwickelter, arbeitsteiliger und in dauernder Veränderung begriffener Gesellschaften, entspringe diese Veränderung nun aus kapitalistischer Konkurrenz oder aus bewußter Planung. Diesen Prozeß besorgt er mit Hilfe von Erziehern, die er auf dem Arbeitsmarkt einkaufen muß. Vor Betrachtung der Lohnerzieher ist jedoch zu vergegenwärtigen, was sie zu tun bekommen: Für den Lohnarbeiter, der nicht mehr unter dem existentiellen Zwang steht, Erben zu haben, wird die Fortpflanzung durch Prämie und Aussicht auf Erziehungslohn für die ersten Lebensjahre des Kindes angereizt. Unterstellt, daß er sich auf dieses Geschäft einläßt, ein Kind also geboren wird, kann dieses doch keineswegs sicher sein, auch die notwendige unverbrüchliche Zuwendung zu erhalten, ohne die Leistungsbereitschaft, Denkvermögen und Anpassungsfähigkeit nicht zustande kommen. Das Geschäft – Kinderproduktion und -aufzucht gegen Lohn – läuft gänzlich unabhängig von der Qualität der Aufzucht, setzt allerdings auf die Mobilisierung von Mutterliebe. Die Qualität bleibt gerade dadurch gefährdet, daß die den Lohn beziehende Erziehungsperson bestenfalls für wenige Jahre von der allgemeinen Konkurrenz befreit wird und immer schon in angstvoller Sicht auf neuerlichen statusgerechten Verkauf ihrer Arbeitskraft leben muß. Diese Angst kann sich bereits im frühesten Alter auf das zu erziehende Kind übertragen und eine mögliche Bedingung seiner psychotischen Deformierung bilden. Die individualisierte Zuteilung des staatlichen Erziehungslohnes stellt mithin eine dauernde Gefahrenquelle für die anschließende staatliche Erziehung dar; deshalb muß die privat gebliebene Erziehung ebenfalls staatlicher Kontrolle unterworfen werden. Dies kann einerseits durch Vorbereitung auf die Kinderaufzucht im allgemeinen Pflichtschulsystem geschehen, dürfte aber insbesondere über eine obligatorische – an die Lohnzahlung knüpfbare –

Elternberatung in den ersten Lebensjahren des Kindes verlaufen. Der private Lebenszusammenhang, in dem die Kleinstkinder aufgezogen werden, würde zu einem Moment staatlicher Erziehung, das als bedeutsamste Fehlerquelle aller nachfolgenden Sozialisation regelmäßiger Beratung ausgesetzt ist und so auch im Bewußtsein der Betroffenen zunehmend den Charakter eigener Verantwortlichkeit verlieren muß.

Aus solch prekärer Individualerziehung erwachsen die Kinder, die der Staat dann in seinen Einrichtungen bis zur Volljährigkeit und teilweise darüber hinaus erzieht. Dabei können wir vernachlässigen, wie schnell die Staatserziehung ganztägig oder gar internatsmäßig erfolgt oder wie lange die Kinder immer wieder in private Lebenszusammenhänge entlassen werden, die lediglich staatlicher Beratung unterliegen. In dem Moment, da sie in den staatlichen Kindergarten eintreten, scheinen nun die besonders schwerwiegenden Probleme qualitätsgerechter Erziehung lösbar. Der Staat scheint der beste Kenner gesamtgesellschaftlicher Entwicklung zu sein und die Erziehungsziele durch seine Bildungsforscher und -prognostiker bestimmen lassen zu können. Er kann die Erzieher durch Wissenschaftler ausbilden und die Erziehung der Kinder durch die Erzieher jederzeit von Psychologen etc. kontrollieren, korrigieren und den jeweils neuesten Veränderungen anpassen lassen. Dazu verfügt er neben dem Kindergartensystem über spezielle Konstruktionsbüros, in denen jeweils die neuesten Erziehungsverfahren ausprobiert und über die Aus- und Fortbildung an die Erzieher weitergegeben werden, die sie dann mit der Masse der Kinder umzusetzen haben.

Eine entscheidende Größe der staatlichen Erziehung ist mithin das Erziehungspersonal. Eine dort verankerte Fehlerquelle muß den Sozialisationsprozeß schwer beeinträchtigen. Die staatlichen Lohnerzieher haben mit den für Prämie und Lohn Kindererziehung betreibenden Eltern gemeinsam, daß sie von den ihnen zugewiesenen Kindern existentiell vollkommen unabhängig sind. Für die Erhaltung ihrer Arbeitskraft benötigen sie nicht die besonderen Kinder ihrer Gruppe, sondern lediglich den Lohn, den ihr Ankäufer – der Staat – offeriert. Der Staat benötigt aber die Erzieher wegen ihres besonderen Gebrauchswerts, die Kinder anpassungsfähig sowie lern- und leistungsbereit zu machen. Müssen die Lohnerzieher versuchen, mit geringstem Arbeitsaufwand über den Tag zu kommen, um ihre Arbeitskraft zu erhalten und von neuem verkaufen zu können, so muß der Staat darauf erpicht sein, sie zu entschiedenem Engagement für die Kinder zu bewegen. Bei ihnen handelt es sich um Lohnarbeiter, die allein mit emotionaler Beteiligung während ihrer Arbeitszeit ihre Aufgabe erfüllen können und sich gerade darin von der typischen Lohnarbeit abheben. Der Erzieher, der dreijährige Kinder erzieht, die mitten in ihrer geistigen Entwicklung stehen und für nachfolgende Lernprozesse erst noch zu befähigen sind, hat also neben den in Heimarbeit für Lohn erziehenden Eltern die Schlüsselposition in der Bildung der menschlichen Gattung inne, er hat aber wie die Eltern keine besondere Veranlassung, mehr zu wollen, als seine Arbeitskraft so teuer wie möglich zu verkaufen und so schonend wie möglich einzusetzen.

Die reine Tauschwertorientierung des Erziehers ist also unbrauchbar, da sie notwendig zur Kindesvernachlässigung führt. Für den Staat stellt sich daher das Problem, alle Erzieher zu motivieren, motivierte, intelligente und anpassungsfähige Kinder aufzuziehen.

a) Mütterlichkeit / Christlichkeit

Die naheliegende Lösung ist die Anstellung von Personen, die gerade nicht lohnorientiert sind, sondern ein besonderes Interesse an der Kindererziehung mitbringen. Die Suche nach einer vorab gegebenen Erziehermotivation, die sich – weil keine besonderen Qualifikationskosten entstehen – als Gratisproduktivkraft darstellt, traf bisher im wesentlichen auf die Dispositionen ›Mütterlichkeit‹ (Weiblichkeit) und ›Christlichkeit‹ zu. Die Bedeutung dieser Gratisproduktivkräfte gesellschaftlicher Kleinkinderziehung erweist sich deutlich daran, daß in der Bundesrepublik auch heute noch fast ausschließlich Frauen den Beruf der Kleinkinderzieherin ausüben und daß zugleich die Kirchen mehr als 70% aller bestehenden Kindergartenplätze kontrollieren. Beide Momente – Mütterlichkeit und Christlichkeit – scheinen der Lohnarbeitergleichgültigkeit entgegenwirken zu können. Beide Momente aber sind sozial hergestellt und schwinden im selben Prozeß, in dem sich die Lohnarbeit verallgemeinert. Die Gratisproduktivkraft Mütterlichkeit steht nämlich für den Erzieherberuf nur zur Verfügung, solange Frauen gerade nicht berufstätig werden müssen, sondern ihre Funktion im Gebären der Erben und in bestimmten Dienstleistungen sehen, auf die ein männlicher Eigentümer vererbbarer Produktionsmittel existentiell angewiesen ist. Mütterlichkeit ist also die sozial erzeugte Verlängerung der über Stillerotik und Kindchenschema nur beschränkt herstellbaren Kinderpflegebereitschaft der Frauen. Die Hausfrauenrolle ist deshalb eine Voraussetzung von Mütterlichkeit. Deren Auflösung durch das Unabhängigwerden von privatem Nachwuchs in der Verallgemeinerung der Lohnarbeit läßt auch die spezifische Mütterlichkeit verschwinden. »Die Mütterlichkeit bedarf also der Weckung bei dem jungen Mädchen. Durch nichts aber kann sie so erweckt und gestärkt werden wie durch das Erlebnis eines froh erfüllten Wirkens der eigenen Mutter in Haus und Familie. Selbst erlebte Mütterlichkeit ist der sicherste Nährboden für den Keim der Mütterlichkeit, der in den Mädchen schlummert. Zum vollen Erlebnis der eigenen Mutter gehört aber, daß sie für die Kinder wirklich da ist und nicht den größten Teil des Tages durch Berufsarbeit vom Haus ferngehalten wird. Unsere statistischen Daten sprechen eine deutliche Sprache, *indem sie klar und eindeutig einen Zusammenhang aufzeigen zwischen der Nichterwerbstätigkeit der Mütter und der Wahl des mütterlichen Berufes der Kindergärtnerin durch die Töchter.* Wollen wir also Kindergärtnerinnen haben, brauchen wir vor allen Dingen Mütter, die voll und ungeteilt Mütter sind, Mütter, die es verstehen, ihren Kindern eine frohe, glücklich geborgene Jugendzeit zu schenken, und die in dieser Aufgabe eine wesentliche Erfüllung ihres Daseins sehen.«[83]

Eine einzige Erzieherin in einem Sample von 378, das 1962 untersucht wurde, um in der Bundesrepublik zum ersten Mal etwas über die Berufsmotivation der Kindergärtnerinnen zu erfahren, hat weder direkt noch indirekt die mütterliche Liebe zu Kindern[84] als zentralen Beweggrund für die Wahl ihres

83 Kietz, a.a.O., S. 52.
84 A.a.O., S. 112.

Berufes genannt. Nicht selten gegen elterliche Hinweise[85] auf zu geringe Bezahlung und selbst ohne dem Staat auch nur Berufsberatungskosten[86] zu machen, gingen die Mädchen mit »instinktiver Sicherheit« in diesen Beruf, in dem sie »weder reich werden noch hohes Ansehen gewinnen«[87] können. »Die mütterliche Liebe zu den Kindern ist der zentrale Beweggrund für die Wahl des Kindergärtnerinnenberufes. [...] Das erklärt dann auch die Tatsache, daß es so viele Kindergärtnerinnen gibt, die selbst unter schwierigsten Arbeitsbedingungen die Freude an ihrem Beruf nicht verlieren und gegen keinen anderen eintauschen würden.«[88] Während aus der Untersuchung der Schluß gezogen wird, bereits vor der Aufnahme in die Erzieherfachschulen die *Mädchen* darauf zu überprüfen, ob sie die notwendige Mütterlichkeit mitbringen[89], dokumentiert sie an anderer Stelle, daß Mütterlichkeit als für die Familie hergestellte und nicht im »Organismus der Frau« unwillkürlich enthaltene eben nicht für Lohnerziehung zur Verfügung steht, da die so disponierten Mädchen gerade nicht Lohnarbeiter werden, sondern heiraten und einen Haushalt führen wollen. »Um sich eine Vorstellung von der Ehefreudigkeit der Kindergärtnerinnen machen zu können, nenne ich aus meinem Erfahrungsbereich als beliebig herausgegriffenes Beispiel eine Fachschulklasse von achtzehn Schülerinnen, von denen vier Jahre nach dem Abschlußexamen noch vier im Beruf standen; alle übrigen waren bereits verheiratet.«[90] »Ihnen wird man das Heiraten nicht verbieten können. [...] Indes bleibt uns wenigstens der Trost, daß Kindergärtnerinnen meist gute Mütter werden. Je mehr wir aber gute, erziehungstüchtige Mütter haben, um so besser ist das für unser Volk und umso weniger brauchen wir Heime und Kindergärtnerinnen.«[91]

Die Argumentation ist zu resümieren: Kindergartenerziehung funktioniert nur, wenn die Erzieher »typisch, gesund-

85 A.a.O., S. 71 f.
86 A.a.O., S. 92.
87 A.a.O., S. 94.
88 A.a.O., S. 114.
89 A.a.O., S. 138 f.
90 A.a.O., S. 150; weitere Zahlen bei G. Heinsohn, 1971, S. 156.
91 Kietz, a.a.O., S. 150.

mütterliche Mädchen«[92] sind, die »andere als materielle Werte für wesentlich«[93] halten. Solche Mädchen erwachsen aber nur aus Familien, in denen die Mütter selbst nicht berufstätig sind[94]; sie wollen wiederum nicht Lohnerzieherin bleiben, sondern Hausfrau und Mutter werden. Für die Kindergärten und Heime sind demnach die wirklich brauchbaren Erzieherinnen gar nicht zu bekommen; sie müssen durch die Erhaltung der Familien und die Beseitigung der Müttererwerbstätigkeit selbst überflüssig gemacht werden, denn die noch 1957 formulierte Gewißheit des Bundesverfassungsgerichts, »der auf Mutterschaft angelegte Organismus der Frau [weise] unwillkürlich den Weg [...], auch in einem übertragenen sozialen Sinne fraulich-mütterlich zu wirken, wenn sie biologisch nicht Mutter ist«, trügt.[95] Da unter der Verallgemeinerung der Lohnarbeit die Familie aufgelöst wird, die Erwerbstätigkeit der Frauen allein ihnen ihren Unterhalt sichern kann und die alten weiblichen Verhaltensweisen in der Konkurrenz auf dem Arbeitsmarkt abgestreift werden müssen (und auch abgestreift werden dürfen)[96], kann die Untersuchung dem Staat, der gezwungen ist, die Kindergartenerziehung nicht überflüssig, sondern erst total zu machen, keinen Rat erteilen. Seinen geplanten Ausweg, durch wissenschaftliche Qualifikation der Erzieher den Verlust an Mütterlichkeit auszugleichen, hält sie für »wenig fruchtbar«; sie schließt mit der Frage: »Diese Menschen [Erzieherinnen – d.V.] leben weniger aus dem Intellekt heraus, dafür bringen sie ausgeprägte Fraulichkeit und Mütterlichkeit mit und einen tiefen, warmherzigen Willen, Kindern in Not zu helfen. Können und wollen wir in der Erziehungsarbeit wirklich auf diese Menschen verzichten?«[97] »Können und wollen« stehen längst nicht mehr im Belieben des Staates. Die gesellschaftliche Entwicklung hat das Illusorische dieser Alternative offenkundig gemacht. In einer Erzieherbefragung der jüngsten Modellversuche im Vorschulbereich Nordrhein-Westfalens gaben nicht

92 A.a.O., S. 150.
93 A.a.O., S. 54.
94 A.a.O., S. 47 ff.
95 BVerfGE 6, 426 (1957).
96 Vgl. zu diesem Prozeß J. A. Bruce, a.a.O.
97 A.a.O., S. 154 ff.

mehr fast hundert Prozent wie 1962, sondern gerade unter den jüngeren Erzieherinnen nur noch 50% an, »daß sie bei der pädagogischen Arbeit mit den Kindern – im besten Sinne – mütterliche Gefühle haben«.[98]

Die zweite Disposition, deren sich gesellschaftliche Kleinkinderziehung bisher bedienen konnte, war die christliche Weltanschauung, die mit dem Verbot der bürgerlichen Kindergartenvereine nach der gescheiterten Revolution von 1848 in die Bewahranstalten und Kindergärten eindringen konnte, also eine revolutionäre Motivation ersetzte. Sie scheint inzwischen noch seltener zur Verfügung zu stehen als die aus der ›intakten Familie‹ erwachsende Mütterlichkeit. Zwar bekundeten noch etliche Frauen religiöse Berufswahlmotive: »Ich möchte durch die Natur dem Kind Gottes Macht, Größe und Herrlichkeit zuteil werden lassen und durch das Gebet es zum guten Menschen erziehen. [...] Ich wollte den Kindern die tiefe Christusliebe ins Herz säen, daß sie zu fröhlichen Leuten heranwachsen und nie auf ihrem Lebensweg scheitern würden.«[99] Doch weniger als 10% der Mädchen überhaupt gaben solche Motive an. In der nordrhein-westfälischen Untersuchung votieren immerhin 46% der Kindergartenleiterinnen für eine christliche Erziehung, 85% der Erzieherinnen lehnen sie jedoch ab. Wenn man bedenkt, daß über 70% aller Kindergärten und Ausbildungsstätten – in NRW über 90% – von den Kirchen kontrolliert werden, was im Votum der von ihnen eingesetzten Leiterinnen deutlich wird, zeigt sich ihr gravierender Einflußverlust in der Kleinkinderziehung. Offensichtlich können sie nur noch opportunistische Glaubensbekenntnisse bei den Einstellungsgesprächen von ihren Lohnerziehern erpressen, diese aber nicht zu überzeugt religiöser Erziehung veranlassen. – Der Einfluß von Nonnen oder anderen zölibatär bzw. ordensmäßig lebenden Erziehern ist statistisch ohne Belang. Gerade die Nonnen bringen aber nicht nur christliche Ideologie in die Erziehung ein, sondern begeben sich auch freiwillig der typischen Rechte des freien Lohnarbeiters. Sie leben also in einem Rhythmus, der stetigen und aufopferungsvollen Einsatz für die Kinder geradezu ideal

98 *Unveröffentlichte Erzieherbefragung* o. J., S. 298.
99 Kietz, a.a.O., S. 98.

ermöglichte. Allein auch im Falle eines reichlicheren Angebots christlicher oder gar ordensangehöriger Erzieher müßte sich der Staat gegen ihre – und damit zugunsten magischer Existenzdeutungen – wissenschaftliche Erklärungen unterdrückende Erziehung des gesellschaftlichen Nachwuchses zur Wehr setzen. Der Staat kann also bei der Anstellung seiner Lohnerzieher nicht mehr mit vorab gegebenen, ihm gratis zuwachsenden Motivationen wie Mütterlichkeit und Christlichkeit rechnen. Mit ihrem Schwinden entfallen auch die Voraussetzungen eines Familienleben imitierenden Erziehungsprozesses in den staatlichen Einrichtungen selbst.

b) Trainingsprogramme / Offene Curricula

Für die Kleinkinderziehung müssen nicht nur die Lohnerzieher qualifiziert und engagiert gemacht werden; es müssen auch gänzlich neue, nicht psychotisierende bzw. neurotisierende Lebensprozesse für die Kinder organisiert werden. Tendenziell müssen mithin alle gesellschaftlich erforderlichen Gebrauchswertorientierungen der späteren Lohnarbeiter, Vorbedingung ihres Ankaufes für konkrete Tätigkeiten, vom Staat hervorgebracht werden. Dabei sind Leistungsmotivation, logisches Denkvermögen und Anpassungsfähigkeit lediglich die abstraktesten Bestimmungen dieses Gebrauchswertes menschlicher Arbeit. Sie bringen die notwendige Universalisierung des Kopfes zum Ausdruck, der seinen Träger befähigt, jede – also gerade die unvorhersehbare und deshalb in der Erziehung nicht einplanbare – Aufgabe in der gesellschaftlichen Arbeitsteilung wahrzunehmen, zu analysieren und zu bewältigen. So kann auch nur der Staat im gleichen Erziehungsprozeß die Fähigkeiten herstellen, welche die subjektive Grundlage politisch aktiven Handelns werden.

Die Herstellung dieser geistigen Fähigkeiten geschah bisher naturwüchsig in der Familienkleinkinderziehung und wurde durch sie selbst teilweise erst möglich – etwa: Leistungsmotivation des Sohnes durch eine liebevoll-fordernde Mutter und einen distanziert-freundlichen Vater oder: Logisches Denkvermögen durch das abstrakte Inbeziehunggesetztsein des Kindes zu eigenen Eltern und das Nichtinbeziehunggesetztsein zu Nichteltern etc. Die Sorge um die Auflösung der

Familie wurzelt ja nicht zuletzt in der Skepsis, diese Fähigkeiten in anderen als familialen Strukturen herausbilden zu können. Sie übersieht allerdings, daß die Familie an sich ebenfalls ein Ort der Kindesvernachlässigung sein kann und ihre Sozialisationspotenz häufig nur dann zu entfalten vermag, wenn sie durch persönliche Interessen ihrer Mitglieder, nicht durch äußerliche Zwangsgesetze gestiftet worden ist. In reiner Lohnerziehung erzogene Kinder scheinen nun am schwersten diese Fähigkeiten ausbilden zu können, was nicht nur aus Vernachlässigung zu erklären ist, die aus der Gleichgültigkeit der Erzieher gegenüber den ihnen fremd und äußerlich bleibenden Kindern entsteht, sondern aus den Strukturen der fabrikmäßigen Aufzucht selbst.

Der Staat hat also für die von ihm betriebene Kleinkindererziehung kein Vorbild außer der Familie, und so ist es für ihn naheliegend, diese erst einmal zu kopieren, in seinen Einrichtungen künstlich neu zu schaffen. Das muß freilich scheitern, weil der private Lebenszusammenhang der Lohnerzieher gerade *außerhalb* ihrer Arbeit liegt und sie sich *in* ihrer Arbeit nicht als Familienmitglieder, sondern als Geldverdiener begreifen müssen. Der staatlichen Familienkopie fehlt also der innere Zusammenhang, der bisher einzig der Familie der Produktionsmitteleigentümer anhaftete und schon in der erst von der bürgerlichen Gesellschaft erfundenen Lohnarbeiterfamilie auch durch äußeren Zwang nicht mehr zu stiften war. Da die staatliche Erziehung nicht Familienerziehung ist, kommt aus ihr auch nicht naturwüchsig heraus, was aus der Familie herauskam. Das hat Vorteile, weil typisch psychopathische Folgen des spezifisch terroristischen Familienzusammenhangs nicht aus der staatlichen Erziehung erwachsen müssen. Es hat aber Nachteile, weil auch typisch realitätstüchtig machende – ebenfalls mit der Psychoanalyse aufdeckbare – Potenzen der Familie in staatlicher Erziehung nicht automatisch enthalten sind. An der Definition und Herstellung dieser Potenzen muß das staatliche Bemühen ansetzen. Das geschieht dadurch, daß erst einmal für jede dieser Definitionen – Denkfähigkeit, Sprachfähigkeit, Interaktionsfähigkeit, Bewegungsfähigkeit usw. – ein eigenes – Familienleben nicht mehr kopierendes – Curriculum entworfen und erprobt wird. Diese Entwurfs- und Probiertätigkeit ist der Familienauflösung an sich geschuldet und nicht nur ein Problem kapitalistischer Gesellschaften. Daran ändert die immer wieder vergeblich versuchte Neuschaffung der Familie als staatlicher Zwangszusammenhang in Ländern ohne Privateigentum an Produktionsmitteln nichts.

Die zu entwickelnden Curricula sind vorerst so zahlreich wie die Fähigkeiten, die man von der erwachsenen Arbeitskraft erwartet, und erweisen bereits durch ihre übergroße Zahl die Unmöglichkeit, einen kindlichen Lebensprozeß derart zu organisieren. Folgerichtig wird versucht, die Erziehungsziele und die an sie gehefteten Curricula so weit wie möglich zu reduzieren, diejenige Bestimmung zu finden, deren Verwirklichung alle anderen erwünschten Persönlichkeitensmerkmale gewissermaßen nach sich zieht. In der Erziehung zum sozialen Verhalten – der Sozialerziehung – glaubt man diese Bestimmung gefunden zu haben. In ihr wird das harte Curriculum nicht nur überflüssig, sondern hinderlich. Die Gestaltung des Erziehungsprozesses muß vollkommen dem Erzieher überlassen werden, der konkrete soziale Situationen durchschaut und ihre Bedingungen den Kindern verdeutlicht, indem er diese selbst aufsucht und mit ihnen zu verändern trachtet. So knüpft er an die je spezifische Bedrohtheit der Kinder an, mit der ein hartes Curriculum nicht rechnen kann, und versichert sich ihrer eigenen Bedürfnisse bei der Strukturierung ihrer Lebenspraxis und damit der Konstitution ihrer Persönlichkeit. »In solchen [...] Praxiserfahrungen können dann Widerstände erlebt werden, die sich in der Umwelt der Kinder deren Aktivitäten entgegenstellen und es können Erfahrungen gesammelt werden, wie die Widerstände gegen erweiterte Lernmöglichkeiten der Kinder teilweise abgebaut werden können. Erst durch solche Erfahrungen ist ein bewußtes Parteiergreifen der Erzieher für berechtigte Interessen der Kinder möglich, was zu einer Solidarisierung von Erziehern und Kindern gegen nicht einsehbare und vermeidbare Umwelteinschränkungen führen kann.«[100]

Der so von der »Arbeitsgruppe Vorschulerziehung« des Deutschen Jugendinstituts konzipierte Erzieher muß also nicht nur natur- und gesellschaftswissenschaftlich kompetent

100 J. Zimmer, 1974, S. 317.

sein, er braucht auch Widerstandsfähigkeit, Kampfgeist; er muß für die qualitätsgerechte Erziehung der Kinder Feindlichkeit in Kauf zu nehmen und Gesellschaft zu verändern bereit sein. Aufopferungsvoll wie eine Mutter für ihr Kind und besorgt wie ein Vater um seinen einzigen Erben muß der Lohnerzieher für die ihm zugewiesenen Zöglinge sich einsetzen. Aber warum sollte er? Warum soll er sich für fremde Kinder aufreiben? Warum Verfolgung in Kauf nehmen, wo er doch zuallererst sein Verkaufsinteresse verfolgen muß?

Einer der Begründer der klassischen Nationalökonomie wußte bereits 1776: »In jedem Berufe richtet sich die Anstrengung, mit der die meisten seiner Vertreter sich ihm widmen, stets nach der Notwendigkeit, die sie zwingt, sich anzustrengen.«[101] Was kann nun den mit festem Gehalt versehenen Erzieher derart zwingen? Dieses hat nämlich »die Nötigung der Lehrer zum Fleiße mehr oder weniger verringert. Sie ziehen ihren Unterhalt, insofern er von ihrem Gehalte kommt, offenbar aus einem von ihrem Erfolg oder Ansehen im Beruf ganz unabhängigen Fonds«.[102] Damit der Erzieher sich anstrenge, soll er nur »zum Teil, aber nicht ganz vom Staate besoldet werden, weil er, wenn er ganz oder auch nur hauptsächlich von ihm bezahlt würde, bald lernen könnte, seine Amtspflichten zu vernachlässigen«.[103] Den Rest sollte er von denjenigen Schülern und Studenten als Kolleggeld erhalten, die seine Veranstaltungen für so interessant und wichtig erachten, daß sie sie besuchen. Nun ist ein solches Verfahren für ein Pflichtbildungssystem nicht gut denkbar, da dort die Lehrer und Erzieher von vornherein im Verhältnis zu der berechenbaren Kinderzahl angestellt werden. Alles, was in diesem Falle die staatlichen Vorgesetzten tun könnten, um den Erzieher oder Lehrer an der Vernachlässigung seines Dienstes zu hindern, »ist, daß sie ihn nötigen, auf seine Zöglinge eine gewisse Anzahl von Stunden zu verwenden. [...] Wie diese [...] beschaffen sein sollen, das hängt aber immer noch von dem Fleiße des Lehrers ab«.[104]

Warum aber sollte er fleißig sein, mehr tun, als die Kinder

101 A. Smith, a.a.O., S. 468.
102 A.a.O., S. 469.
103 A.a.O., S. 499.
104 A.a.O., S. 470.

mit geringstem Kraftaufwand über die vorgeschriebenen Stunden zu bringen? Spezifisch lohnunabhängige Verhaltensweisen wie Mütterlichkeit oder Christlichkeit können nicht mehr die Bedingungen eines fleißigen Einsatzes für die Kinder abgeben. Deshalb mißtraut der Staat, der auf mehr als Lohnorientierung bei seinen Erziehern gar nicht zählen kann, ja andere Motivationen sogar unterdrückt, offenen Curricula und sucht nach einer technischen Lösung, d. h. nach einem Curriculum, das unabhängig von Vorlieben und Gleichgültigkeit der Erzieher die Kinder entwickelt. Ein solches Curriculum wird »teacher-proof« – lehrersicher – genannt, und entsprechend werden die Erzieher zu »Sozialisationsingenieuren«.[105]

Diese Curricula werden also nicht einfach ohne die Erzieher entwickelt, sondern ausdrücklich gegen sie. Damit scheint die Lösung des Problems der Erziehermotivation gefunden, und zwar indem es technisch umgangen wird. Der Erzieher benötigt nun keine besondere Motivation mehr, etwas für die Kinder tun zu wollen, sondern lediglich noch die Angst, seinen Arbeitsplatz zu verlieren. Der Staat kann nämlich die Einhaltung der erziehersicheren Curricula überprüfen, indem er über jedes einzelne Kind Auswertungsbögen führen läßt, aus denen hervorgeht, wie gut oder schlecht es die Programme absolviert hat, und somit auch, ob der Erzieher gearbeitet, also die Programme angeboten und ihre Anwendung durchgesetzt hat. Das Curriculum gewinnt also für den Erzieher quasi Gesetzescharakter mit Sanktionsdrohung. Tatsächlich leistet ein Lohnerzieher mit einem solchen Curriculum mehr für die Entwicklung der Kinder als ein gleichgültiger Erzieher, den der Staat sich selbst überläßt. Und es ist keineswegs auszuschließen, daß sie noch weiter verbessert werden.

B. F. Skinner, der Theoretiker dieser Konditionierungskonzeption, der in der Sowjetunion ebenso begierig rezipiert wird wie in den Vereinigten Staaten selbst, ist überzeugt, daß der gesamte gesellschaftliche Erziehungsprozeß mit erzieherunabhängigen Programmen effektiver als je zuvor in der Menschheitsgeschichte gestaltet werden kann.[106] Der bisherige Entwicklungsstand der technischen Curricula ist aller-

105 R. Lippitt, a.a.O.

106 Vgl. dazu besonders sein Buch: *Beyond Freedom and Dignity*, 1971.

dings so ungenügend, daß sie nicht einmal bei älteren Schülern, deren Eigenmotivation, etwas zu lernen, um sich später verkaufen zu können, schon entwickelt ist, mit Erfolg angewendet werden können: »Indem [sie] sich aus der Dynamik der in gegenseitiger Kommunikation von Lehrer und Schülern getragenen sozialen Lebenswelt ausschließen, aber dennoch Verbindlichkeit beanspruchen, rufen sie fundamentale Entfremdungserscheinungen bei Schüler wie Lehrer hervor.«[107]

Eine entwicklungsfördernde Interaktion zwischen Erziehern und Kleinkindern, bei denen ja das affektive und kognitive Fundament aller später erforderlichen Wissensverarbeitung mit Hilfe des Erziehers erst zu schaffen ist, wird unter der Herrschaft eines harten Curriculums nicht aufgenommen werden können. Die gebotene und nur vom Staat garantierbare Leistungs-, Denk-, und Anpassungsfähigkeit der Kinder wird durch seinen Versuch, die Lohnerzieher in Aktion zu versetzen, geradezu verhindert. Die konsequente Anwendung eines erziehersicheren Curriculums müßte zu psychotischen oder neurotischen Persönlichkeitsstrukturen bei den betroffenen Kindern – und das sind bei Vorschulpflicht *alle* – führen, da sie keine konsistenten Identifikationsmöglichkeiten mehr vorfänden. Auch die Dressur der Erzieher zu einem stets freundlichen Verhalten[108] – als künstlicher Motivationsersatz – gegenüber den Aktionen der Kinder vermag die schizophrenogene Situation des harten Curriculums nicht aufzuweichen. Die Kinder durchschauen das Maskenhafte dieser Freundlichkeit und entwickeln eine erhebliche Wut, um den Erzieher endlich zu einem für sie verständlichen und damit weniger bedrohlichen Verhalten zu zwingen. Die Kinder stecken in einer aussichtslosen Falle, indem sie weder vom Curriculum noch vom dressierten Erzieher eine ihnen verständliche Reaktion auf ihre Ängste erhalten und dennoch nur diese für sie zuständig sind. Das Scheitern des Staates bei der Lösung einer für den Bestand der Gesellschaft existentiell wichtigen und nur ihm obliegenden Aufgabe könnte ihn schließlich nötigen, von der Überwachung seiner Lohnerzieher durch ein hartes Curriculum Abstand zu nehmen.

107 Sachs/Scheilke, a.a.O., S. 53.

108 Vgl. etwa die in der BRD weit verbreitete »Erziehungspsychologie« von Tausch und Tausch, a.a.O.

Allerdings verschwindet das Problem nicht schon dadurch, daß auf harte Curricula verzichtet und die Erziehung ins Belieben der Erzieher gestellt wird. Die heutigen Erzieher befürworten Curricula sogar; sie bekämpfen nur ihre Verbindlichkeit und damit die Überprüfbarkeit bzw. Behinderung der Arbeit. Jedes Curriculum stellt ja zugleich den Entwurf einer ›künstlichen‹ Lebenswelt für die Kinder dar. Auf eine solche Lebenswelt kann auch gar nicht verzichtet werden, da der naturwüchsige häusliche Lebenszusammenhang für die Kinder verschwindet, wenn sie in die staatlichen Einrichtungen eintreten müssen. Bereits die nicht mehr als Einheit von Produktion und Leben existierende Familie des Kapitalisten und des Lohnarbeiters muß sich eine künstliche Kinderwelt schaffen, deren Lebensprozesse keinen gesellschaftlichen Ernstcharakter tragen und dennoch gesellschaftlich erforderliche Persönlichkeitsmerkmale hervorbringen müssen. Spezielle Kinderzimmer und Spielzeuge, Spielplätze und Bilderbücher usw. sind Utensilien einer infantilen Welt[109], deren Notwendigkeit nur bestreiten kann, wer noch Möglichkeiten zur Verbindung von Erziehung und Arbeit anbieten kann, wie die chinesische Gesellschaft, die großenteils bäuerlich und handwerklich – also anschaulich – produziert, oder wer den Zusammenhang der infantilen Welt mit der anschauungsarmen industriellen, zunehmend automatenbeherrschten Produktion nicht erkennt. Die Parole »Nieder mit der Kindheit!«[110] zeigt eigentlich nur, daß wir nicht wissen, wie man die Kindheit einzurichten hat. Der Schluß, die Kinder leben zu lassen wie die Erwachsenen und schon dadurch das Bestmögliche für ihre Entwicklung zu tun, ist vollkommen unbegründet. Deshalb sind auch alle Versuche engagierter hiesiger Erzieher, die Kleinkinder an die Produktionswirklichkeit heranzuführen, um so ihre Entwicklung zu fördern und ihnen eine Hochachtung vor manueller Arbeit zu vermitteln, zum Scheitern verurteilt. Das atemlose und häufig zu spät kommende Herlaufen hinter letzten einfachen Bauernhöfen, Bäckereien, Getreidemühlen etc., zu denen mit den

109 Vgl. zur Erklärung infantiler Welten G. Heinsohn / B. Knieper, a.a.O.
110 Vgl. S. Firestone, a.a.O., S. 73 ff.; dies.: *Kursbuch* 34, S. 9.

Kindern oft lange Reisen unternommen werden müssen, führt an der Schaffung einer künstlichen Kinderwelt nicht vorbei, da diese Zeugen früherer Produktivität von der gesellschaftlichen Entwicklung bald ausgelöscht werden und bestenfalls museal zu erhalten sind. Für die Kinder sind sie bereits Relikte einer vergehenden Epoche und keinesfalls Vermittlungsorte gesellschaftlich bedeutsamen Wissens. Wie man mit einer Milchkuh auf dem gegebenen Produktivitätsniveau umgeht, erfaßt man nicht aus der Anschauung eines melkenden Bauern, sondern aus dem veterinärwissenschaftlichen Fachbuch.

Wer also meint, die Begegnung der Kinder mit anschaulicher Produktionswirklichkeit sei für ihre Entwicklung unverzichtbar, hat nur die Möglichkeit, vergangene Produktionstechniken wie im zoologischen Garten lebendig zu erhalten und die Kinder in diesen Zoos zivilisatorischer Menschheitskindheit selbst bestimmte Jahre ihrer Kindheit verbringen zu lassen. Es ist aber nicht erwiesen, daß solche Konfrontation von Kleinkindern mit musealer Produktion an sich für ihre Entwicklung etwas Beträchtliches leistet. – Die bewußte Herstellung einer entwicklungsträchtigen Kinderwelt macht mithin große Schwierigkeiten. Diese lassen erst die Faszination verständlich werden, mit der hochentwickelte Länder auf die Kindererziehung primitiver oder gering entwickelter Gesellschaften schauen und mit der aufstrebende Gesellschaften häufig die künstliche Bildungswelt technisch fortgeschrittener Gesellschaften zu kopieren trachten. Alle curricularen Versuche, die Kinder in einen total durchgeplanten und kontrollierten Lebensprozeß zu treiben, enthalten daher in verzerrter Form immer schon die prinzipiell notwendige Aufgabe der Schaffung einer lebenswerten Kinderwelt.

Nun schreitet aber, während noch über den Sinn oder Unsinn künstlicher Kinderwelten gestritten wird, gewissermaßen hinter unserem Rücken ihre Herausbildung immer weiter fort und hat in dem sozialen System der Kinderhäuser, die bei uns Krippen, Kindergärten undsoweiter heißen, bereits ein erhebliches Ausmaß erreicht. Die Struktur der Kindereinrichtungen selbst gilt es sichtbar zu machen. Mit ihnen wird dauernd gearbeitet. Die realitätstüchtig machende Veränderungsarbeit mit den Kindern an diesen Strukturen selbst vorzunehmen, wird aber in den Vorschlägen auch der vorangeschrittenen Curriculumentwickler fast niemals angeregt. Da sollen Krankenhäuser und Feuerwehren, belebte Kreuzungen und sogar Schulen, in denen man demnächst erzogen wird, kritisch kennengelernt werden; der Ort aber, von dem dorthin ausgeschwärmt wird, bleibt sozusagen unbekanntes Gebiet. Die Lebensbedingungen und Motivationen der Erzieher, denen die Kinder in die »Realität« folgen, bleiben unthematisiert. Um etwas über einen Betrieb zu erfahren, unternimmt man mit den Kindern eine beschwerliche Reise, während doch ihr eigener ›Aufzuchtsbetrieb‹ reiche tägliche Anschauung bietet. Dort gibt es eine differenzierte Trennung von Kopf- und Handarbeit – zwischen den Erziehern hart am Kind und der Köchin und Putzfrau; zwischen den Leitern, Curriculumentwicklern, Spezialpsychologen etc. und den Erziehern; zwischen der Sozialpädagogin und der Kinderpflegerin usw. Hier versammeln sich unterbezahlte Frauen, hier gibt es Lohndrückerei gegen alle dort Tätigen, da der Staat gezwungen ist, die Kosten für die Aufzucht der zukünftigen Arbeitskräfte so gering wie möglich zu halten. Hier gibt es Aufstiegsstreben und Untergebenenverachtung. Hier sind einem die Kinder ebenso gleichgültig wie das Auto auf dem Fließband dem Arbeiter, der allerdings erwischt wird, wenn er Bruch macht, was wiederum dem Erzieher im einzelnen gar nicht nachzuweisen ist. Hier atmet man auf, wenn Pause ist, und läßt das Kind genauso fallen wie der Maurer seine Kelle. Hier nutzt man jede Gelegenheit, aus dem Betrieb einmal herauszukommen, um nicht dauernd unter Kontrolle zu stehen. In solchem ›Aufzuchtsbetrieb‹ muß die entwicklungsträchtige Arbeit mit Kindern anhand offener Curricula, also mit Hilfe selbstbestimmbarer und anregungsreicher Kinderwelten, notwendig scheitern, es sei denn, man bringe an diesen Ort eine vorab gebildete Motivation bereits mit. Wenn auch das mütterliche oder christliche Interesse verschwindet, so ist doch ein regional auftretender »Klassenkampf-Gedanke«, ein Interesse, »sich für die Arbeit mit Grundschicht- und Gastarbeiterkindern einzusetzen«[111], zunehmend vorhanden.

Nun ist freilich keineswegs erwiesen, daß die sozialistischer Motivation entspringende Bereitschaft, über das Lohninter-

111 *Unveröffentlichte Erzieherbefragung* o. J., S. 308/313.

esse hinaus etwas für die Kinder zu tun, weil in ihnen ein zukünftiger Bündnispartner erwachsen kann, der Kindesvernachlässigung ein Ende macht. Aber sie enthält immerhin ein besonderes Engagement – streckenweise das einzige, das bei Erziehern und Lehrern noch anzutreffen ist. Dieses Engagements kann sich der bürgerliche Staat nicht bedienen; es ist gegen die der kapitalistischen Produktionsweise spezifischen Eigentumsverhältnisse gerichtet, deren Verteidigung gerade ihm obliegt. Der Staat verfolgt also diese Erzieher und Lehrer, wirft sie aus dem Amt – auch gegen den Widerstand von Kindern und Eltern, die an diesem Erzieher nicht unbedingt den Sozialisten schätzen, aber doch ahnen, daß seine kraftraubende Zuwendung für die Kinder, die sie ihm danken und die ihn erst als brauchbaren Erzieher ausweist, nicht im Lohninteresse wurzelt. Allerdings werden die sozialistisch motivierten Erzieher nicht nur vom bürgerlichen Staat verfolgt und eliminiert. Obschon es ihm mißlingt, eine pädagogisch brauchbare Arbeit von seinen Lohnerziehern zu erzwingen, so kann er sie sich doch politisch vollkommen gefügig machen, da er sie nicht nur während der Arbeit durch die Vorgesetzten, sondern auch außerhalb der Arbeit durch die Polizei überwachen lassen kann. In diese Überwachung lassen sich durchaus Kollegen, die sich für den langfristigen Verkauf ihrer Arbeitskraft komfortabel eingerichtet haben und »sich alle gegeneinander höchst nachsichtsvoll zeigen und jeder dem anderen gestatten, seine Pflicht zu versäumen, wenn ihm nur selbst wieder gestattet wird, die seinige zu versäumen«[112], erfolgreich einspannen. Diese Kollegen empfinden den engagierten, auch bei den Zöglingen beliebten Erzieher als Gegner; sie beobachten mit Mißtrauen den enormen Kraftaufwand, den er nicht lange durchhalten kann und dennoch indirekt auch von ihnen fordert. Auf diese Kollegen wirken die engagierten Erzieher wie ein Akkordbrecher auf seine Arbeitskollegen in der Fabrik. Paßt er sich nicht an, wissen sie ihn fertigzumachen und treffen damit zugleich, was ihn für die Erziehung der Kinder erst wertvoll erscheinen läßt.

Wir halten also fest: Der Staat kann nicht mit Hilfe eines harten Curriculums den Erziehungserfolg garantieren, da es

112 A. Smith, a.a.O., S. 470.

psychotisierende bzw. neurotisierende Interaktionen nach sich zieht und den gesamten Sozialisationsprozeß der nachwachsenden Generation schwer beeinträchtigt. Er muß die Beziehung zwischen Kindern und Erziehern in die Verfügung der Beteiligten stellen und auf qualitätsgerechte Aufzucht hoffen. Daraus erklärt sich die Beseitigung des § 143 StGB (mangelnde Beaufsichtigung Jugendlicher), da »im Rahmen einer auf gegenseitigem Vertrauen aufbauende Erziehung [...] in gewissem Umfang auch Risiken eingegangen werden [müssen]. Eine Vorschrift der hier erörterten Art könnte aber den Spielraum auch verantwortungsbewußter Erzieher in unangemessener Weise einschränken«.[113] Solange aber ein Lohnerzieher mitten in der anstrengenden Zuwendung für die Kinder seine tendenzielle Gleichgültigkeit mit den stillen Gedanken rationalisieren kann: Soll sich doch das Amt darum kümmern; soll das doch die Leiterin machen; dafür ist die Putzfrau da; was gehen mich die Kinder der anderen Gruppe an; dafür werde ich nicht bezahlt; ich kann mich doch nicht zwanzig Kindern gleichzeitig zuwenden; was gehen mich überhaupt fremde Gören an; was ist das für ein unerträglicher Krach in diesen Räumen; hoffentlich ist bald Feierabend usw., solange also solche aus der Lohnarbeit resultierende Gleichgültigkeit immer wieder zwischen Erzieher und Kinder tritt, muß die staatliche Aufgabe qualitätsgerechter Erziehung der nachwachsenden Generation ebenfalls scheitern.

Auch den Weg, die Erzieher bereits in den Ausbildungsstätten darüber aufzuklären, warum sie in der späteren Lohnarbeit gleichgültig werden müssen, und so das ganze Geschäft zu gefährden, kann der Staat nicht beschreiten, da er damit selbst die sozialistische Aufklärung betriebe, die er im Interesse der Erhaltung kapitalistischer Produktionsverhältnisse gerade unterdrückt. Doch selbst wenn es – etwa durch politisch aktive Gruppen – gelingen sollte, an den Ausbildungsstätten die ökonomische Aufklärung der Erzieher nicht als Einbau eines moralischen Korsetts – wie auch Sozialisten es immer wieder versuchen –, sondern als Erklärung ihrer späteren Gleichgültigkeit durchzusetzen, kann in der Praxis dennoch Zynismus oder Resignation eintreten, denn auch der soziali-

113 BT-DS VI/3521, S. 10.

stische Lohnerzieher muß den langfristigen und kraftschonenden Verkauf seiner Arbeitskraft im Auge haben. Nur durch diesen Verkauf, nicht durch gescheite Kinder, kann er sein momentanes Leben sichern.

d) Aufzuchtsfabriken / Demokratische Kindergärten

Die Frage, wie denn der Staat seine Erzieher für die Kinder interessieren, wie die ›Aufopferungsbereitschaft‹, die eine für Haus und Erziehung freigestellte Mutter für ihren Sohn und späteren Ernährer aufbringt[114], in staatlicher Erziehung aufgehoben werden kann, ist immer noch unbeantwortet.

Aus dem bisher Gesagten lassen sich indes Bedingungen formulieren, die verwirklicht werden müßten, wenn eine staatliche Kleinkinderziehung die ihr obliegenden Leistungen erbringen soll. Ihre Durchsetzung ist jedoch gegen systemtypische Strukturen zu erkämpfen und bleibt immer ungewiß:

1. Verbeamtung der Erzieher – also ihre frühzeitige Herauslösung aus der Lohnarbeiterkonkurrenz.
2. Frühzeitige Pensionierung der Erzieher – also die Wegnahme der Bedrohung: Was mache ich mit 45, wenn ich nicht mehr die Kraft und Lust habe, mit Kleinkindern zu arbeiten?
3. Gleiche Bezahlung von Erziehern und anderem staatlichen Lehrpersonal – also die Zerstörung des gleichgültig machenden Gedankens: Wenn ich schon – wie die Sozialisationsforscher behaupten – die wichtigste Erziehung überhaupt leiste, will ich sie auch so gut bezahlt bekommen wie jede andere Ausbildungstätigkeit.
4. Hochschulstudium für die Erzieher – also die Aneignung der Momente eines kindlichen Lebensprozesses (infantile Welt) und der Fähigkeit, die rätselhaften Verhaltensweisen der Kinder zu verstehen.
5. Kleine Gruppen im Kindergarten – also die Schaffung der *Möglichkeit*, mit jedem einzelnen Kind eine Beziehung aufzunehmen.
6. Beseitigung der Hierarchie innerhalb der Einrichtung und zur staatlichen Verwaltung sowie Einführung des Einheitser-

114 Vgl. Renggli a.a.O., insb. Kap. 10.

ziehers – also Herstellung eines demokratischen, angstfreien Klimas unter den Erwachsenen der Einrichtung, indem sie alle auf gleicher Ausbildungsstufe und Lohnhöhe stehen und spezielle Aufgaben durch Wahl aneinander delegieren.

7. Verkürzung der Arbeitszeit auf das durchschnittliche Niveau staatlicher Erziehung – also Verhinderung gleichgültig machenden Neides und Kraftersparnis für die Kinder.

8. Durchbrechung des Frauenmonopols – also Vermeidung sexueller Isolierung und daraus resultierender spezieller Berufsdepressionen.

Fast alle diese Maßnahmen, die noch ergänzt werden könnten, sind z. B. für Universitätsprofessoren weitgehend verwirklicht. Dennoch ist es ihnen mehrheitlich gleichgültig, wie die Studenten ihr Leben verbringen, solange sie nur selber davon unberührt bleiben. Diese Gleichgültigkeit trifft aber auf Personen, die bereits an ihrem eigenen Fortkommen interessiert sind und obendrein durch ein System symbolischer Belohnung (Noten, Diplome etc.), das vom Professor tendenziell unabhängig zu machen ist, sichtbare Maßstäbe für ihren eigenen Entwicklungsstand im Vergleich mit den konkurrierenden Studenten erhalten. Solche symbolische Belohnung setzt allerdings die Konkurrenzfähigkeit und -bereitschaft immer schon voraus. Die Herstellung der Konkurrenzfähigkeit muß mithin vorher geschehen und gelingt nur dort, wo die Kinder möglichst lange von Konkurrenz verschont sind und der rückhaltlosen Zuwendung der Erzieher gerade dann sicher sein können, wenn sie von Mißerfolgen, Schwierigkeiten und Ängsten betroffen sind.[115]

Alle genannten Maßnahmen zusammengenommen – von denen bisher nicht eine für den Kindergarten verwirklicht ist – kann man dadurch kennzeichnen, daß sie die Gesetze freier Konkurrenz zunehmend durchbrechen und dazu angetan sind, aus dem Erziehungsfeld für die Erzieher einen angeneh-

115 Die Konkurrenzlosigkeit als Voraussetzung späterer Konkurrenzfähigkeit hat sehr differenziert L. Müller analysiert. Sie versucht zu erklären, warum die besondere – außerhalb bürgerlicher Verkehrsformen stehende – Beschäftigung der Mütter mit ihren Kindern in den Familien die notwendige Grundlage für deren späteres Einsteigen in bürgerliche Verkehrsformen ist, diese also nur bestehen können, solange sie nicht total werden, also nicht auch die frühe Kinderaufzucht selbst in sich hereinziehen; vgl. L. Müller, a.a.O.

meren Ort zu machen, als es in der Regel die Fabrik für den Arbeiter und das Großbüro für den Angestellten ist. Die Tatsache, an einem solchen Ort arbeiten zu dürfen, könnte für eine untypische – nicht mehr nur lohnorientierte – Motivation nützlich sein. Die Einbindung der Erzieher in einen demokratischen Prozeß, der sie sensibel macht für ein Verhalten gegenüber den Kindern – wie Herablassung, Mißachtung, Nichternstnehmen, Vortäuschung, Lüge und Abschieben etc. –, das sie untereinander nicht mehr pflegen, da sie durch das Wegfallen der Hierarchie – politische Spitze, Amt, Leitung, Erzieherin, Putzfrau etc. – nicht mehr an sie gewöhnt werden, könnte das Erziehungsmilieu in den Kleinkindeinrichtungen verändern. Erzieher, die in ihren Einrichtungen über alle Aufgaben – Raumgestaltung, Öffnungszeiten, Speisegepflogenheiten, Lebenspläne der Kinder, was tendenziell leider dauernden Aufenthalt dort erforderlich macht[116] – selbst entscheiden dürfen, könnten der Gleichgültigkeit gegenüber den Kindern, von denen sie materiell ganz unabhängig sind, entkommen.

Die Reform und weitere Verstaatlichung der Kleinkinderziehung muß mithin – will sie ihre für die Gesellschaft lebenswichtige Aufgabe erfüllen – an den Strukturen der ›Aufzuchtsbetriebe‹ ansetzen. Vor ihrer vollkommenen Befreiung von allen Momenten der kapitalistischen Fabrik müssen die besten Curricula – also die bestgelungenen Kinderwelten – scheitern. Wissenschaftler, die staatlichen Erziehungserfolg schon prophezeien, wenn er nur ihre Curricula verwende, erweisen sich deshalb lediglich als Hochstapler oder gutgläubige Idealisten.

116 Vgl. dazu G. Heinsohn / B. Knieper, a.a.O.

Literaturverzeichnis

Anna/Laura/Louise/Mary/Wera, *Die Sache der Frauen*, in: *Kursbuch* 35, 1974, S. 69 ff.

Alternativ-Entwurf eines Strafgesetzbuches, Besonderer Teil, Sexualdelikte u. a., 1968.

J. J. Bachofen, *Das Mutterrecht*, 3. Aufl., 1948.

K. S. Bader, *Dorfgenossenschaft und Dorfgemeinde*, 1962.

R. Bardolph (Hrsg.), *The Civil Rights Record – Black Americans and the Law 1849-1970*, 1970.

A. Barron/McBride, *Das normal-verrückte Dasein als Hausfrau und Mutter*, 1974.

S. de Beauvoir, *Das andere Geschlecht* (franz. 1949).

A. Bebel, *Die Frau und der Sozialismus* (1879), 61. Aufl., 1964.

J. Beiderwieden/G. Heinsohn, *Vorschulerziehung*, in: *Pressedienst Wissenschaft*, FU Berlin 2/1972.

G. Beitzke, *Gleichheit von Mann und Frau*, in: Neumann–Nipperdey–Scheuner, *Die Grundrechte*, Zweiter Band, 1954, S. 199.

Berroth, *Veränderung des Volljährigkeitsalters und Neugestaltung des Rechts der elterlichen Sorge*, in: Arbeitsgemeinschaft der Jugendämter der Länder Niedersachsen und Bremen (Hrsg.), *Tagungsbericht einer Arbeitstagung in Bremen am 10./11. Mai 1973*, S. 39.

B. Bettelheim, *Kinder der Zukunft*, 1971.

T. Blanke, *Funktionswandel des Streiks im Spätkapitalismus am Beispiel des Lehrlingsstreikrechts*, 1972.

Blume, *Möglichkeiten und Grenzen der Altenhilfe*, 1968.

F. Böhm, *Der Zusammenhang zwischen Eigentum, Arbeitskraft und dem Betreiben eines Unternehmens*, in: *Festgabe für H. Kronstein*, 1967, S. 11.

E. Bornemann, *Das Patriarchat*, 1975.

S. Boschan, *Nationalsozialistische Rassen- und Familiengesetzgebung*, 1937.

C. Broyelle, *Die Hälfte des Himmels*, 1973.

O. Brunner, *Vom »Ganzen Haus« zur »Familie«*, in: H. Rosenbaum (Hrsg.), *Familie und Gesellschaftsstruktur*, 1974, S. 48.

Bürgle, *Die Stellungnahme des Bundesrats zum Entwurf 1973 eines Ersten Gesetzes zur Reform des Ehe- und Familienrechts*, in: *FamRZ* 1973, S. 508.

G. A. Bulla, *Mutterschutzgesetz*, Kommentar, 2. Aufl., 1967.

Bundesminister für Jugend, Familie und Gesundheit (Hrsg.), *Referentenentwurf eines Jugendhilfegesetzes*, 1974.
Ders., *Rahmengrundsätze für das Projekt Tagesmütter*, vv. Manuskripte vom 21. 1. 1974 und 25. 1. 1974.
Bundesminister der Justiz (Hrsg.), *5. Gesetz zur Reform des Strafrechts*, 1972.
K. F. Burdach, *Über Kleinkinderschulen überhaupt und die in Königsberg insbesondere*, 1842.
M. Butenschön, *Abtreibung im Ostblock*, vv. Manuskript, 1973.
P. Chesler, *Frauen – das verrückte Geschlecht?* 1974.
J. A. Comenius, *Informatorium der Mutter Schul*, 1633.
H. Dernburg, *Lehrbuch des Preußischen Privatrechts*, 3. Band, 1880.
Deutscher Juristentag, *Beschlüsse des 50. Deutschen Juristentages*, Okt. 1974.
H. Dölle, *Familienrecht*, Band I 1964; Band II 1965.
T. Dolliner, *Handbuch des in Österreich geltenden Eherechts*, Erster Band 1813.
Eherechtskommission beim Bundesministerium der Justiz, *Vorschläge*, ab 1970.
K. F. Eichhorn, *Einleitung in das deutsche Privatrecht*, 5. Aufl., 1845.
H. Ellis, *Studies in the Psychology of Sex, 1899-1914*.
F. Engels, *Die Lage der arbeitenden Klasse in England*, in: *MEW* 2, S. 224.
Ders., *Der Ursprung der Familie, des Privateigentums und des Staats*, in: *MEW* 21, S. 25.
F. Engels/K. Marx, *Manifest der Kommunistischen Partei*, in: *MEW* 4, S. 459.
A. Eser, *Aspekte eines Strafrechtlers zur Abtreibungsreform*, in: D. Hofmann (Hrsg.), *Schwangerschaftsunterbrechung*, 1974.
H. Fenn, *Die Mitarbeit in den Diensten Familienangehöriger*, 1970.
A. v. Feuerbach, *Lehrbuch des gemeinen in Deutschland gültigen Peinlichen Rechts* (1801), hg. von C. J. A. Mittermeier, 14. Aufl., 1847.
S. Firestone, *The Dialectic of Sex*, 1972.
Dies.: *Nieder mit der Kindheit!* in: *Kursbuch* 34/1973, S. 1.
S. v. Flatow/F. Huisken, *Zum Problem der Ableitung des bürgerlichen Staates*, in: *ProKla* 7/1973, S. 83.
H. Ford I., *Mein Leben und Werk*, o. J. (1923).
R. Frank, *Das Strafgesetzbuch für das Deutsche Reich*, 5. Aufl.,

1908.
S. Franz, *Beurteilen wir unsere Dreijährigen richtig?* 2. Aufl. 1973.
Dies., *Pädagogisch-psychologische Probleme des Übergangs der Kinder von der Krippe in den Kindergarten*, Diss. Potsdam 1968.
Frauenfeindlichkeit – Sozialpsychologische Aspekte der Misogynie, 1974.
Frazer, *Totemism and Exogamy*, IV, 1910.
R. Freisler, *Das kommende deutsche Strafrecht*, in: F. Gürtner (Hrsg.), *Bericht über die Arbeit der amtlichen Strafrechtskommission*, 1935.
Ders., *Vom alten zum neuen Ehescheidungsrecht*, 1937.
S. Freud, *Totem und Tabu*, in: *GW* IX.
Ders., *Beiträge zur Psychologie des Liebeslebens: Das Tabu der Virginität*, in: *GW* XII.
Ders.: *Zur Psychopathologie des Alltagslebens*, *GW* IV.
Ders.: *Vorlesungen zur Einführung in die Psychoanalyse*, *GW* XI.
W. Friedmann, *Recht und sozialer Wandel*, 1969.
W. Geiger, *Die Bewertung der Familie in der gesellschaftlichen Wirklichkeit und in der Verfassung*, *FamRZ* 1973, S. 225.
H. Geissler, *Steuerpolitik und Familie*, in: *Die Frau in der offenen Gesellschaft* 2/1974.
C. F. v. Gerber, *System des Deutschen Privatrechts*, 8. Aufl. 1863.
J. Gernhuber, *Lehrbuch des Familienrechts*, 2. Aufl. 1971.
Ders., *Elterliche Gewalt heute*, *FamRZ* 1962, S. 89.
Ders., *Kindeswohl und Elternwille*, *FamRZ* 1973, S. 229.
Gesetzesrevision – Pensum I, Motive zu dem von dem Revisor vorgelegten Ersten Entwurfe des Criminal-Gesetzbuches für die Preußischen Staaten, Band 3, Abt. 2, 1829 (zit.: Revisor).
J. Gorecki, *Kommunistische Familienstruktur: Die Rechtsprechung als Instrument des Wandels*, in: Lüschen/Lupri (Hrsg.), *Soziologie der Familie*, 1970, S. 490.
H. Grashoff, *Die geschlechtlich-sittlichen Verhältnisse der evangelischen Landbewohner in der Provinz Hannover*, 1896.
A. Grunenberg, *Warum haben Sie keine Kinder? FAZ* vom 6. 7. 1974.
Gütt u. a., *Blutschutz- und Ehegesundheitsgesetz*, 1936.
D. Haensch, *Repressive Familienpolitik, Sexualunterdrückung als Mittel der Politik*, 1969.
Ders., *Zerschlagt die Kleinfamilie?* in: Claessens/Milhoffer (Hrsg.), *Familiensoziologie. Ein Reader als Einführung*, 1973.

B. Häring, *Ehen in dieser Zeit*, 1960.

J. Harrison, *The Political Economy of Housework*, in: *Bulletin of the Conference of Socialist Economists*, Winter 1973.

G. Heinsohn, *Vorschulerziehung und Kapitalismus*, 1971.

G. Heinsohn / B. Knieper, *Spieleingriff oder Freispiel in der Kleinkinderziehung*, v. V. 1975.

Henke/Kosmale/Spindler, *Berufstätige Mütter – »Mutter« als Beruf*, in: *Theorie und Praxis der sozialen Arbeit* 4/1972, S. 141.

W. Henze, *Chancen und Grenzen vergesellschafteter Kollektiverziehung – Möglichkeiten und Bedingungen außerfamilialer Sozialisation.* Unveröffentlichte Diplomarbeit an der FU Berlin, März 1974.

A. Hitler, *Mein Kampf.*

N. E. Himes, *Medical History of Contraception*, 3. Aufl., 1970.

O. L. v. Hinüber, *Strafrecht nach dem neuesten Stande*, Besonderer Teil, 4. Aufl., 1938.

Hoffmann/Stephan, *Ehegesetz*, Kommentar, 2. Aufl., 1968.

M. Horkheimer, *Autorität und Familie in der Gegenwart*, 1960, in: ders., *Zur Kritik der instrumentellen Vernunft*, 1967, S. 269.

H. Jaeger, *Strafgesetzgebung und Rechtsgüterschutz bei Sittlichkeitsdelikten*, 1957.

Jans/Happe, *Jugendwohlfahrtsgesetz*, Kommentar, Stand Juni 1973.

Jemolo, *Über das Familienrecht, FamRZ* 1972, S. 473.

J. H. Jung, *Lehrbuch der Staats-Policey-Wissenschaft*, 1788.

W. Kähler, *Gesindewesen und Gesinderecht in Deutschland*, 1896.

K. Kautsky, *Der Einfluß der Volksvermehrung auf den Fortschritt der Gesellschaft*, 1880.

G. Kietz, *Die Kindergärtnerin*, 1966.

M. Klein, *Die Psychoanalyse des Kindes*, 1932.

Kommen Sie mit Ihrem Partner zurecht? – Seelenstrip soll das Risiko von Fehlbesetzungen verringern, in: *Die Zeit* vom 22. 2. 1974.

Koselleck, *Staat und Gesellschaft in Preußen 1815-1848*, in: H. U. Wehler (Hrsg.), *Moderne Deutsche Sozialgeschichte*, 3. Aufl. 1970.

Lackner, *Empfiehlt es sich, die Grenzen des Sexualstrafrechts neu zu bestimmen?* Referat auf dem 47. Deutschen Juristentag, 1968.

G. F. Lamprecht, *Versuch eines vollständigen Systems der Staatslehre*, Erster Band, 1784.

H. Lange, *Kritisches zur Anfechtung der Ehelichkeit, NJW* 1962, 1697.

Lehmann/Henrich, *Deutsches Familienrecht*, 4. Aufl., 1967.

W. Leißner, *Kindersegen und Arbeiterklasse*, 3. Aufl., 1910.

L. Liegle, *Familie und Erziehung im Kibbuz,* 1972.

R. Lippitt, *Improving the Socialisation Process,* in: J. A. Clausen (Hrsg.), *Socialisation and Society,* 1968.

F. Lütge, *Deutsche Sozial- und Wirtschaftsgeschichte,* 2. Aufl., 1960.

G. Mackenroth, *Bevölkerungslehre,* 1953.

Maisch, *Inzest,* 1968.

K. Marx, *Das Kapital* I, in: *MEW* 23.

Ders., *Zur Judenfrage,* in: *MEW* 1.

Ders., *Brief an Kugelmann,* in: *MEW* 32, S. 540.

W. H. Masters, *The Sexual Response Cycle of the Human Female,* in: *Western Journal of Surgery, Obstetrics, and Gynecology,* 68/1960, S. 57.

Maunz/Dürig/Herzog, *Grundgesetz,* Kommentar, Stand Dez. 1973.

v. Maurer, *Geschichte der Fronhöfe, der Bauernhöfe und der Hofverfassung in Deutschland,* Neudruck der Ausgabe 1862-1863 in vier Bänden, 1961.

A. Menger, *Das Bürgerliche Recht und die besitzlosen Volksklassen,* 3. Aufl., 1904.

A. Mennel, *Teilgutachten Steuerrecht,* in: Löwisch/Gitter/Mennel, *Welche rechtlichen Maßnahmen sind vordringlich, um die tatsächliche Gleichstellung der Frau mit den Männern im Arbeitsleben zu gewährleisten?* Gutachten D zum 50. Deutschen Juristentag, 1974.

J. Menschik, *Gleichberechtigung oder Emanzipation,* 1971.

T. Meyer, *Der Zwiespalt in der Marx'schen Emanzipationstheorie, 1973.*

P. Mikat, Zum Regierungsentwurf eines Ersten Gesetzes zur Reform des Ehe- und Familienrechts, FamRZ 1972, 1.

J. S. Mill, *Die Hörigkeit der Frau,* 3. Aufl., 1891.

K. Millet, *Sexus und Herrschaft,* 1971.

Möbius, *Vom physiologischen Schwachsinn des Weibes,* 1906.

Mörsdorf/Eichmann-Mörsdorf, *Lehrbuch des Kirchenrechts* II, 9. Aufl., 1958.

L. Müller, *Die Nichtbewertung der Arbeit der Kinderaufzucht im Kapitalismus und ihre Folgen für das Bewußtsein der Frauen,* unveröffentlichte Diplomarbeit an der FU Berlin, April 1972.

W. Müller-Freienfels, *Ehe und Recht,* 1962.

W. Müller/C. Neusüß, *Die Sozialstaatsillusion und der Widerspruch von Lohnarbeit und Kapital,* in: *SoPo* 6/7 von 1970, S. 4.

B. Mugdan, *Die gesammten Materialien zum Bürgerlichen Gesetzbuch für das Deutsche Reich,* IV. Band, *Familienrecht,* 1899.

O. v. Nell-Breuning, *Kapitalismus und direkter Lohn*, 1960.
Neuhaus, *Kindeswohl oder Elternrecht?*, in: *FamRZ* 1972, 279.
S. Ott, *Der Fall Dr. Dohrn*, 1964.
O. Palandt, *Bürgerliches Gesetzbuch*, Kommentar, 5. Aufl., 1942.
F. Pappai, *Eigenständige soziale Sicherung der Frau*, in: *Die Rentenversicherung* 11/12, 1973, S. 163.
T. Parsons, *Das Inzesttabu in seiner Beziehung zur Sozialstruktur und zur Sozialisierung des Kindes*, in: ders., *Soziologische Theorie*, 1964.
R. Pettinger, *Projekt »Tagesmütter«, Planung und Gestaltung des Modellversuchs und seiner wissenschaftlichen Begleitung*, vv. Manuskript des Deutschen Jugendinstituts, Okt. 1973.
Potrykus, *Jugendwohlfahrtsgesetz*, Kommentar, 2. Aufl., 1972.
U. K. Preuß, *Ausbildungsfreiheit und Ausbildungsstreik*, in: ders.: *Bildung und Herrschaft*, 1975.
Programm und Statut des Kommunistischen Bundes Westdeutschland, 4. Aufl. 1974.
Projekt Klassenanalyse, *Materialien zur Klassenstruktur der BRD*, Erster Teil 1973.
Projektgruppe Kleinkindforschung an der PH Rheinland, *Vorklasse oder Kindergarten – der Modellversuch in NRW aus der Sicht der beteiligten Erzieher*, vv. Manuskript o. J. (1973).
T. Ramm, *Einführung in das Privatrecht/Allgemeiner Teil des BGB*, Band III, 1970.
Reform des § 218. Aus der öffentlichen Anhörung des Sonderausschusses für die Strafrechtsreform des Deutschen Bundestages, in: *Zur Sache 6/72*.
Rehm, *Eheschließung*, in: *Handwörterbuch der Staatswissenschaften*. Dritter Band, 3. Aufl., 1909.
W. Reich, *Die sexuelle Revolution*, 1945, Wiederabdruck 1966.
Reichsgerichtsräte-Kommentar zum Bürgerlichen Gesetzbuch, IV. Band, 3. Teil 10./11. Aufl. 1968.
F. Renggli, *Angst und Geborgenheit*, 1974.
D. Reuter, *Kindesgrundrechte und elterliche Gewalt*, 1968.
Richtlinien für die Sexualerziehung in den Schulen des Landes NRW – RdERL vom 3. 5. 1974 – II A 2.32-50/1, Nr. 1450/74.
J. Roitsch, *Familie als Unterrichtsthema. Hessens Rahmenrichtlinien am Beispiel einer Schulstunde*, *FR* vom 17. 8. 1974.
Ronge/Schmieg, *Restriktionen politischer Planung*, 1973.
H. Rosenbaum, *Familie als Gegenstruktur zur Gesellschaft*, 1973.

J. J. Rousseau, *Du Contrat Social.*

F. Ruland, *Die Beziehung zwischen familiärem Unterhalt und Leistungen der sozialen Sicherheit, FamRZ* 1972, S. 537.

Sachs/Scheilke, *Lehrer und Curriculum – Zur Notwendigkeit offener Curricula unter dem Aspekt der Teilnahme von Lehrern,* in: *Thema Curriculum* 2/1973, S. 53.

F. C. v. Savigny, *System des heutigen römischen Rechts,* Band 2, 1840.

Schieckel, *Kindergeldgesetz,* Kommentar, Band 1, Stand 1. 1. 1974.

H. Schleier, *Das Ideal ist die große Familie. Mangel an Arbeitskräften in der Tschechoslowakei, FR* vom 16. 8. 1974.

U. Schmitz-Pfeiffer, *Die Reform des Familienlastenausgleichs,* Bulletin, Sonderausgabe 1974, S. 918.

A. Schönke, *Strafgesetzbuch,* Kommentar, 2. Aufl., 1944.

A. Schönke/H. Schröder, *Strafgesetzbuch,* Kommentar, 10. Aufl. 1961; 17. Aufl., 1974.

H. Schubert, *Bevölkerungspolitische Maßnahmen und der Familienlastenausgleich,* Deutsches Recht 1937, 231.

Schwartz, *Jahrbuch der Wittheit zu Bremen,* Band 16, 1972.

K. Schwarz, *Gründe des Geburtenrückganges, WiSta* 1973, S. 698.

Ders., *Kinderzahl der Ehen bei den Fortpflanzungsverhältnissen 1966 und 1972, WiSta* 1974, S. 303.

M. Schwarz, *Die Kindestötung in ihrem Wandel vom qualifizierten zum privilegierten Delikt,* 1935.

Schwerdtner, *Kindeswohl oder Elternrecht, AcP* 173 (1973), S. 227.

W. Secombe, *The Housewife and her Labour under Capitalism,* in: *New Left Review* Nr. 83 (Jan./Febr. 1973), 3.

Seipp, *Handbuch des gesamten Jugendrechts,* Band IV, Gruppe 1, Stand 1973.

M. J. Sherfey, *The Nature and Evolution of Female Sexuality,* 1966. Deutsch: *Die Potenz der Frau,* 1974.

Sigusch/Schmidt, *Jugend und Ehe. Ergebnisse einer empirischen Untersuchung,* in: *Die Zukunft der Monogamie,* 1972, S. 44.

S. Simitis, *Reform des Scheidungsrechts, ZRP* 1971, S. 38.

G. Simson, *Die Erleichterung der Eheschließung und Ehescheidung in Schweden, JZ* 1974, S. 404.

B. F. Skinner, *Beyond Freedom and Dignity,* 1971.

A. Smith, *Eine Untersuchung über Natur und Wesen des Volkswohlstandes,* Zweiter Teil.

Soergel/Siebert, *Kommentar zum BGB,* Band 5, *Familienrecht,* 10.

Aufl., 1971.
M. J. Sovern, *Legal Restraints on Racial Discrimination in Employment*, 1966.
R. Spaemann, *Haben Ungeborene ein Recht auf Leben? ZRP* 1974, 14.
C. Spiel, *Menschen essen Menschen*, 1972.
R. Spitz, *Ein Nachtrag zum Problem des Autoerotismus*, in: *Psyche* 1964, S. 241.
R. Stransfeld, *Tagesmütter, Informationen vom Bundesverband Neue Erziehung e. V.*, o. J.
Tausch/Tausch, *Erziehungspsychologie*, 5. Aufl., 1970.
P. Tempel, *Die Berücksichtigung von Sozialversicherungs- und Kindergeldleistungen im Unterhaltsrecht*, 1974.
C. Tietze, *History of Contraceptive Methods*, in: *The Journal of Sex Research*, Vol. I, July 1965, S. 69.
G. Thomson, *Frühgeschichte Griechenlands und der Ägäis*, 1960.
L. Trotzki, *Frau, Familieund Revolution*, 1973 – Darin: *Den Sozialismus aufbauen, heißt die Frauen emanzipieren und die Mütter schützen* (aus Za *Novyi*, Dez. 1925); ferner zwei Artikel aus *Prawda* vom 13. 7. 1923 und 17. 12. 1925.
M. Vaerting, *Neubegründung der Psychologie von Mann und Weib*, 1921.
E. Vilar, *Der dressierte Mann*, 1971.
G. Vinnai, *Sozialpsychologie der Arbeiterklasse*, 1973.
E. Volkmar/H. Antoni/E. L. Rexroth/H. G. Ficker/H. Anz, *Großdeutsches Eherecht* – Kommentar zum Ehegesetz vom 6. 7. 1938, 1939.
O. Vossler, *Rousseaus Freiheitslehre*, 1963.
A. Wagnerova, *Der Arbeitsplatz bleibt garantiert – Berufstätige Mütter und ihre Kinder in der CSSR, FR* vom 7. 9. 1974.
M. Weber, *Wirtschaft und Gesellschaft*, 1922.
I. Weber-Kellermann, *Die deutsche Familie*, 1974.
H. U. Wehler, *Die Polen im Ruhrgebiet bis 1918*, in: ders. (Hrsg.), *Moderne deutsche Sozialgeschichte*, 3. Aufl., 1970, S. 436.
Welzel, *Das Deutsche Strafrecht*, 11. Aufl., 1969.
B. G. Westermann, *Die Funktion der Familienerziehung nach dem Modell der bürgerlichen Rechtsordnung, KJ* 1969, S. 355.
Westermarck, *Ursprung und Entwicklung der Moralbegriffe* II. *Die Ehe*, 1909.
R. Wiethölter, *Rechtswissenschaft*, 1968.

W. E. Wilda, *Das Strafrecht der Germanen*, 1842.
M. Wingen, *Familienpolitik*, 2. Aufl., 1965.
R. Wissell, *Des alten Handwerks Recht und Gewohnheit*, 1. Band 1929.
E. Wolf, *Zwang zur Ehe, JZ* 1967, S. 659.
Ders., *Dogmatische Grundlagen einer Reform des Ehescheidungsrechts, JZ* 1970, S. 441.
H. Wütig, *Eltern-Kind-Konflikte – Dein Vater will nur das Beste, FR* vom 17. 8. 1974.
H. F. Zacher, *Empfiehlt es sich, die gesetzlichen Vorschriften über die soziale Sicherung der nicht berufstätigen Frau während und nach der Ehe, insbesondere im Falle der Scheidung, zu ändern?* Referat auf dem 47. Deutschen Juristentag 1968.
G. Zenz, *Familienrecht*, in: A. Görlitz (Hrsg.), *Handlexikon zur Rechtswissenschaft*, 1972, S. 101.
J. Zimmer (Hrsg.), *Curriculumentwicklung im Vorschulbereich*, Band I, 1974.

Bibliothek Suhrkamp

377 Bruno Schulz, Die Zimtläden
378 Roland Barthes, Die Lust am Text
379 Joachim Ritter, Subjektivität
380 Sylvia Plath, Ariel
381 Stephan Hermlin, Der Leutnant Yorck von Wartenburg
382 Erhart Kästner, Zeltbuch von Tumilat
383 Yasunari Kawabata, Träume im Kristall
384 Zbigniew Herbert, Inschrift
385 Hermann Broch, Hofmannsthal und seine Zeit
386 Joseph Conrad, Jugend
388 Ernst Bloch, Erbschaft dieser Zeit
389 Thomas Mann, Leiden und Größe der Meister
390 Viktor Šklovskij, Sentimentale Reise
391 Max Horkheimer, Die gesellschaftliche Funktion der Philosophie
392 Heinrich Mann, Die kleine Stadt
393 Wolfgang Koeppen, Tauben im Gras
394 Cesare Pavese, Das Handwerk des Lebens
395 Theodor W. Adorno, Noten zur Literatur IV
397 Ferruccio Busoni, Entwurf einer neuen Ästhetik der Tonkunst
398 Ernst Bloch, Zur Philosophie der Musik
399 Oscar Wilde, Die romantische Renaissance
400 Marcel Proust, Tage des Lesens
402 Paul Nizan, Das Leben des Antoine B.
403 Hermann Heimpel, Die halbe Violine
404 Octavio Paz, Das Labyrinth der Einsamkeit
405 Stanisław Lem, Das Hohe Schloß
406 André Breton, Nadja
407 Walter Benjamin, Denkbilder
409 Rainer Maria Rilke, Über Dichtung und Kunst
410 Ödön von Horváth, Italienische Nacht
411 Jorge Guillén, Ausgewählte Gedichte
415 Thomas Bernhard, Die Macht der Gewohnheit
416 Zbigniew Herbert, Herr Cogito
417 Wolfgang Hildesheimer, Hauskauf
418 James Joyce, Dubliner
419 Carl Einstein, Bebuquin
420 Georg Trakl, Gedichte
421 Günter Eich, Katharina
422 Alejo Carpentier, Das Reich von dieser Welt
423 Albert Camus, Jonas

edition suhrkamp

699 Wolfgang Lempert, Berufliche Bildung als Beitrag zur gesellschaftlichen Demokratisierung
700 Peter Weiss, Gesang vom Lusitanischen Popanz
701 Sozialistische Realismuskonzeptionen.
702 Claudio Napoleoni. Ricardo und Marx. Herausgegeben von Cristina Pennavaja
704 Joachim Hirsch, Staatsapparat und Reproduktion des Kapitals
705 Neues Hörspiel O-Ton. Der Konsument als Produzent. Herausgegeben von Klaus Schöning
707 Franz Xaver Kroetz, Oberösterreich, Dolomitenstadt Lienz, Maria Magdalena, Münchner Kindl
708 Was ist Psychiatrie? Herausgegeben von Franco Basaglia
709 Kirche und Klassenbindung. Herausgegeben von Yorick Spiegel
710 Rosa Luxemburg oder Die Bestimmung des Sozialismus. Herausgegeben von Claudio Pozzoli
711 Rudolf Rocker, Aus den Memoiren eines deutschen Anarchisten
712 Hartwig Berger, Untersuchungsmethoden und soziale Wirklichkeit
713 Werkbuch über Tankred Dorst. Herausgegeben von Horst Laube
715 Karsten Prüß, Kernforschungspolitik in der Bundesrepublik Deutschland
718 Perspektiven der kommunalen Kulturpolitik. Herausgegeben von Hilmar Hoffmann
719 Peter M. Michels, Bericht über den Widerstand in den USA
722 Jürgen Becker, Umgebungen
724 Otwin Massing, Politische Soziologie
726 Ernst Bloch, Ästhetik des Vor-Scheins 1
727 Peter Bürger, Theorie der Avantgarde
728 Beulah Parker, Meine Sprache bin ich
731 Gesellschaft, Beiträge zur Marxschen Theorie 2
732 Ernst Bloch, Ästhetik des Vor-Scheins 2
736 Noam Chomsky, Aus Staatsraison
737 Louis Althusser, Für Marx
740 Bertolt Brecht, Das Verhör des Lukullus. Hörspiel
741 Klaus Busch, Die multinationalen Konzerne
744 Gero Lenhardt, Berufliche Weiterbildung und Arbeitsteilung in der Industrieproduktion
747 Gunnar Heinsohn, Rolf Knieper, Theorie des Familienrechts
775 Horn, Luhmann, Narr, Rammstedt, Röttgers, Gewaltverhältnisse und die Ohnmacht der Kritik
777 Caspar David Friedrich und die deutsche Nachwelt. Herausgegeben von Werner Hofman

Alphabetisches Verzeichnis der edition suhrkamp